Frauenklöster im Rheinland und in Westfalen

Frauenklöster im Rheinland und in Westfalen

Herausgegeben von
Hiltrud Kier und Marianne Gechter

SCHNELL + STEINER

Abbildung auf der vorderen Umschlagseite:
Das gotische Relief der Plektrudis im Stift St. Maria im Kapitol Köln.
Foto: Dorothea Heiermann

Vordere Umschlagseite innen: Übersichtsplan

Bibliografische Informationen der Deutschen Bibliothek
Die Deutsche Bibliothek verzeichnet diese Publikation
in der Deutschen Nationalbibliografie; detaillierte bibliografische Daten
sind im Internet über http://dnb.ddb.de abrufbar.

1. Auflage 2004
© 2004 Verlag Schnell & Steiner GmbH, Leibnizstraße 13, 93055 Regensburg
Umschlaggestaltung: Astrid Moosburger, Regensburg
Gesamtherstellung: Erhardi Druck GmbH, Regensburg
ISBN 3-7954-1676-0

Weitere Informationen zum Verlagsprogramm erhalten Sie unter:
www.schnell-und-steiner.de

Inhalt

Die ehemalige Stiftskirche St. Anna in Aldeneik (Belgien)

Frauenklöster im Rheinland und in Westfalen

Religiöse Bewegungen und klösterliches Leben wurden und werden in der Forschung vornehmlich unter dem Aspekt der Männerkommunitäten betrachtet. Die Leistungen von Frauen wurden häufig negiert oder abgewertet. In den letzten Jahren sind hier durch vielfach von Frauen initiierte neue Forschungsansätze manche Änderungen eingetreten. Interdisziplinär arbeitende Netzwerke und Arbeitskreise entstanden, denen auch die vorliegende Publikation viel verdankt.

Sie wurde angeregt von Robert Suckale, um für die Ausstellung „Krone und Schleier. Kunst aus mittelalterlichen Frauenklöstern" (Kunst- und Ausstellungshalle der Bundesrepublik Deutschland in Bonn und Ruhrlandmuseum in Essen, März–Juli 2005) eine Begleitpublikation zur Architektur und Ausstattung der Frauenkonvente im Rheinland und in Westfalen vorzulegen. Grundlage war eine von Robert Suckale in langjähriger Arbeit entstandene Liste von Frauenkonventen vor allem in Deutschland. Eine Gruppe junger Wissenschaftlerinnen des Kunsthistorischen Instituts der Universität Bonn unter Leitung von Hiltrud Kier begab sich im Rheinland auf die Spuren von Stiftsdamen und Nonnen, um ihre Niederlassungen zu erforschen und einen Einblick in ihre Lebensbedingungen zu gewinnen. Der westfälische Teil wurde, mit Unterstützung fachkundiger ForscherInnen, von den im Ausstellungsteam tätigen Kolleginnen Susan Marti und Petra Marx konzipiert.

Die hier getroffene Auswahl orientiert sich an der Bedeutung und der Vielfalt des Themas und gibt zusätzlich durch die Zusammenstellung von Routen die Anregung zu (Tages-)Fahrten, wofür die angegebenen praktischen Informationen eine Grundlage bieten.

Von der überaus großen Anzahl deutscher Frauenklöster und Frauenstifte können wir nur einen Teil präsentieren, der aber durchaus eine Vorstellung von der Bedeutung vermittelt, die diese Institutionen in der historischen Wirklichkeit besaßen.

Es bleibt noch viel Platz für individuelle Entdeckungen über den hier gesteckten geographischen Rahmen hinaus, nicht nur in Deutschland, sondern auch im heutigen Belgien und in den Niederlanden. Die Kirchen und Klöster von Aldeneik, Thorn oder Roermond sind Zeugnisse der früher engen kulturellen Verflechtungen im Rhein-Maas-Gebiet.

Bei der Auswahl für dieses Buch ließen wir uns von dem Gedanken leiten, ein breites und abwechslungsreiches Spektrum zu bieten und Besucherinnen und Besucher, Leserinnen und Leser neugierig zu machen auf Bauten und Kunstwerke, die die verschiedensten Aspekte des Themas vermitteln: Spiritualität und Frömmigkeit, Orden und Liturgie, soziale Bedeutung und tägliches Leben in den Frauenkonventen.

Dass heute nur noch Reste der einstmals blühenden Klosterlandschaft bestehen, geht auf zwei epochale Ereignisse zurück, die Reformation und die Säkularisation.

Während die Reformation im Rheinland eine geringere Rolle spielte, bedeutete sie einen tiefen Einschnitt für die geistlichen Gemeinschaften in Westfalen. 1610 waren von ursprünglich 18 Frauenstiften noch fünf rein katholisch, elf konfessionell gemischt, andere, wie z. B. Herford (180) und Quernheim (184), wurden als evangelische Stifte weitergeführt. Bei den Klöstern war der Rückgang noch stärker; die Beginengemeinschaften hörten praktisch auf zu bestehen.

Zusätzlich hatte die Aufklärung den Gedanken der Trennung von Kirche und Staat postuliert, der nach der französischen Revolution weitgehend umgesetzt wurde.

1802 wurde in den linksrheinischen französisch besetzten Gebieten das Kirchengut säkularisiert, 1803 wurden durch den Reichsdeputationshauptschluss im gesamten übrigen Deutschen Reich Stifte und Klöster aufgelöst.

Nur ein Bruchteil blieb erhalten. In Köln z. B. durften das Ursulinenkloster als Schulinstitution und einige kleinere, in der Krankenpflege tätige Gemeinschaften bestehen bleiben. Die drei Damenstiftskirchen und die Kirche des Karmeliterinnenklosters (30ff) überdauerten als Pfarrkirchen, von den übrigen mehr als 40 Frauenklöstern blieb kein Rest. Ähnliches gilt für Mainz und Trier, in Koblenz ist praktisch Totalverlust zu beklagen.

Wo Bauten nicht sofort abgerissen wurden, durchliefen sie ein wechselvolles Schicksal.

In Kloster Meer bei Büderich (77) diente die romanische Kirche als Pferdestall bis zum Abriss, die barocken Klostergebäude wurden zum Schloss eines Textilfabrikanten umgebaut, das noch 1959 gesprengt wurde. Die Klosterkirchen von Marienthal an der Ahr (156), Stuben an der Mosel (108) oder St. Marien in Lippstadt (198) blieben nur als malerische Ruinen erhalten, die Kirche des Reichklara-Klosters in Mainz (138) bildet heute einen Teil des Naturhistorischen Museums, in den Klostergebäuden von Benninghausen (194) wurde eine psychiatrische Klink eingerichtet, das frühere Zisterzienserinnenkloster St. Thomas an der Kyll (152) ist bischöfliches Priesterhaus.

Nur wenige Einrichtungen überstanden die Säkularisation unbeschadet oder mit nur kurzer Unterbrechung des geistlichen Lebens, so z. B. die Klöster Hoven (146) oder Nonnenwerth (112).

Klosterfrauen und Stiftsdamen – Die Entwicklung der religiösen Frauengemeinschaften

Immer, wenn es galt, neue Wege des religiösen Lebens zu beschreiten, im frühen Mönchtum, bei den stiftischen Gemeinschaften, der Armutsbewegung der Bettelorden, in der Laienbewegung der Devotio Moderna, bei den Schulorden der katholischen Reformation oder den karitativen Kongregationen des 19. Jahrhunderts, wirkten Frauen von Anfang an aktiv mit. Das war nur möglich, weil die christliche Lehre die Frau im Prinzip als gleichberechtigt anerkennt. Zwei wichtige Schritte kann eine Frau selbstständig vollziehen, die Ehe eingehen und in eine geistliche Gemeinschaft eintreten. In manchen Heiligenviten gehört es geradezu zum Topos, dass man sich gegen den Willen der Eltern und der Familie für die Nachfolge Christi entscheidet. Bei aller Einschränkung durch die jeweiligen sozialen und gesellschaftlichen Gegebenheiten, patriarchalischen Denkweisen und die Abwertung der Frau als besonders sündig in einigen Richtungen der Theologie, blieb dieses Prinzip erhalten und die Umsetzung konnte immer wieder eingefordert werden. Aus kirchlicher Sicht trat eine Frau, die in ein Kloster oder Stift ging, in einen höheren Stand ein und sie genoss auch in der Gesellschaft besonderes Ansehen.

In einem Kloster leben Frauen zusammen in einer Gemeinschaft, beten, wohnen und arbeiten, legen die drei ewigen Gelübde der Armut, der Keuschheit und des Gehorsams ab. Danach dürfen sie die Gemeinschaft nicht mehr verlassen, bei strenger Klausur nicht einmal das Gebäude, in dem sie leben.

Die stiftische Lebensweise ist freier. Sie kennt keine eigenen Gelübde, auf Keuschheit und Gehorsam gegenüber der Äbtissin sind Kanonissen oder Stiftsdamen zwar verpflichtet, aber nicht zur

Armut, sie dürfen Privateigentum besitzen und können das Stift bei Heirat verlassen. Auch in den Stiften steht am Anfang das gemeinsame Leben, die *vita communis,* wie die Aachener Regel für Kanonissenstifter von 816 sie vorsieht.

Vor 816 existierten Mischformen zwischen klösterlicher und stiftischer Lebensweise, aber auch nachher wird die Aachener Regel nicht sofort und in allen Punkten umgesetzt. Vor allem löst sich die *vita communis* immer mehr auf. Zunächst werden tagsüber eigene Wohnungen bezogen, während die Frauen nachts noch im Dormitorium, im gemeinsamen Schlafsaal, schlafen, damit man zu den nächtlichen Stundengebeten über den direkten Zugang in die Kirche gelangen kann, aber im Spätmittelalter ist auch das vorbei. Die Stiftsdamen sind nicht mehr zur strengen Residenz verpflichtet, sie können einen Teil der Zeit bei ihrer Familie oder Freunden verbringen.

Die Benediktinerinnen sind der älteste weibliche Orden. Sie verehren die Hl. Scholastika, die Schwester des Hl. Benedikt von Nursia (480–547), als Patronin. Schon in dieser frühen Zeit gelten die monastischen Ideale von Armut, Keuschheit und Gehorsam.

Das Christentum richtet diese Forderungen nicht an alle Gläubigen, sondern nur an diejenigen, die sich in besonderer Weise berufen fühlten zur Nachfolge Christi. Inwieweit weitergehende strenge Askese, Fasten und Bußübungen verlangt werden durften, inwieweit sie überhaupt dem religiösen Ziel dienten, blieb in der Kirche immer kontrovers. Auch Frauen vertraten hier ganz unterschiedliche Positionen. Während die Hl. Klara, die Gründerin des Klarissenordens, ausdauernd und gesundheitgefährdend fastete, vertrat Hildegard von Bingen das Prinzip des rechten Maßes für das geistliche Leben und lehnte übertriebene Selbstkasteiungen strikt ab.

St. Michael, die Kirche des ehemaligen reichsfreien Stiftes Thorn (Niederlande)

Die Frauengemeinschaften standen genauso wie die Männer in der ständigen Spannung zwischen Kontemplation und Weltflucht auf der einen und Weltzugewandtheit und Aufgaben für die Gemeinschaft auf der anderen Seite.

Interessanterweise sind am Anfang die Kommunitäten nicht so stark nach Geschlechtern getrennt, wie wir das heute selbstverständlich finden. Doppelklöster , d. h. Konvente, in denen Männer und Frauen leben, wenn auch räumlich getrennt, sind im 7. Jh. geradezu kennzeichnend für Frankreich, Spanien, England und Irland. Diese Klöster standen sehr oft unter der Leitung von Frauen (Whitby, Ely, Chelles, Remiremont, Fontrevault in Frankreich noch im 12. Jh.).

Auch unser Bereich bietet reichlich Beispiele. Wahrscheinlich kamen die Schwestern von Nonnenwerth (112) aus Siegburg, die von Neuwerk (68) aus Mönchengladbach, wo sie vorher den dortigen Männerkonventen angeschlossen waren. Auch in Springiersbach (106) oder Steinfeld (148) müssen wir mit frühen zugehörigen Frauengemeinschaften rechnen.

Norbert von Xanten, der Gründer des Prämonstratenserordens, band die Frauen von Anfang an in seine Gemeinschaften ein, aber auch hier kam es nach einiger Zeit zur Trennung.

Die Aussiedelung der Frauenkonvente beruhte meist auf der theologischen Ansicht von der auf Eva zurückgehenden besonderen Sündhaftigkeit und Schwäche der Frauen, die sie zur Gefahr werden lassen für die Disziplin der Mönchsklöster. Mit dieser These mussten sich die Frauen in der Kirche immer wieder auseinandersetzen.

Die ersten klösterlichen Gemeinschaften, die sich bereits in der Antike zusammenfanden, sahen vor allem in der Askese und der Selbstheiligung ihrer Mitglieder ihre Existenzberechtigung. Das änderte

sich spätestens mit den Klostergründungen im frühen Mittelalter. Bischöfe, adlige Sippen, Herrscherinnen und Herrscher wünschten sich einen Ort, an dem ihrer Familie und ihrer Anliegen im Gebet gedacht wurde, auch über den Tod der Gründerin oder des Gründers hinaus. Dieses Gebetsgedenken aber, die Memoria, sollte öffentliches Gebet sein, kirchlich eingebunden und kirchlich sanktioniert. So wurden Klöster und Stifte auch Orte der Selbstdarstellung adliger Geschlechter. Die frühesten Beispiele aus unserem Raum bieten die alten Römerstädte Mainz und Trier, in denen wir eine ungebrochene städtische und christliche Tradition annehmen dürfen. Gerade hier spielen Frauen eine bedeutende Rolle. Irmina, aus hohem Adel stammend, gründete im 7. Jh. das Kloster St. Irminen in Trier (98), stiftete mit ihrem Gatten zusammen die Benediktinerabtei Echternach und übertrug sie dem Hl. Willibrord, dem Apostel der Friesen. Ihre Tochter war wahrscheinlich Adela, die um 700 das Stift Pfalzel (103) gründete. Etwa um die gleiche Zeit entstand in Mainz das Altmünster (134), das auf Bilhildis, eine Nichte des Mainzer Bischofs Rigibert, zurückgeht. Am Ende des 8. Jh.s beginnt dann die große Welle der Frauenstiftsgründungen in Westfalen: Ende des 8. Jh.s Herford (180), 839 Vreden (162), 845 Essen (48), 856 Freckenhorst (175), 860 Nottuln (160), 868 Neuenheerse (202), um 870/80 Meschede (192), 889 Metelen (165) und viele andere mehr.

Diese große Anzahl früher Frauenstifte unmittelbar nach der Christianisierung und der Einbeziehung Sachsens in das Reich Karls des Großen ist ein Phänomen. Wahrscheinlich fließen hier Manifestation des neuen Glaubens, germanische Ahnenverehrung und die Funktion von Klöstern als politische Machtbasis zusammen.

Im 12. Jh. führten das Gedankengut der benediktinischen Reform und die Forderung nach strengerer Klosterzucht zur Gründung von Frauenklöstern, die jetzt eindeutig als Benediktinerinnenkonvente zu bezeichnen sind. Auch das stiftische Leben erfährt eine Reform. Die Augustiner-Chorfrauen leben nicht nach der Benediktinerregel, sondern nach der Augustinusregel bzw. der Aachener Regel. Sie behalten das gemeinschaftliche Leben bei, erlauben keinen Privatbesitz, legen die feierlichen Gelübde ab und halten die Klausur ein. Ihre Konvente werden korrekt als Stifte bezeichnet, obwohl die Ausprägung des täglichen Lebens denen eines Klosters weitaus ähnlicher ist als eines Kanonissenstifts. Wichtige Augustinerchorfrauenstifte waren z. B. Gräfrath (gegr. 1185) (42) oder St. Marien auf dem Berge in Herford (183).

Sowohl Benediktinerinnen als auch Augustinerchorfrauengemeinschaften finden sich am Anfang häufig in der Nähe oder gemeinsam mit einem Männerkonvent. So lebte Hildegard von Bingen zunächst in einer dem Benediktinerkloster auf dem Disibodenberg zugeordneten Frauengemeinschaft, ehe sie um 1150 ihr eigenes Kloster auf dem Rupertsberg gründete. Es folgen dann aber auch von vornherein für Frauen bestimmte Stiftungen wie das Benediktinerinnenkloster St. Mauritius in Köln (1144) (34) oder Marienberg in Boppard (um 1120) (130).

Anfang des 12. Jh.s entwickelten sich die beiden wichtigen Reformorden der Zisterzienser und Prämonstratenser. Die Zisterzienser entstanden aus dem benediktinischen Mönchtum, die Prämonstratenser aus der Kanonikerbewegung. Beide wollten zurück zur Armut, die Zisterzienser verbunden mit manueller Arbeit, die Prämonstratenser mit Seelsorge und Kontemplation. An beiden Bewegungen nahmen Frauen starken Anteil, allerdings verhielten sich die Orden gegenüber Frauen sehr verschieden.

Die Zisterzienser standen der Aufnahme von Frauen eher zurückhaltend gegenüber. Obwohl im Laufe des 13. Jh.s zahlreiche Frauengemeinschaften nach den Zisterzienserregeln lebten, wurden längst nicht alle in den Orden aufgenommen.

Der Reformorden der Prämonstratenser wurde von Norbert von Xanten gegründet, der von Anfang an Frauen in die Gemeinschaften aufnahm. Ungefähr 1140 erfolgte auch hier die Trennung der bisherigen Doppelkonvente. Danach nahm man entweder in die bestehenden Klöster keine Frauen mehr auf oder man siedelte die Frauen in eigene Konvente aus, die dann den Rang eines Tochterstiftes einnahmen. In Ausnahmefällen, wie in Bedburg (60) oder Oelinghausen (190), blieben die Frauen und die Männer mussten weichen.

Auch an der Bettelordenbewegung nahmen die Frauen teil. Klarissen und Dominikanerinnen bildeten die weiblichen Zweige der beiden bedeutendsten Mendikantenorden. Wie die Männerklöster, so befanden sich auch die Frauenkonvente in den Städten. Aus Mainz existieren die Überreste zweier Klarissenklöster (136ff), in Köln blieb von dem reichen Klarenkloster ebensowenig wie von dem bedeutenden Dominikanerinnenkloster St. Gertrud.

Zu den Orden der Armutsbewegung gehören die Karmeliter, ursprünglich eine Eremitengemeinschaft am Berge Karmel in Palästina in der Zeit der Kreuzzüge. Strenge und Askese prägten auch das Bild des weiblichen Ordenszweigs, der Karmelitinnen, der allerdings erst im 15. Jh. entstand.

Im 14. Jh. trat ein neuer, weiblich dominierter Orden auf den Plan, die Birgittinen, von Birgitta von Schweden gegründet. Die Konvente waren von Anfang an als Doppelklöster konzipiert, die von der Äbtissin geleitet wurden. In unserem Bereich bestand das Birgittinnenkloster Marienbaum bei Xanten (54) bis zur

Säkularisation, genau wie Marienforst bei Bonn-Bad Godesberg, wo aber nur wenige bauliche Reste erhalten sind.

Die religiöse Laienbewegung der Beginen suchte um 1200 einen dritten Weg zwischen Kloster und Welt. Da sie nicht in aufwändigen Klosteranlagen lebten, haben sich bei uns, im Gegensatz zu Belgien und den Niederlanden, nur wenige architektonische Spuren ihres Wirkens erhalten. Umso wichtiger sind die Teile der Beginenhäuser und -höfe in Hüls und Kalkar (56, 74f), die hier vorgestellt werden.

In der katholischen Reformbewegung des 16. und 17. Jh.s werden neue Frauenorden und Kongregationen gegründet. Kongregationen sind Gemeinschaften, die sich verstärkt karitativen und Bildungsaufgaben widmen, deshalb keine strenge Klausur einhalten und nicht die feierlichen, sondern nur die einfachen Gelübde fordern. Ein Beispiel sind die Welschnonnen, die ihre Hauptaufgabe in der kostenlosen Erziehung von Mädchen sahen. Das besonders gut erhaltenen Welschnonnenkloster in Trier (101) ist noch heute mit einer Schule verbunden. Die vielen neuen Orden und Kongregationen des 19. und 20. Jh.s, ihre Klöster, Kirchen, Schulen und Krankenhäuser konnten hier nur gestreift werden. Für dieses Thema fehlen noch grundlegende Vorarbeiten. Wo es sich anbot, sind Beispiele aufgenommen: Mariendonk (71), Eibingen (140), die Schönstätter Marienschwestern (122), Therese von Wüllenweber und die Salvatorianerinnen in Neuwerk (68), Schwester Elma König als Künstlerin des 20. Jh.s im Frauenkonvent Nonnenwerth (112).

Zwischen religiöser Berufung und sozialem Zwang – Das Innere Leben

Wesentlicher Bestandteil des klösterlichen und stiftischen Lebens war der Chordienst mit dem gemeinsamen Stundengebet. Es umfasste die Laudes oder Matutin am Morgen, Vesper am Abend, Vigilien in der Nacht, dazwischen ungefähr alle drei Stunden kleinere Gebetszeiten, die Horen.

In der christlichen Auffassung gab es keinen Unterschied zwischen einer von Männern oder Frauen gesprochenen Fürbitte. Es war eher so, dass den Gebeten frommer Jungfrauen mehr Wirksamkeit zugetraut wurde als denen von Männern. Die Gleichwertigkeit der Männer- und Frauenkonvente drückt sich auch darin aus, dass in der Frühzeit Nonnen und Stiftsdamen zunächst dem Klerus zugerechnet wurden. Das änderte sich, als die Messopferfeier immer mehr in den Mittelpunkt des liturgischen Lebens trat. Vom Priesteramt waren Frauen ausgeschlossen, die höheren Weihen konnten sie nicht empfangen, der Begriff Klerus verengte sich auf die männlichen Geistlichen. Nicht mehr Gebete wurden für Lebende und Tote gefordert, sondern Messen. Die Frauengemeinschaften brauchten jetzt mehr Priester, die die Messen lasen; an den Damenstiften etablierten sich eigene Kanonikerkapitel. Gerade im Spätmittelalter und in der frühen Neuzeit, als die Stifte sich standesmäßig abschließen und nur noch adligen Frauen vorbehalten sind, übernehmen die meist nichtadligen Priesterkanoniker auch immer mehr Verwaltungsaufgaben. Die kirchliche Obrigkeit bemühte sich, die Frauen so weit wie möglich aus dem liturgischen Raum zu verdrängen. Während anfangs Nonnen und Stiftsdamen zusammen mit den Klerikern im Hochchor plaziert waren und gemeinsam beteten und die Wechselgesänge, auch während der Messe, sangen, wurde diese Praxis durch eine Synode 1139 verboten. Gleichzeitig sollten die Frauen aus dem Chor entfernt werden. Damals begann verstärkt der Bau von Emporen, auf denen die Frauen getrennt von den übrigen Gläubigen Platz nahmen.

Im Jahr 1298 forderte dann Papst Bonifaz VIII. eine radikale Einschließung, d. h. die vollkommene Klausur der Frauen Mangelnde Klosterdisziplin und unvollkommene Einhaltung der Klausur gehörten zu den üblichen Vorwürfen, wenn es um Reformierung von Frauenklöstern ging. In Wirklichkeit wurden diese Beschuldigungen häufig veranlasst durch den Wunsch, den Frauenkonvent ganz aufzulösen und die Güter und Gebäude einem Männerkonvent zu übertragen. Andererseits hatten monastische Reformen fast immer eine Verschärfung von Klausur und Askese zum Ziel. Oft war damit aber die persönliche Frömmigkeit einzelner Frauen oder Männer, die unter anderen Voraussetzungen in den Orden eingetreten oder dafür bestimmt worden waren, überfordert und es regte sich Widerstand gegen die Reformvorhaben. Manchmal wirkte der Reformdruck sich zugunsten der Frauenkonvente aus. Das reiche Benediktinerkloster in Aachen-Burtscheid wurde am Anfang des 13. Jh.s vom Orden aufgegeben und alle Gebäude, Liegenschaften und Rechte einschließlich der Reichsfreiheit wurden einer Zisterzienserinnengemeinschaft übertragen.

Wie groß der Reformbedarf wirklich wahr, ist oft kaum zu entscheiden. Das Verhältnis von kirchlich gesetzter Norm zur Realität im Mittelalter bildet eins der großen Probleme bei der Erforschung der religiösen Gemeinschaften, weil es relativ wenige Quellen gibt, die direkt und ausführlich vom Leben in Klöstern oder Stiften berichten.

Das zeigt sich z. B. bei der divergierenden Beurteilung in Bezug auf die ständische Zusammensetzung der Konvente. Früher war man der Meinung, dass die Stifte und Benediktinerinnenklöster ausschließlich adligen Frauen offen standen. Heute betont man eher, dass der adlige Charakter der früh- und hochmittelalterlichen Frauenklöster und -stifte nicht gesichert ist und dass Frauen aus allen Ständen Aufnahme fanden. Aus der Zeit Hildegards von Bingen ist durch ihren Streit mit Texwindis (112) bekannt, dass es beide Arten von Kommunitäten gab. Ganz sicher wurden adlige und vermögende Frauen leichter aufgenommen. Frauen aus der Unterschicht hatten es dagegen schwerer, ihre geistigen und religiösen Überzeugungen zu leben. Es gab jedoch in allen Orden die Einrichtung der Laienschwestern, die bei gemilderter Askese die schwere körperliche Arbeit verrichteten, aber keine vollberechtigten Mitglieder des Konvents waren, also kein Stimmrecht besaßen. Darüber hinaus existierte eine Reihe von Dienstleuten und Dienerinnen jeder Art, deren Zahl man aber fast nie genau beziffern kann. In der Lebensbeschreibung der Hl. Adelheid berichtet die Autorin, dass ihre wichtigste Quelle Adelheids Kammerfrau gewesen sei, und zwar offenbar auch für die Zeit, als Adelheid in Vilich (89) bereits die strenge Benediktinerregel eingeführt hatte.

Für viele adlige Frauen bot das Kloster durchaus eine Lebensalternative: Komfort und sichere Versorgung, Bildung, Austausch mit gleichgesinnten Frauen, im Falle eines Äbtissinnenamtes auch eine gesellschaftliche Karriere. Trotz der Forderungen der Kirche, der Familie zu entsagen, blieben die gesellschaftlichen Bande bestehen.

Natürlich verzichteten nicht alle Mädchen freiwillig auf Ehe und Mutterschaft. Für die Familien standen oft die Überlegungen der Versorgung, das Fehlen eines standesgemäßen Ehepartners oder der politische Einfluss in wichtigen Klöstern und Stiften im Vordergrund bei dem Entschluss, eine Tochter für das Leben als Nonne oder Stiftsdame zu bestimmen.

Unter diesem Gesichtspunkt muss man vielleicht auch den Lebensweg der Töchter des Pfalzgrafen Ezzo und der Kaisertochter Mathilde betrachten, die die bedeutendsten rheinischen Klöster oder Stifte leiteten. Man hat hier sogar den Einfluss des Salier-Kaisers Heinrich II. vermutet, für den erbberechtigte Nachkommen aus dieser ottonischen Nebenlinie eine Gefahr hätten darstellen können. Im Spätmittelalter gewinnt sicher der Gesichtspunkt der standesgemäßen Versorgung Oberhand über die religiösen Belange. Stifte und vornehme Klöster nahmen die adlige Geburt als Voraussetzung für den Eintritt in ihre Statuten auf, gegen den Geist des Evangeliums und der ursprünglichen Regeln. Die Kriterien waren so streng, dass die hochadligen Stifte in der frühen Neuzeit geradezu als Kontrollinstanz für die Ebenbürtigkeit galten. Der Adel einer Familie, deren Tochter in ein solches Stift aufgenommen wurde, konnte nicht mehr in Zweifel gezogen werden.

Macht in Frauenhand – Verwaltung und Herrschaftsaufgaben

An der Spitze einer selbstständigen Abtei oder eines Stiftes stand die Äbtissin, die den Konvent nach außen vertrat. Sie wurde von den stimmberechtigten Mitgliedern des Konvents, bzw. des Kapitels, gewählt. Ihre Verteterin in den Stiften war die Dechantin, ein Amt, das in vielen Stiften im Spätmittelalter aufgelöst wurde. Der Kustodin oder Küsterin oblag die Sorge für den Kirchenschatz, die Paramente und die Reliquien. Die Kellnerin oder Celleraria verwaltete im allgemeinen die Naturaleinkünfte, zahlte die Löhne für die Bediensteten aus und war für die Einkäufe zuständig. Weitere Kapitelämter, die aber nicht immer alle eingerichtet waren, sind die Schulmeisterin oder Scholasterin, die Cameraria oder Kämmerin, zuständig für Rechnungswesen, und die Präsenzmeisterin, die die Präsenzen, d. i. Anwesenheitsgelder an Kanoniker und Kanonissen verteilte. Manchmal ist auch eine Vorsängerin genannt.

Während die Stifte über ihren Besitz frei verfügen konnten, unterlagen die einem Ordensverband angehörigen Frauenklöster oft Einschränkungen durch das mit der Aufsicht betraute Männerkloster. Das Prämonstratenserstift Arnstein (124) gründete z. B. von der Mitte des 12. bis zum Anfang des 13. Jh.s sechs neue Frauenkonvente, an deren Spitze eine Meisterin stand, die direkt dem Abt oder dem Prior des Mutterstifts verantwortlich war. Die Mönche kümmerten sich um die wirtschaftlichen und geistlichen Angelegenheiten. Aber schon am Ende des 13. Jh.s erreichten viele Meisterinnen in den Prämonstratenserinnenstiften die wirtschaftliche Selbstständigkeit

Mit dem Grundbesitz waren Herrschafts- und Gerichtsrechte verbunden, die die Äbtissin selbst oder durch einen Vogt wahrnahm. Die Äbtissin von Herford z. B.

Reste des Epitaphs der Anna Salome von Manderscheid „Äbtissin des kaiserlichen, freiweltlichen Stiftes Thorn" (Niederlande)

(180) unternahm im 13. Jh. Rundreisen durch ihre westfälischen Besitzungen in Begleitung von 60–100 Leuten Gefolge, um ihre Rechte zu vertreten und die Verwaltung zu kontrollieren.

Manche Klöster oder Stifte mit ihren Territorien unterstanden sogar nur dem Kaiser und gehörten zu den unabhängigen Fürstentümern. In unserem Bereich waren Hochelten (62) und Essen (48) solche reichsunmittelbaren Stifte, ebenso wie das Stift Thorn in den Niederlanden. Ihre Äbtissinnen waren Reichsfürstinnen. Andere Stifte, wie Vilich (80) oder Herford (180), vermochten ihre Reichsfreiheit im harten politischen Machtkampf nicht zu behaupten.

In Essen (48) bildeten die Frauen aufgrund ihres hochadligen Standes den ersten Landstand des geistlichen Fürstentums Essen vor den Kanonikern und der Ritterschaft. Eine eigene Hofhaltung und bewaffnetes Gefolge gehörten zum Standard. Schließlich schuldeten die Reichsstifte dem Kaiser das Servitium, d. h. sie mussten den kaiserlichen Hof auf Durchreise beherbergen oder auch im Kriegsfall Bewaffnete stellen.

Ähnlich wichtig wie die Reichsfreiheit war die Exemtion von der Gewalt des Ortsbischofs und die direkte Unterstellung unter den Papst in kirchlichen Angelegenheiten. In diesem Fall konnte die Äbtissin bei den ihr untergebenen Kirchen die Priester einsetzen und vereidigen. Zu Stiften und Klöstern gehörten oft weitere Kirchen und Pfarrrechte, ein beeindruckendes künstlerisches Zeugnis dafür ist der Taufstein von Freckenhorst (175).

Auch Frauenklöster besaßen das Recht, weitere Konvente zu gründen. So wurde

z. B. Gräfrath (42) von Vilich (88) aus besiedelt, St. Thomas an der Kyll (152) stiftete das Tochterkloster Hoven (146) und Hildegard von Bingen rief vom Rupertsberg aus das Kloster Eibingen (140) ins Leben.

Hohes Prestige und reiche Schenkungen wuchsen den Klöstern zu, wenn sie mit Grablegen des hohen Adels verbunden waren, wie Graefenthal (58) für die Grafen von Geldern, Cappel (196) für die Edelherren zur Lippe, Fröndenberg (188) für die Grafen von der Mark oder Niederehe (154) für die Grafen von der Mark-Manderscheid.

Wertvolle heilbringende Reliquien ließen manche Klöster zu Pilgerzentren werden. Zu nennen wären hier das Stift St. Ursula in Köln (38) mit den Gebeinen unzähliger Jungfrauen aus der Schar der Hl. Ursula oder Marienbaum (54) als einer der wichtigsten und frühesten Marienwallfahrtsorte am Niederrhein. Aber auch die Gräber heiligmäßig verehrter Frauen bildeten Anziehungspunkte für Pilger. Wunder konnten hier geschehen, Krankheiten geheilt werden wie am Grab der Hl. Adelheid in Vilich (88) oder der Hl. Amelberga in Susteren (66).

Klöster und Kommerz – Die wirtschaftlichen Grundlagen

Ökonomische Grundlage der Kommunitäten war der Grundbesitz. Bis zur Zunahme der Kredit- und Geldwirtschaft im Spätmittelalter existierte dazu keine Alternative. Aus den Einnahmen dieses Besitzes mussten im Wesentlichen die Lasten und Aufgaben des Konvents bestritten werden. Dazu gehörten die Unterhaltung der Bauten, der Lebensunterhalt für die gesamte Klostergemeinschaft, die liturgischen Feiern, Wohltätigkeit und Bildung. Kanonissen und Nonnen hatten Verwaltung und Organisation zu lernen und durchzuführen, was bei den oft weit verstreut liegenden Ländereien hohe Anforderungen stellte. Mangelnde Fundation und schlechte Verwaltung konnten zum Niedergang des Konvents führen, wie bei St. Cäcilien in Köln (32).

Die wichtigsten Produkte, aus deren Verkauf alle anderen Bedürfnisse befriedigt werden mussten, waren Getreide und, falls das Kloster in einem Anbaugebiet lag, Wein. Auch sonst waren eigene Weinberge heiß begehrt. Das Weineinkommen diente dann aber wesentlich zum Eigengebrauch. Für den Verkauf der Produkte war der Zugang zum Markt wesentlich und deshalb unterhielten in den wichtigen Handelszentren wie Köln, Mainz, Trier, Dortmund oder Münster die Klöster eigene Häuser, sog. Klosterhöfe.

Mit zunehmender Entwicklung der Märkte und des Handels wurde unlukrativer Fernbesitz abgestoßen und Besitz in der näheren Umgebung oder Renten und Zinsen erworben.

Die spätmittelalterlichen städtischen Frauenklöster wurden häufig nur noch mit solchen Einkünften ausgestattet. Selbst die Bettelorden, die ja zunächst nicht nur den persönlichen, sondern auch jeden gemeinschaftlichen Besitz

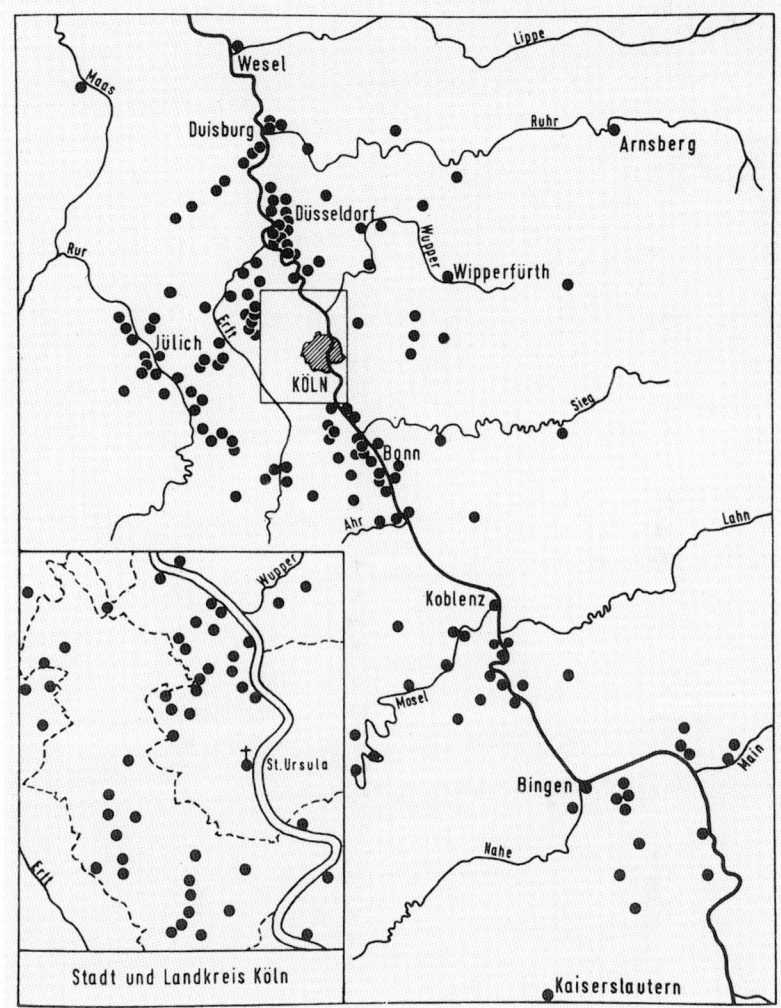

Der Grundbesitz des Kölner Stiftes St. Ursula 922 bis ca. 1500

ablehnten, legten bei ihren Frauenklöstern andere Maßstäbe an. Frauen wollte man nicht bettelnd auf der Straße sehen. Deshalb lebten die Gemeinschaften der Klarissen und Dominikanerinnen von Anfang an in Klöstern mit ausreichender wirtschaftlicher und finanzieller Ausstattung.

Die ökonomischen Grundlagen prägten die Architektur der Klosteranlagen. Nicht einmal die städtischen Konvente bestanden nur aus Kirche und Klausurgebäuden. Immer gehörten Scheune, Speicher, Bäckerei, evtl. eine Mühle, Stall und Remisen dazu. Die ländlich gelegenen Klöster wie Oelinghausen (190) verfügten über große Wirtschaftshöfe, zu denen manchmal gewerbliche Betriebe gehörten. Mehrere Mühlen haben sich in Geseke (200) erhalten, ein Taubenturm

17

und ein Schaftstall in Gehrden (209), ein Brauhaus in Freckenhorst (175).

Aufwändige Wasserbauanlagen, die Mühlen- und Fischteiche speisten, die gesamte Klosteranlage mit Wasser versorgten und das Abwasser aufnahmen, sind noch für das 18. Jh. in Boppard-Marienberg (130) belegt. Für viele andere Klöster müssen wir solche Einrichtungen annehmen, auch wenn sie zum Teil nur unzureichend erforscht sind.

Manchmal besaßen Konvente besondere und lukrative Einnahmequellen. Die Äbtissin von St. Quirin in Neuss (79) verfügte z. B. über das Grutmonopol, d. h. nur St. Quirin durfte die Grut herstellen und verkaufen. Grut war eine Mischung aus verschiedenen Kräutern, mit der im Mittelalter das Bier gewürzt wurde.

Innovative Einnahmequellen erschlossen die Äbtissin von Herdecke mit der Einrichtung einer Stiftsbrennerei oder Isabella Maria Rosina von der Hees (1718–1757) von St. Thomas in Andernach (116), die aus dem klostereigenen Mühlenbetrieb an der Nette eine Eisenproduktionsstätte machte. Kriege und Wirtschaftskrisen gefährdeten auch Klöster und Stifte in hohem Maße. Ohne ständige Anpassung an die ökonomischen Gegebenheiten konnten Krisen nicht bewältigt werden.

Arme und Gäste –
Die karitativen Aufgaben

Zu den karitativen Aufgaben gehörte die Verteilung von Almosen für die Armen sowie die Beherbergungspflicht für Reisende und Pilger. Die Klöster waren gehalten, wenigsten den Zehnten der Einnahmen für die Armen auszugeben.

Da von Frauenklöstern wenig Zahlen vorliegen, sei ein Beispiel aus der Zisterzienserabtei Eberbach im Rheingau angeführt:

Von 669 Maltern Getreide, die das Kloster im Jahre 1566 verbrauchte, wurden 147 Malter allein für die Speisung der Armen an der Klosterpforte ausgegeben, 291 Malter erhielten das Gesinde in den Werkstätten und die Insassen von Hospital und Siechenhaus, 36 Malter die Gäste des Klosters.

Die Caritas der Klöster bedeutete keine umfassende Fürsorge im Sinne des heutigen Sozialstaates. Diese Maßstäbe waren dem mittelalterlichen Denken fremd. Man muss sich immer vor Augen halten, dass die zentrale und wichtigste Aufgabe, die Nonnen und Stiftsdamen für ihre Mitmenschen erfüllten, das Gebet und die Fürbitten bei Gott und den Heiligen waren. Alles andere stand dahinter zurück. Die sozialen Aufgaben umfassten akute Hilfe in Notlagen oder Unterstützung für Personen, die nicht von der Familie aufgefangen wurden, sei es, weil sie fremd oder weil sie ihrer Ernährer beraubt waren.

Bei Missernten geriet natürlich auch die Armenfürsorge der Klöster in Gefahr. Trotzdem ist bekannt, dass das Stift Quernheim (184) im Hungerjahr 1771/72 Roggen zukaufte, um Brot für die Armen backen zu können. Das Frauenstift Freckenhorst (175) betrieb sogar durch die Einrichtung von Armenkapitalien, d. h. Vermögen, das zugunsten der Armen angelegt war, eine dauerhafte Fürsorge für einen bestimmten Personenkreis.

Die Gäste, die Pilger, die Reisenden, die Armen gehörten zu den Menschen, die Klöster und Stifte besuchen und an den Gottesdiensten teilnehmen konnten. Schon hier ergeben sich Bedingungen, die der strengen Klausur entgegenstehen. Wir wissen z. B. aus der Lebensbeschreibung der Hl. Adelheid, dass die Verteilung von Almosen an Arme zumindest bei besonderen Gelegenheiten im Kreuzgang des damaligen Benediktinerinnenklosters Vilich (88) stattfand, also im innersten Klausurbereich. In der Vita der Königin Mathilde, der Frau Heinrichs I., wird erzählt, dass sie im Stift Herford (180) erzogen wurde. Heinrich wollte die junge Adlige, die ihm als Braut vorgeschlagen war, gerne kennenlernen und deshalb trat er mit seinem Gefolge als durchziehender Reisender auf, um Mathilde in der Kirche ungestört betrachten zu können. Es war dann angeblich Liebe auf den ersten Blick.

In den Städten wurde die geistliche Armenpflege später durch bürgerliche Einrichtungen ergänzt bzw. ersetzt. Erst im 19. Jh. begriffen viele Orden die karitativen Tätigkeiten durch die Betreibung von Krankenhäuser, Pflegeanstalten und Waisenhäusern wieder als genuin kirchliche Aufgabe.

Bücher und Bildung – Frauenklöster als Orte der Wissensvermittlung

Das Wissen der Antike wurde vornehmlich über Kirchen und Klöster ins Mittelalter tradiert. Bildung war ein Privileg von Klerus und Frauen. Frauen der Oberschicht wurden in Klöstern oder Stiftsschulen erzogen, Männer nur soweit sie für den geistlichen Stand bestimmt waren. Im Sachsenspiegel werden Bücher generell zur Habe der Frau gerechnet.

Alle Kanonissenstifte oder Benediktinerinnenklöster nahmen Kinder zur Erziehung auf. Und zwar sowohl solche, die auf ein geistliches Leben vorbereitet wurden, als auch andere.

Im Frauenstift Herford (180) gab es neben der inneren Schule für angehende Stiftsdamen und Mädchen aus adligem Hause eine äußere Schule mit einem eigenen Rektor, an der auch junge Männer unterrichtet wurden, z. B. der Isländer Isleif, der später in seiner Heimat Bischof wurde.

Auch in Geseke (200) existierte neben der Stiftsschule für die Kanonissen seit dem 14. Jh. eine Knabenschule, aus der vielfach die Geistlichen des Ortes hervorgingen. Für diese errichtete Äbtissin Maria von Imbsen 1608 das heute noch bestehende Gebäude nördlich des Kirchturmes.

Klöster und Stifte waren im Mittelalter oft die einzigen Möglichkeiten für Mädchen und junge Frauen, schulische Bildung zu erwerben. Lesen und Schreiben gehörte zu den Fertigkeiten, die angehende Stiftsfrauen für den Chordienst und die Verwaltung der Stiftsgüter beherrschen mussten.

Vor allem lernten die Mädchen Latein. Latein war die Universalsprache des Mittelalters. Ohne Lateinkenntnisse konnte sich niemand in der gebildeten Welt bewegen, mit Latein war man in der Lage, sich europaweit zu verständigen. Die Sprache wurde anhand der Texte für die kirchliche Liturgie gelehrt. Aus Essen ist der Brief einer Schülerin aus dem 10. Jh. überliefert, in dem sie eine Schulmeisterin bittet, ihr mit einer anderen Lehrerin zusammen die Nachtwache zu gestatten, sie werde dann auch fleißig deklinieren, lesen und singen.

Man kann daraus folgern, dass in Essen (48), einem der größten Konvente mit 70 Mitgliedern, mindestens zwei Lehrerinnen die Schülerinnen betreuten. Wir kennen nicht den Anlass des Briefes, der Tod einer Mitschülerin, ein Jahrgedächtnis oder ein hoher Feiertag kämen in Frage. Aber wir erfahren, dass Deklinieren, d. h. also Grammatik lernen, Lesen und Singen als wichtigste Fächer betrachtet wurden. Außerdem konnte die Schülerin schreiben und beherrschte auch schon recht gut Latein.

Die Pflege der Musik war einer der wichtigsten Bildungsinhalte. Gesang und Musik gehörten zum Gottesdienst und zum täglichen Leben der Frauen. Wertvolle Notenhandschriften, die auch von Frauen geschrieben wurden, bildeten einen bedeutenden Teil des Bücherbestandes. Heute bemühen sich viele Träger, durch Veranstaltungen in Kirchen und Klöstern, die Räume wieder mit musikalischem Leben zu erfüllen. In einigen Klöstern, wie Eibingen (140), pflegen die Nonnen wie früher den gregorianischen Chorgesang.

In den Frauenklöstern wurden auch Bücher geschrieben, allerdings stehen wir vor dem Problem, dass die Produkte ihrer Skriptorien früher in der Regel Männerklöstern zugeschrieben wurden und die Erkenntnis der wahren Verhältnisse mit großen Schwierigkeiten verbunden ist.

Essen (48) besaß in den beiden ersten Jahrhunderten seines Bestehens ein bedeutendes Skriptorium. Hier ist nachgewiesen, dass nach dem Brand des Klosters 946, der wohl auch die Bibliothek vernichtete, eine Reihe von Handschriften für den eigenen Gebrauch von den Stiftsdamen abgeschrieben wurde, um wieder die notwendigen Texte zur Verfügung zu haben. Die Klöster besaßen natürlich nicht nur selbst verfertigte, sondern auch in anderen Skriptorien hergestellte Handschriften. Aus Essen sind 14 verschiedene Bibelhandschriften nachweisbar, daneben wurden Kirchenvätertexte, Heiligenviten, Texte klassischer antiker Autoren und christliche Dichter gelesen.

Interessanterweise sind aus Essen auch umfangreiche Glossierungen und Übersetzungen lateinischer Texte in Altsächsisch erhalten, also der Muttersprache der Insassinnen im frühen Mittelalter. Sie zeigen das ernsthafte Bemühen, nicht beim bloßen Auswendiglernen der lateinischen Texte stehenzubleiben, sondern zu einem wirklichen Verständnis der Heiligen Schrift zu gelangen.

Mit der Verlagerung der Bildung von den Klöstern und Stiften an die Universitäten (in Deutschland seit dem 14. Jh.) wird ein Jahrhunderte dauernder Ausschluss der Frauen von den höheren Bildungsstufen eingeleitet. Die Universitätsbildung blieb den Frauen versagt. Bei den Sanctimonialen stand das Gebot der Klausur dagegen, für Mädchen, die heirateten, erachtete man eine Universitätsbildung als unnötig. Der Grund für die Entstehung der Universitäten war die Forderung nach besserer Ausbildung der Würdenträger in Kirche und staatlicher Verwaltung. In beiden war für Frauen kein Platz. Dass trotzdem versucht wurde, einen Platz in der Welt von Wissenschaft und Bildung zu behaupten, erhellt schlaglichtartig eine Nachricht über das Tertiarinnenkloster St. Anna in Kempen (76), das noch im 15. Jh. ein bedeutendes Skriptorium unterhielt. Von 1434–1476 wurden 70 Bände im Kloster St. Anna abgeschrieben. Das ist ein Phänomen, das wir aus vielen Konventen kennen, die der Devotio Moderna nahestehen, in

Köln z. B. vom Fraterhaus Weidenbach, das noch eine rege Handschriftenproduktion unterhielt, auch in der ersten Zeit nach Erfindung des Buchdrucks; über die weiblichen Konvente sind wir bezeichnenderweise viel weniger unterrichtet.

In der katholischen Reform versuchten die weiblichen Schulorden, wie die Welschnonnen, die Englischen Fräulein und die Ursulinen, den Unterricht für Mädchen zu verbessern.

In den Stiften wurden die Mädchen noch für die Führung und Repräsentation in einem großen adligen Haushalt erzogen. Ein gewisses Bildungsniveau blieb also gewahrt, war aber mit Hochschulbildung nicht zu vergleichen.

Fürstinnen und Klostergründerinnen – Hervorragende Frauen

Gerade im Frühmittelalter spielen Frauen eine herausragende Rolle als Stifterinnen und Klostergründerinnen. Dazu gehören neben Irmina von Trier (99) und Adela (104) auch Plektrudis (31), die politisch äußerst aktive Gattin des karolingischen Hausmeiers Pippin des Mittleren, die die Kirche St. Maria im Kapitol in Köln gründete. Im Hochmittelalter begegnen wir den später als Heilige verehrten Klostervorsteherinnen Amelberga in Susteren (67), Adelheid in Vilich (89) oder Hildegund in Meer (78). Eine Fürstin von weitreichendem Einfluss war Mechthild von Sayn (92), die zusammen mit ihrem Gatten, Graf Heinrich III., im 13. Jh. die Zisterzienserinnenklöster Blankenberg, Drolshagen, Marienspiegel in Köln und das Prämonstratenserstift Sayn bei Neuwied gründete.

Äbtissinnen aus dem ottonischen Kaiserhaus leiteten die wichtigsten Reichsstifte und Klöster. Außer Gandersheim und Quedlinburg gehörte auch Essen (48) zu den Reichsstiften mit kaiserlicher Familientradition. Die Enkelinnen Ottos II. und der griechischen Prinzessin Theophanu standen an der Spitze bedeutender rheinischer Stifte und Klöster: Theophanu in Essen (48) und wohl auch Gerresheim (44), Ida in St. Maria im Kapitol (30), in Gandersheim und vielleicht auch in Meschede (192), Mathilde in Dietkirchen (90) und Vilich (88), Helwig in Neuss (79) und Adelheid in Nivelles. Stolz auf die kaiserliche Tradition spricht aus den Bauten der Äbtissinnen Ida, Mathilde und Theophanu. In den Westbauten dieser Kirchen von Essen (48) und Köln (St. Maria im Kapitol) (30) wird die Pfalzkapelle Karls des Großen in Aachen, wo ja die Herrscher aus dem ottonischen Haus zu deutschen Königen gekrönt wurden, architektonisch zitiert.

Die Äbtissinnen Sophia, Ida, Helwig, Mathilde,Theophanu und Adelheid, Töchter des Pfalzgrafen Ezzo und der Kaisertochter Mathilde, Ausschnitt aus dem Stifterbild (17. Jh.) in der Abtei Brauweiler

Nicht immer ging es in der Welt der fürstlichen Frauen friedlich zu. Fromme Stiftungen konnten auch Konflikte heraufbeschwören. Als der Graf von Hamaland auf seiner Burg Elten (62) ein Stift gründete und seine Tochter Liutgard zur Äbtissin einsetzte, war seine andere Tochter Adela mit dieser Verwendung des gemeinsamen Erbes nicht einverstanden. Zweimal eroberte sie mit ihrem Gatten den Eltenberg zurück, allerdings vergeblich. Hochelten blieb das bedeutendste Frauenstift am Niederrhein, politisch nur dem Kaiser, kirchlich nur dem Papst unterstellt.

Frauen treten aber auch in anderen Bereichen hervor, in Literatur und Wissenschaft. Die ersten Dichtungen und Dramen des Mittelalters in Deutschland sind von einer Frau geschrieben, Roswitha oder Hrotsvith, der Scholasterin von Gandersheim. Aber auch in unserer Gegend begegnen wir gelehrten Frauen, z. B. Berta, die die Vita der Hl. Adelheid von Vilich (89) verfasste (Mitte 11. Jh.), mit lebendigem Stil in ausgezeichnetem Latein.

Die Meisterin von St. Thomas in Andernach (117), Texwindis (oder Tenxwind) wurde bekannt durch ihren Briefwechsel mit Hildegard von Bingen. Texwindis übte Kritik an ihrer Meinung nach übertriebenem Luxus auf dem Rupertsberg und an der Praxis, dort nur adlige Frauen aufzunehmen.

An Hildegard von Bingen selbst (1089–1179) erinnern ihre Wirkungstätten auf dem Disibodenberg (132) und Eibingen (140), während von ihrem wichtigsten Kloster auf dem Rupertsberg bei Bingen keine Reste erhalten sind.

Ihre Visionen, die sie niederschrieb, zeigen sie auf der Höhe der theologisch-philosophischen Bildung ihrer Zeit, sie muss eine ausgezeichnete Schulung gehabt haben, und sie setzte sich innovativ mit der Theologie auseinander. Sie betont im Gegensatz zur Scholastik die

Gleichrangigkeit der männlichen und weiblichen Gottesebenbildlichkeit.

Ihre Schrift „Scivias" (Wisse die Wege) führte dazu, dass sie vom Papst als Prophetin und Seherin approbiert wurde. Das war die Voraussetzung für öffentliches Wirken. Denn Bildung wurde der Frau zwar zugestanden, öffentliches Predigen aber nicht. Als anerkannte Seherin jedoch durfte Hildegard über ihre Visionen zu den Menschen sprechen und das tat sie auf mehreren Predigtreisen, die sie durch ganz Deutschland führten. Sie war eine ganz ungewöhnlich einflussreiche Frau kraft ihrer Persönlichkeit, aber ohne entsprechendes Amt in Kirche und Welt. Auch Elisabeth von Schönau (127) nutzte die Möglichkeit, sich durch Visionen Gehör zu verschaffen. Die schwärmerischen Bilder und die Gedankenwelt der Mystik werden hier schon vorbereitet.

Manche Persönlichkeiten wären noch zu nennen, viele Frauen sorgten in täglicher Arbeit und im Gebet für das Wohlergehen ihrer Klöster, ohne dass wir ihre Namen kennen. Einige mögen gelitten haben unter einem Leben, das sie nicht selbst wählten. Andere forderten ihren Platz gegen gesellschaftliche und amtskirchliche Widerstände wie Therese von Wüllenweber (70), die Gründerin der Kongregation der Salvatorianerinnen.

Bauten und Bilder – Klösterliches Leben im Spiegel von Architektur und Kunst

Während viele Details zum Leben der Frauen durch oft dürre schriftliche Quellen erschlossen und interpretiert werden müssen, bieten Architektur und Kunstwerke dingliche Anschauung einer untergegangenen Klosterkultur. Die Stationen des täglichen Lebens in Kloster und Stift spiegeln sich in den Bauten. Im Zentrum steht der Klausurhof mit dem Kreuzgang und den umgebenden Gebäuden: Kapitelsaal, Dormitorium (Schlafsaal), Refektorium (Speiseraum) und Küche. Wirtschaftsbauten umfassen einen oder mehrere separate Höfe. Gärten und Friedhof erstrecken sich bis zur Immunitätsmauer. Die Zisterzienserinnenklöster Saarn (46), Hörstel-Gravenhorst (168) oder Benninghausen (194), die Augustinerchorfrauenstifte Metelen (165) und Merten an der Sieg (93) vermitteln noch das klassische Bild einer solchen Anlage. Bei den Kanonissenstiften verlagert sich das tägliche Leben in die einzelnen Wohnhäuser der Stiftsdamen (Kurien). Hier wären Nottuln (160) oder auch die fast komplett erhaltene Stiftssiedlung Thorn in den Niederlanden zu nennen.

Während die Konventsgebäude nur zum Teil erhalten sind, bestanden die Kirchen glücklicherweise in größerer Zahl fort. Die unglaubliche Vielfalt reicht von der repräsentativen romanischen Stiftskirche über die schlichte einschiffige Zisterzienserinnenkirche bis zu barocken Neubauten voller Charme und überbordender Ornamentik.

Auf unübersehbare Weise dokumentieren die Stiftskirchen von Essen (48), St. Maria im Kapitol in Köln (30) oder Freckenhorst (175) in Westfalen den Rang und Reichtum der Kommunität oder der Gründerfamilie nach außen

Selbst die Zisterzienserinnen, denen im allgemeinen schlichte einschiffige Bauten ohne Bauzier und Fenster ohne figürliche Darstellungen vorgeschrieben sind, drücken auf subtile Art ihr Selbstbewusstsein in Architektur aus. So errichten die Nonnen des Klosters Brenkhausen (210) ihre Kirche nach dem Vorbild von Loccum und den burgundischen Zisterzienserkirchen als dreischiffige Basilika.

Innovative Bauformen finden sich zum ersten Mal an Frauenklosterkirchen, so der Dreikonchenchor, der von der Geburtskirche in Bethlehem nach St. Maria im Kapitol (30) übertragen und Vorbild für etliche romanische Kirchen in der Rhein-Maas-Region wird, die sowohl zu Frauen- wie zu Männerklöstern gehören.

Die Prämonstratenserinnenkirche Cappel (196) stellt eine der ersten vollständig gewölbten Kirchenbauten Westfalens dar. Die Stiftskirche St. Maria und Pusinna in Herford (180) nimmt als erste großräumige Hallenkirche eine herausragende Stellung innerhalb der westfälischen Kirchenbaukunst ein, ähnlich wie die Überwasserkirche in Münster (172).

Beschreibung von Architektur und fester Ausstattung der Kirchen sind ein wesentlicher Bestandteil dieses Führers. Deshalb sei hier nur noch kurz auf Besonderheiten hingewiesen wie den romanischen Gemäldezyklus der Kirche in Schwarzrheindorf (86) mit seinem anspruchsvollen theologischen Programm, auf die weitgehend unbekannte, dafür umso überraschendere barocke Ausmalung der Annunziatinnenkirche in Andernach (118) mit ihren idyllischen Landschafts- und Genreszenen oder auf die Bilder des Credogangs in Nonnenwerth (112) aus den 20er Jahren des 20. Jh.s.

So klar die Architektur erscheint, so vage bleiben in einigen Punkten die Aussagen zur liturgischen Funktion einzelner Bauteile. Die Frage „Wo saßen die Stiftsdamen?" ist ebensowenig für alle Bauten

und jede Zeit geklärt wie das Problem, wozu die Westbauten dienten, speziell die Westwerke (208) wie sie etwa Freckenhorst (175) und Neuenheerse (206) aufweisen. Gedeutet werden sie als Aufenthaltsort für hochgestellte Gäste, als Sitz der Äbtissin oder als ein Raum mit speziellen liturgischen Zwecken bei besonderen Festen.

Zumeist wird die Ansicht vertreten, dass Stiftsdamen und Nonnen, außer an einigen hohen Festtagen, den Hochchor den männlichen Klerikern überlassen mussten und abgeschlossen auf Emporen ihren Platz hatten. Wir können Emporen im Westen nachweisen, bei vielen Stiften auch in den Querschiffarmen, aber manchmal gibt es auch gar keine Emporen. In Neuss (79) kam es im 17. Jh. zu heftigen Auseinandersetzungen zwischen dem Damenkapitel von St. Quirin und den Kanonikern, die darin gipfelten, dass die Damen den Kanonikern den Platz im Hochchor streitig machen wollten. Die Forschung kann in dieser Frage sicher noch nicht als abgeschlossen gelten.

Beispiele für Nonnenemporen mit komplettem barockem Chorgestühl sind in der kleinen Kirche St. Cäcilia in Hüls (75) oder in der Welschnonnenkirche in Trier (101) erhalten.

Zahlreiche Werke religiöser Kunst, Altäre und Statuen, kostbare Reliquienbehälter, liturgische Geräte und Paramente, schmückten Kirchen und Konventsgebäude.

Diese Ausstattung ist in vielen Fällen verlorengegangen, aber einige Kirchen, z. B. St. Maria im Kapitol (30) oder Fröndenberg (188), verfügen noch über eine erstaunliche Anzahl von Kunstwerken und vermitteln einen Eindruck von dem Reichtum des religiösen und liturgischen Lebens.

Die Herstellung von Altarparamenten, Teppichen, liturgischen Gewändern usw. wurde häufig von den Frauen selbst vorgenommen. Dieser Zweig des Kunsthandwerks wird auch heute noch in Frauenklöstern betrieben, z. B. in Mariendonk (71).

Auf Gemälden oder Reliefs ließen sich die Klosterfrauen als Stifterinnen darstellen, so auf dem Votivrelief aus Goch-Asperden (59), das die 32 Nonnen von Graefenthal unter Führung ihrer Äbtissin in Gegenwart des gekreuzigten Christus zeigt. Sehr bezeichnend ist auch das Widmungsbild aus dem Evangeliar der Äbtissin Hitda von Meschede (um 1030) (193). Die Äbtissin überreicht der Klosterpatronin, der Hl. Walburga, den Codex, stehend, sich nur leicht verneigend und in gleicher Größe dargestellt wie die Heilige

Wir können aber auch Aspekte spezifisch weiblicher Frömmigkeit erkennen, in der Marienverehrung, – in Essen (49) ist die früheste vollplastische Darstellung der Gottesmutter erhalten –, oder bei der Verehrung der Hl. Katharina in den Zisterzienserinnenkonventen.

Als kostbarster Schatz der Kirchen und Klöster wurden die Reliquien der Heiligen betrachtet. Die Goldene Kammer von St. Ursula in Köln (39) ist Höhepunkt und Übersteigerung des Reliquienkultes. Seltene und merkwürdige Reliquien finden sich auch in kleinen Kirchen, wie z. B. die

Mütze des Hl. Bernhard von Clairvaux in Niederwerth (121).

Allerdings sind die besonders wertvollen Reliquiare, Höhepunkte mittelalterlicher Goldschmiedekunst, oft nicht mehr an ihren ursprünglichen Standorten. Das Kuppelreliquiar von Hochelten (63) bildet heute einen der Anziehungspunkte des Victoria & Albert Museums in London, die Staurothek, ein byzantinisches Kreuzreliqiar aus dem Kloster Stuben (109), wird im Limburger Domschatz gezeigt, Teile des Fröndenberger Altars (188) finden sich im Museum of Art in Cleveland/Ohio, weitere Kunstschätze gelangten in die Museen von München und Berlin, Münster und Köln.

Viele Kunstwerke aus Frauenklöstern und -stiften sind über alle Welt verstreut. Jedoch zeugen die bestehenden Gebäude, die Kloster- und Stiftskirchen mit ihrer erhaltenen Ausstattung noch von Macht und Reichtum, aber auch von Frömmigkeit und tiefverwurzeltem Glauben.

Viel Wertvolles ist erhalten, das eine Reise in die vielfältige Welt der religiösen Frauengemeinschaften lohnt, wozu dieses Buch für Rheinland und Westfalen die Anregung geben möchte.

Marianne Gechter und Hiltrud Kier

Weiterführende Literatur

(Spezialliteratur zu einzelnen Klöstern ist unter den jeweiligen Artikeln angegeben)

Frauenleben allgemein

Helga Brandt und Jutta Koch (Hg.), Königin, Klosterfrau, Bäuerin. Frauen im Frühmittelalter (Agenda Frauen 8), Münster 1997.

Anne Conrad (Hg.), Frauen in der Zeit der Reformation und der katholischen Reform (Katholisches Leben und Kirchenreform im Zeitalter der Glaubensspaltung 9), Münster 1999.

Edith Ennen, Frauen im Mittelalter, 6. Aufl. München 1999.

Margaret L. King, Frauen in der Renaissance, München 1993.

Helga Möbius und Harald Olbrich, Mit Tugend ist sie wohl geziert. Das Barock, Hamburg 1994.

Klösterliches Leben, Liturgie und Architektur

Gerd Ahlers, Weibliches Zisterziensertum im Mittelalter und seine Klöster in Niedersachsen (Studien zur Geschichte, Kunst und Kultur der Zisterzienser 13), Berlin 2002.

Günter Berghaus, Thomas Schilp und Michael Klappheck (Hg.), Herrschaft, Bildung und Gebet. Gründung und Anfänge des Frauenstifts Essen, Essen 2000.

Irene Crusius (Hg.), Studien zum Kanonissenstift (Veröffentlichungen des Max-Planck-Instituts für Geschichte 167, Germania Sacra 24), Göttingen 2001.

Ralf Dorn, Wo saßen die Stiftsdamen?, in: Historisches Jahrbuch für den Kreis Herford (2001), S.7–30.

Ingrid Ehlers-Kisseler, Die Anfänge der Prämonstratenser im Erzbistum Köln (Rheinisches Archiv 135), Köln 1997.

Franz J. Felten, Frauenklöster und -stifte im Rheinland im 12. Jh. In: Reformidee und Reformpolitik im spätsalisch-frühstaufischen Reich, hg. v. Stefan Weinfurter (Abhandlungen zur mittelrheinischen Kirchengeschichte 68), Mainz 1992.

Germania Benedictina. Bd. IX, Die Männer- und Frauenklöster der Benediktiner in Rheinland-Pfalz und im Saarland, St. Ottilien 1999.

Karl Hengst (Hg.), Westfälisches Klosterbuch (Veröffentlichungen der Historischen Kommission für Westfalen 44), 3 Bde., Münster 1992-2003.

Clemens Kosch, Kölns romanische Kirchen. Architektur und Liturgie im Hochmittelalter (Große Kunstführer 207), Regensburg 2000.

Hans Erich Kubach und Albert Verbeek, Romanische Baukunst an Rhein und Maas, 4 Bde., Berlin 1976–1989.

Ute Küppers-Braun, Macht in Frauenhand. 1000 Jahre Herrschaft adeliger Frauen in Essen, Essen 2002.

Georg Mölich, Joachim Oepen und Wolfgang Rosen (Hg.), Klosterkultur und Säkularisation im Rheinland (Publikationen des Landschaftsverbandes Rheinland), Essen 2002.

Gisela Muschiol, Famula Dei. Zur Liturgie in merowingischen Frauenklöstern (Beiträge zur Geschichte des alten Mönchtums und des Benediktinertums 41), Münster 1994.

Georg Schwaiger, Mönchtum, Orden, Klöster. Ein Lexikon, München 1993.

Robert Suckale, Die mittelalterlichen Damenstifte als Bastionen der Frauenmacht (Schriftenreihe der Kölner Juristischen Gesellschaft 25), Köln 2001.

Petra Zimmer, Die Funktion und Ausstattung des Altares auf der Nonnenempore. Beispiele zum Bildgebrauch in Frauenklöstern aus dem 13.–16. Jh., Diss. Köln 1990.

Führer

Bernd Brauksiepe und Anton Neugebauer, Klosterlandschaft Eifel (Große Kunstführer 191), Regensburg 1994.

Peter Brommer und Achim Krümmel, Klöster und Stifte am Mittelrhein, Koblenz 1998.

Georg Dehio, Handbuch der deutschen Kunstdenkmäler: Rheinland, bearb. von Ruth-Schmitz-Ehmcke 1967; Westfalen , bearb. von Dorothea Kluge und Wilfried Hansmann 1969; Rheinland-Pfalz, Saarland, bearb. von Hans Caspary, Wolfgang Götz und Ekkart Klinge, 1972.

Klosterführer Rheinland, hg. v. Rheinischen Verein für Denkmalpflege und Landschaftsschutz, Köln 2003.

Reclams Kunstführer Deutschland: Bd. 3 Nordrhein-Westfalen, 6. Aufl. bearb. von Anton Henze, Otto Gaul und Fried Mühlberg, 1982; Bd. 6 Rheinland-Pfalz, Saarland, 8. Aufl. bearb. von Herbert Brunner, Hans Caspary und Alexander von Reitzenstein 1990.

Internet

www.frauenkloester.de

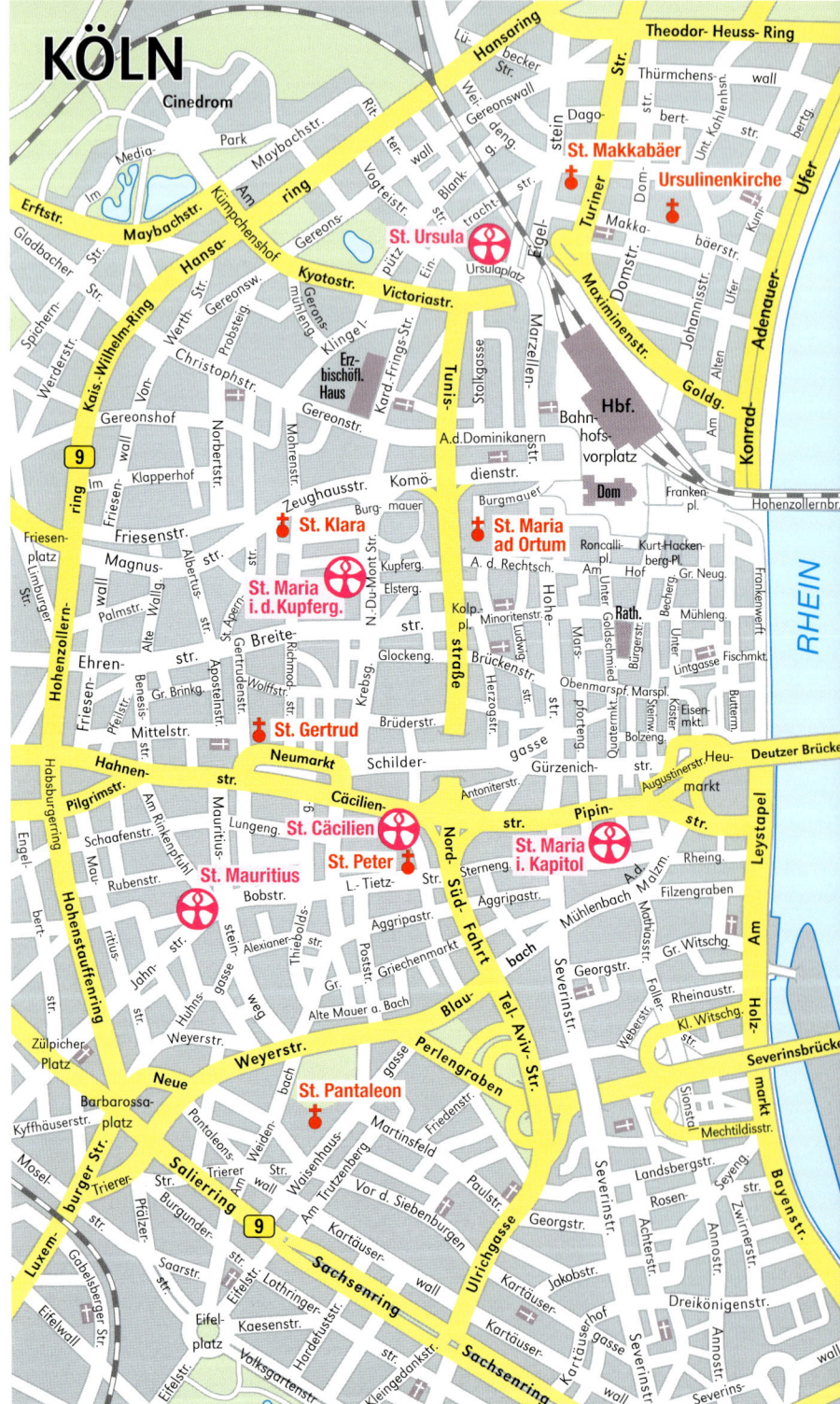

Route 1: Köln

St. Maria im Kapitol, Pfarrkirche
(ehem. Stiftskirche)
Hiltrud Kier, Marianne Gechter

St. Cäcilia, Museum Schnütgen
(ehem. Stiftskirche)
Hiltrud Kier, Marianne Gechter

St. Mauritius, Pfarrkirche
(ehem. Pfarr- und Klosterkirche)
Hiltrud Kier, Marianne Gechter

St. Maria in der Kupfergasse, Pfarrkirche
(ehem. Klosterkirche St. Joseph)
Hiltrud Kier, Marianne Gechter

St. Ursula, Pfarrkirche
(ehem. Stiftskirche)
Hiltrud Kier, Marianne Gechter

Köln, St. Maria im Kapitol, Pfarrkirche
(ehem. Stiftskirche)

Orden
im 10. Jh. Benediktinerinnen, im 12./13. Jh. Umwandlung in ein Frauenstift

Erhaltene Bauten
Stiftskirche des 11./12. Jh.s mit bedeutender Ausstattung, Kreuzgang 11.–19. Jh., Immunitätstor (Dreikönigenpförtchen) 14. Jh., Singmeisterhäuschen; Umgangsmauer des römischen Kapitoltempels im östlichen Kreuzgangflügel und im Garten; Äbtissinnenhaus des 18. Jh.s gegenüber dem Eingang zur Kirche an der Kasinostraße.

Geschichte
Plektrudis gründete in den Gebäuden des römischen Kapitoltempels im 7. Jh. die erste Kirche, bei der Erzbischof Bruno (953–965) ein Benediktinerinnenkloster stiftete. Im 11. Jh. ließ Äbtissin Ida, Enkelin Kaiser Ottos II. und Nichte Ottos III., den im Wesentlichen noch heute stehenden Kirchenbau errichten. Im 12./13. Jh. wandelte sich das Kloster zu einem der größten und reichsten Frauenstifte im deutschen Sprachraum, in dem außer der Äbtissin 34 adlige Kanonissen, 13 Kanoniker und 20–23 Vikare lebten. Bürgermeister und Rat feierten hier die Messe an städtischen und kirchlichen Feiertagen. 1802 wurde das Stift aufgelöst, die Kirche dient als Pfarrkirche.

Architektur
Um 1040–1065 wurde die Kirche als dreischiffige Basilika mit Dreikonchenchor erbaut, wahrscheinlich nach dem Vorbild der Geburtskirche in Bethlehem. Den kaiserlichen Anspruch dokumentiert die großartige, dem Speyrer Dom verpflichtete Hallenkrypta. Die monumentale Westturmgruppe des 11./12. Jh.s wurde nach dem Zweiten Weltkrieg durch einen schlichten Backsteingiebel ersetzt. Im Inneren bezieht sich die Westbauempore mit ihrer zweiteiligen Säulenstellung auf das Vorbild der Pfalzkapelle Karls des Großen in Aachen. Das Langhaus wurde im 13. Jh. eingewölbt und nach dem Krieg wieder mit einer Flachdecke versehen.
Im 11. und 12. Jh. entstanden die Vorhallen als Eingang für die Laien, im 15 Jh. die Hardenrath- und die Hirtzkapelle.

Blick auf den Dreikonchenchor von Nordosten

Romanische Grabplatte der Plektrudis

Ausstattung

Ein absolut singuläres Zeugnis romanischer Kunst bilden die hölzernen, mit
Reliefs geschmückten Türflügel (11. Jh.),
auf denen Szenen der Geburt und Kindheit Jesu der Leidensgeschichte und Passion gegenübergestellt sind (südl. Seitenschiff).

Von der reichen Ausstattung sind weiter
bemerkenswert: Crucifixus Dolorosus
(Anfang 14. Jh.), Renaissancelettner (Me-
cheln 1517) und das romanische Herimannkreuz mit Darstellung der Äbtissin
Ida (Erzbischöfliches Diözesanmuseum).

Besondere Bedeutung
dieser Frauengemeinschaft

In einzigartiger Weise belegen die
Geschichte und die Architektur von St.
Maria im Kapitol die Bedeutung der Frau
in der adligen Gesellschaft und in der
Kirche des frühen und hohen Mittelal-
ters. Der Bau der Äbtissin Ida dokumen-
tiert mit den Bezügen auf Bethlehem und
Aachen und mit der reichen Ausstattung
Würde und Stellung der Bauherrin, ihre

persönliche Verbindung zur christlichen
Heilsgeschichte und zur Herrschertradi-
tion des Kaiserhauses.

Umgebung

In unmittelbarer Umgebung befanden
sich das Kloster der Augustinereremiten
am Augustinerplatz und das Benediktinerinnenkloster St. Agatha an der Straße
„An St. Agatha" (Informationstafeln an
den Standorten).

Hiltrud Kier und Marianne Gechter

Literatur

Wolfgang Stracke, St. Maria im Kapitol, in:
Colonia Romanica 11, 1996, S. 79–103.

Info

Kasinostr. 6, 50676 Köln
Tel.: 02 21 / 21 46 15
Geöffnet: Mo.–Sa. 9–18h, So. 11.30–17h

Köln, St. Cäcilia, Museum Schnütgen

(ehem. Stiftskirche)

Orden
888 Frauenstift, ab 1475 Augustinerinnenkloster

Erhaltene Bauten
Stiftskirche des 9.–12. Jh.s, zugehörige Pfarrkirche St. Peter.

Geschichte
888 gründete Erzbischof Willibert das Frauenstift St. Cäcilia, das im Bereich der römischen Thermen lag. Der Niedergang des Stiftes im Spätmittelalter hatte 1474 die Aufhebung und die Übertragung von Kirche und Konventsgebäuden an die Nonnen des im Neusser Krieg zerstörten Augustinerinnenklosters Weiher zur Folge. Nach der Säkularisation 1802 diente der Komplex als Bürgerhospital. Seit 1956 hat das Schnütgenmuseum mit seiner Sammlung kirchlicher Kunst in St. Cäcilia sein Domizil.

Architektur
Wahrscheinlich bestand in der Spätantike eine Doppelkirchenanlage als Vorgänger der heute noch erhaltenen Kirchengruppe aus Stiftskirche St. Cäcilia und Pfarrkirche St. Peter. Dazu gehört auch der spätrömische, sog. „fränkische" Bogen an der Nordseite von St. Cäcilia. Im 12. Jh. wurde die bestehende Saalkirche zu einer dreischiffigen Pfeilerbasilika mit Westempore und westlicher Krypta umgestaltet. 1847 wurden die als Krankenhaus dienenden Konventsgebäude und der Westbau der Kirche durch Neubauten ersetzt. Der Wiederaufbau der Kirche nach dem Krieg bemühte sich um die Rückgewinnung des romanischen Erscheinungsbildes.

Ausstattung
Von der ursprünglichen Ausstattung sind Reste gotischer Wandmalereien und das vom Nordportal der Kirche stammende romanische Cäcilientympanon in der Kirche erhalten. Das aus St. Cäcilia stammende Tafelbild „Madonna mit dem Veilchen" von Stefan Lochner befindet

Außenansicht von Nordosten, rechts der sogenannte „fränkische Bogen"

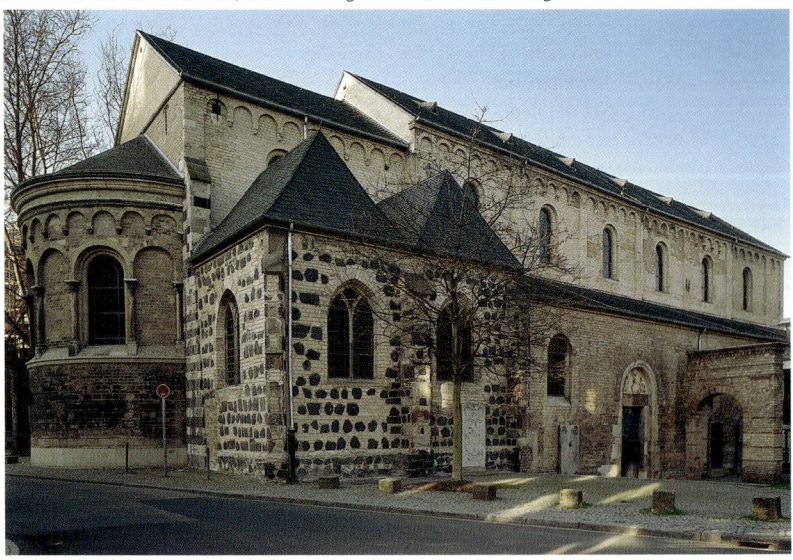

Cäcilientympanon

sich im Erzbischöflichen Diözesanmuseum.

Besondere Bedeutung dieser Frauengemeinschaft

Das Schicksal von St. Cäcilien verdeutlicht die Gefahren, die den alten Stiften durch mangelnde wirtschaftliche Fundierung und Aushöhlung des inneren Lebens im Spätmittelalter drohten. Die katholische Erneuerung wurde von den strengeren Ordensgemeinschaften, darunter vielen neuen weiblichen Kongregationen, getragen.

Heute bietet das Museum Schnütgen in der früheren Cäcilienkirche einen ausgezeichneten Überblick über kirchliche Skulptur und Schatzkunst, auch aus Frauenklöstern und -stiften der Region.

Stichwort: Cäcilientympanon

Das Relief vom Nordportal der Cäcilienkirche aus der zweiten Hälfte des 12. Jh.s gilt als eines der bedeutendsten Bildwerke der rheinischen Romanik. Es steht stilistisch in enger Verbindung mit der Bauskulptur der Brauweiler Kreuzgangswerkstatt und zeigt die frühchristliche Märtyrerin Cäcilia mit ihrem Bräutigam Valerianus und dessen Bruder Tiburtius. Ein Engel vom Himmel reicht Cäcilia eine (heute nicht mehr vorhandene) Krone. Die umlaufende Inschrift verheißt den Betrachtenden bei gleicher Tugend die gleiche Seligkeit (Original im Museum, am Portal heute Nachbildung).

Umgebung;

Neben dem Museum Schnütgen liegt die Pfarrkirche St. Peter. St. Cäcilia und St. Peter bilden das einzige in Köln noch erhaltene Ensemble von Stifts- und Pfarrkirche.

Hiltrud Kier und Marianne Gechter

Literatur

Ulrich Bock, St. Cäcilia, in: Colonia Romanica 11 (1996) S. 121–132.
Marion Opitz, St. Cäcilia, in: Colonia Romanica 16/17 (2001/2002), S. 163–173.

Info

Cäcilienstraße 29
50667 Köln
Tel.: 02 21 / 22 1-22 31 0
Geöffnet: Di.-Fr. 10–17h,
Sa. und So. 11–17h
www.museenkoeln.de

Köln, St. Mauritius, Pfarrkirche

(ehem. Pfarr- und Klosterkirche)

Orden
Benediktinerinnen

Erhaltene Bauten
Konventsgebäude des 18. Jh.s, Kirche modern an der alten Stelle.

Geschichte
Kurz vor 1144 ließ der Kölner Hermann von Stave an Stelle einer wahrscheinlich schon dem Hl. Mauritius geweihten und der Abtei St. Pantaleon gehörenden Kapelle eine Kirche errichten, um dort ein Frauenkloster zu gründen. Der Kölner Erzbischof Arnold von Wied schlichtete den Streit zwischen dem Stifter und der Benediktinerabtei St. Pantaleon, indem er entschied, dass die Kirche zugleich Pfarr- und Benediktinerinnenklosterkirche sein sollte, unter der Aufsicht des Abtes von St. Pantaleon. Der Konvent wurde mit Nonnen aus Nonnenwerth (112) besetzt.

St. Mauritius war das älteste und bedeutendste Kölner Frauenkloster. Die Säkularisation von 1802 führte bei dieser Kirche zu einem absoluten Kuriosum. Die Aufhebung des Klosters brachte die Versteigerung des westlichen Teils der Kirche: Nonnenempore mit Turm wurden privatisiert und dienten zunächst gewerblichen Zwecken, bis sie 1829 für den Alexianerorden erworben wurden. Der östliche Teil von St. Mauritius blieb weiterhin Pfarrkirche.

Architektur
Der romanische Bau war eine dreischiffige Pfeiler-Basilika ohne Querschiff. Sie gilt als erster von Anbeginn gewölbter Bau in Köln. Im östlichen Teil mündeten die drei Seitenschiffe in Apsiden, zwischen denen schlanke Chortürme aufragten. Kapellen-Anbauten des 16. und 17. Jh.s erfolgten im Norden und Süden der Seitenschiffe. Der Westbau mit einer Empore im Innern wurde von dem quadratischen Hauptturm bekrönt. Die Nonnen nutzten aber auch den Choraum mit dem Hauptaltar, während der Pfarraltar am

Die romanische Kirche St. Mauritius, Ansicht von Finckenbaum (17. Jh.)

Übergang vom Langhaus zum Chor stand. Nach der Säkularisation wurde die romanische Kirche 1865 durch einen neugotischen Bau von Vinzenz Statz ersetzt, von dem der Turm und die untere Chorpartie nach dem Zweiten Weltkrieg erhalten blieben und in den Neubau von Fritz Schaller integriert wurden. Die zwischen 1770 und 1780 aufwändig errichteten Klostergebäude gelangten in den Besitz der Alexianerbrüder, die sie bis 1901 als Krankenhaus nutzten. Heute dienen sie u. a. dem Kölner Männergesangsverein Cäcilia Wolkenburg als Domizil.

Die moderne Mauritiuskirche mit den erhaltenen neugotischen Umfassungsmauern

Ausstattung
Aus der Zeit der Benediktinerinnenklosterkirche sind eine monumentale spätgotische Kreuzigungsgruppe aus dem Werkstattkreis des Tilman van der Burch um 1525 im Chor und ein Crucifixus dolorosus (um 1400) erhalten. Andere Teile der reichen Ausstattung befinden sich in Kölner (Wallraf-Richartz-Museum) oder auswärtigen Museen.

Stichwort: Benediktinerinnen
Die Benediktinerinnen sind der älteste weibliche Orden und verehren Benedikts Schwester, die Hl. Scholastika, als Patronin. Eine deutliche Trennung der religiösen Frauengemeinschaften in solche, die nach der freieren Kanonissenregel und andere, die nach der strengeren monastischen Regel des Hl. Benedikt lebten, erfolgte allerdings erst im Laufe des frühen und hohen Mittelalters. Die Benediktinerinnenklöster waren Zentren der Bildung und Kultur, standen aber vor allem Angehörigen der Oberschicht offen. Im 19. Jh. nahm der Orden durch die Öffnung für alle Gläubigen und durch religiöse Erneuererungsbewegungen einen erheblichen Aufschwung. Heute leben ca. 20.000 Frauen auf der Welt nach der Benediktinerregel.

Besondere Bedeutung dieser Frauengemeinschaft
St. Mauritius ist der älteste Benediktinerinnenkonvent in Köln. Im Gegensatz zu den Frauenstiften handelt es sich hier um eine bürgerliche Gründung, die vor allem Töchter des Kölner Patriziats und der Oberschicht aufnahm.

Umgebung
Folgt man dem Mauritiussteinweg, liegt im Süden die ehem. Benediktinerabtei St. Pantaleon mit bedeutender romanischer Kirche. Am Neumarkt bei der Gertrudenstraße kennzeichnet eine Informationstafel den Standort des ehemaligen Dominikanerinnenklosters St. Gertrud.

Hiltrud Kier und Marianne Gechter

Literatur
Holger Kempgens und Uta Vogt, St. Mauritius, in: Colonia Romanica 11 (1996), S. 145–154. Kirchenführer der kath. Kirchengemeinde St. Mauritius in Köln, Saarbrücken 2003.

Info
Mauritiuskirchplatz 9
50676 Köln
Tel.: (Pfarramt) 02 21 / 92 12 58-0
Geöffnet: Nur nach vorheriger zeitiger Absprache mit dem gemeinsamen Pfarrbüro Herz Jesu zu besichtigen.

Köln, St. Maria in der Kupfergasse, Pfarrkirche
(ehem. Klosterkirche)

Orden
Karmeliterinnen

Erhaltene Bauten
Kirche des 18. Jh.s.

Geschichte
Eine Gemeinschaft von niederländischen unbeschuhten Karmeliterinnen, die sich 1630 in Köln niedergelassen hatte, errichtete Ecke Schwalbengasse/Langgasse gegenüber der Einmündung der Kupfergasse 1660–66 ein Kloster. 1673–75 wurde für das Gnadenbild der „Schwarzen Muttergottes" eine Kapelle nach dem Vorbild des Heiligen Hauses von Loreto in Italien erbaut. Die Loretokapelle wurde in den Neubau der barocken Klosterkirche einbezogen, deren Weihe 1715 zu Ehren des Hl. Joseph erfolgte. Nach der Säkularisation 1802 diente die Kirche unter dem neuen Titel „St. Maria" als Pfarrkirche, in die Klostergebäude zogen 1828 Cellitinnen ein.

Architektur
Die Saalkirche mit schmalem, aber sehr hohem Kirchenraum und polygonalem Chor ist außen ein schlichter Backsteinbau, der den Einfluss der niederländischen Barockbaukunst erkennen lässt. Die einfache Gestaltung der Rundbogenfenster spricht dafür ebenso wie die nur zweckmäßige Form der Strebepfeiler. Das hohe Satteldach ziert ein Dachreiter. Der Turm rechts des Einganges ist im unteren Teil noch der letzte Baurest des Neuenahrer Hofes, dessen Treppenturm er war. Heute dient er als Glockenturm. Die im Norden liegende Eingangsseite ziert ein Barockgiebel mit Werksteingliederungen.

Chor mit Makkabäeraltar

Die Kirche ist ebenso wie die Loreto-Kapelle nicht geostet, sondern mit dem Chor nach Süden ausgerichtet. Der Innenraum des gewölbten Kirchensaales wird rhythmisiert von der einfachen Gliederung der Wandvorlagen im Wechsel mit den hohen Rundbogenfenstern. 1873 erhielt die Kirche ein Seitenschiff im Westen. Die Konventsgebäude, große Teile der Kirche und die wertvolle Barockausstattung fielen den Zerstörungen des Zweiten Weltkriegs zum Opfer.

Ausstattung

Die Kirche verfügte über eine Barockausstattung von einzigartiger Geschlossenheit und herausragender Qualität. Zu nennen ist vor allem die Holzverkleidung der Loretokapelle durch den flämischen Bildhauer Johann Franz von Helmont, die mit großfigurigen Reliefs aus dem Marienleben geschmückt war.

Nach dem Zweiten Weltkrieg wurden eine Rokokokanzel aus St. Andreas und der barocke Hochaltar mit der zugehörigen Kommunionbank aus dem ehemaligen Makkabäerkloster, ebenfalls ein Werk Helmonts, in St. Maria in der Kupfergasse aufgestellt.

Südwand der Loretokapelle,
Aufnahme vor dem Zweiten Weltkrieg

Besondere Bedeutung dieser Frauengemeinschaft

Die Gemeinschaft der Karmeliterinnen in der Kupfergasse legte ein wichtiges Zeugnis für die Teilnahme der Frauenorden an der katholischen Reformationsbewegung mit ihren neuen, stark auf Innerlichkeit und persönliche Frömmigkeit ausgerichteten Idealen ab. Heute noch zieht das Gnadenbild der schwarzen Madonna zahlreiche Gläubige in die Kirche.

Umgebung

An der Straße „An der Burgmauer" neben dem Römerturm lag das Klarissenkloster St. Klara, an Stelle des heutigen WDR-Baus an der Mariengartengasse das Zisterzienserinnenkloster St. Mariengarten (Informationstafeln an den Standorten).

Hiltrud Kier und Marianne Gechter

Literatur

Stephanie Habeth-Allhorn, 175 Jahre Cellitinnen zu hl. Maria in der Kupfergasse, Köln 2003.

Info

Schwalbengasse 1
50667 Köln
Tel.: (Pfarramt) 02 21 / 25 76 23 7
Geöffnet: tgl. 6.30h–19.30h
www.kupfergasse.de

Stichwort: Loretokapelle

Im 15. Jh. etablierte sich in Loreto an der italienischen Adriaküste die Verehrung eines Heiligtums, von dem man glaubte, es sei das von Engeln auf wunderbare Weise von Nazareth nach Italien gebrachte Haus der Heiligen Familie. Alsbald wurde darum eine Basilika erbaut und das Haus selbst, die „casa sancta", nach Plänen des Renaissancearchitekten Bramante mit einem Marmormantel umgeben. Der Kult der Hl. Familie verbreitete sich im 17. Jh. im gesamten katholischen Europa. Eine Vielzahl von Heiligtümern entstand nach dem genauen Vorbild der Kapelle in Loreto.

Köln, St. Ursula, Pfarrkirche
(ehem. Stiftskirche St. Joseph)

Orden
seit 922 Frauenstift

Erhaltene Bauten
Stiftskirche des 12./13. Jh.s mit reicher Ausstattung.

Geschichte
Das Stift St. Ursula geht zurück auf einen Memorialbau innerhalb der nördlichen römischen Nekropole. Nach Ausweis der spätantiken Clematiusinschrift im Chor und der archäologischen Befunde wurde der Bau zum Andenken an jungfräuliche Märtyrerinnen um 400 wiederhergestellt und erweitert. Spätestens in der Karolingerzeit entstand hier ein Stift, das zu den ältesten und begütertsten der Kölner Diözese gehörte. 922 wurde es den aus Gerresheim vertriebenen Kanonissen überlassen und war seitdem ein adliges Damenstift. Die Märtyrerlegende erhielt neue Nahrung, als man beim Bau der Befestigung von 1106 zahlreiche römische Bestattungen aufdeckte und sie für die Gräber der Hl. Ursula, die seitdem zu den Kölner Stadtpatronen gehört, und ihrer Schar hielt. Durch den beispiellosen Aufschwung der Reliquienverehrung profitierte das Stift erheblich. 1802 wurde es aufgelöst, die Kirche diente als Pfarrkirche.

Die Goldene Kammer

Architektur

Bereits in der Mitte des 12. Jh.s konnte man den Neubau einer großen romanischen Emporenbasilika fertigstellen. Der Turm entstand im 13. Jh. Einige Jahrzehnte später wurden der gotische Chor und ein weiteres südliches Seitenschiff angebaut. Im Barock wurde die Kirche durch die „Goldene Kammer" und den städtebaulich signifikanten Turmhelm mit der Krone bereichert. Die Konventsgebäude wurden großenteils schon im 18. Jh. niedergelegt und im 19. Jh. vollständig abgebrochen.

Ausstattung

Zur Ausstattung des 12. Jh.s gehören der Schrein des Ätherius, der als Bräutigam der Hl. Ursula verehrt wurde, und der Viventia-Sarkophag. Eine Altartafel aus der Zeit um 1170 befindet sich heute im Museum Schnütgen. Der Schrein für die Gebeine der Hl. Ursula wurde im 19. Jh. unter Einbeziehung einiger Reste des romanischen Schreins neu angefertigt. Bemerkenswert sind weiter ein auf Schiefer gemalter Apostelzyklus des 13. Jh.s und die 24 Gemälde des großen Ursulazyklus von 1456.

Innenansicht mit Blick auf die Westempore

Besondere Bedeutung dieser Frauengemeinschaft

Der Besitz des unermesslichen Reliquienschatzes verschaffte dem Stift eine hohe religiöse Reputation. Der Kult der Hl. Ursula verbreitete sich von Köln aus im gesamten katholischen Europa.

Umgebung

Jenseits der Bahnlinie lag das Benediktinerinnenkloster zu den Hl. Makkabäern (Informationstafel am Eigelstein, Ecke Unter Kranenbäumen). An der Machabäerstraße ist unbedingt sehenswert die Barockkirche Corpus Christi, das Gotteshaus des Schulordens der Ursulinen.

Hiltrud Kier und Marianne Gechter

Stichwort: Goldene Kammer

1643/44 stiftete der Reichshofrat Johann von Crane die „Goldene Kammer", den Inbegriff des im Barock wiederbelebten Reliquienkultes. Als begehbarer Reliquienschrein präsentiert sie den immensen Schatz an Heiltümern, über den das Stift verfügte. Zahlreiche Reliquienbüsten aus allen Epochen sind hier aufgestellt, die verglasten Rahmungen bergen unzählige Heiligenhäupter, in den Schildbögen des Gewölbes sind die Knochen zu Ornamenten zusammengefügt. Bis heute ist die Goldene Kammer ein faszinierendes Beispiel der Volksfrömmigkeit.

Literatur

Karen Künstler-Brandstätter, St. Ursula, in: Colonia Romana 11 (1996) S. 208–224.
Ulrike Bergmann, Die Goldene Kammer in St. Ursula, in: Colonia Romana 11 (1996), S. 225–231.

Info

Ursulaplatz 24, 50668 Köln
Tel.: (Pfarramt) 02 21 / 13 34 00
Geöffnet: Kirche wg. Umbauten bis Ende 2004 geschlossen, neue Öffnungszeiten bitte erfragen.

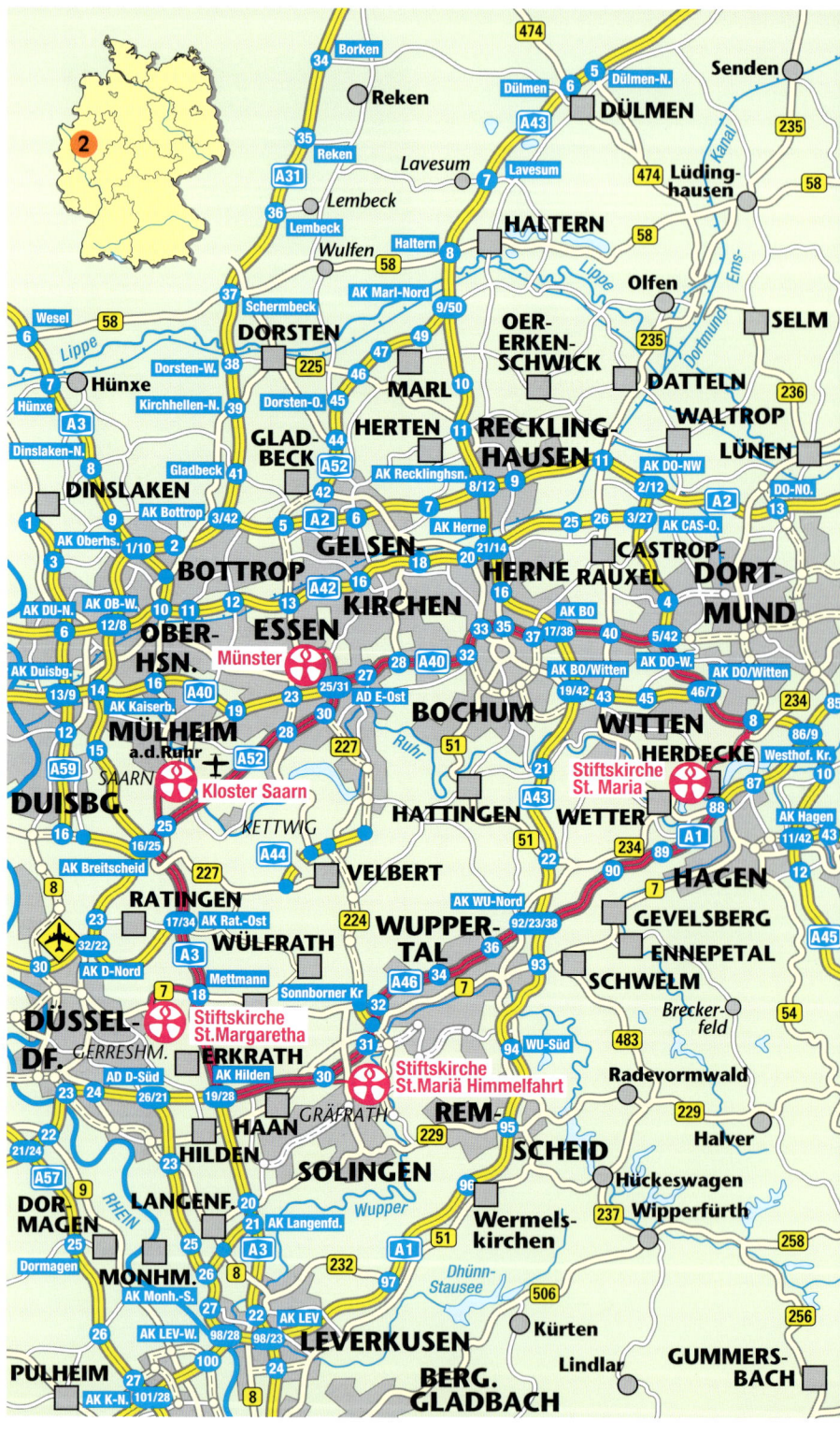

Route 2:
Rhein-Ruhr

Solingen-Gräfrath
St. Mariä Himmelfahrt, Pfarrkirche
(ehem. Klosterkirche) und
Klingenmuseum
(ehem. Kloster)
Ivonne Jerzyk

Düsseldorf-Gerresheim
St. Margareta, Pfarrkirche
(ehem. Stiftskirche St. Hippolytus)
Ivonne Jerzyk

Mülheim an der Ruhr-Saarn
ehem. Kloster Mariensaal
Ivonne Jerzyk

Essen
St. Cosmas und St. Damian, Dom
(ehem. Stiftskirche)
Ivonne Jerzyk

Herdecke
St. Marien, Evangelische Pfarrkirche
(ehem. Klosterkirche)
Ivonne Jerzyk

Solingen–Gräfrath, St. Mariä Himmelfahrt, Pfarrkirche
(ehem. Klosterkirche)
und Klingenmuseum
(ehem. Kloster)

Orden
Im 12. Jh. Augustiner-Chorfrauen, im 17. Jh. Umwandlung in ein Frauenstift

Erhaltene Bauten
Klosterkirche des 12., 15. und 18. Jh.s mit Marienkapelle aus dem 20 Jh.; Klostergebäude des 18. Jh.s mit zweiflügeligem Kreuzgang; Reste der Immunitätsmauer 12 Jh.; Wohnhaus für Erzieherinnen 18. Jh.; Wohnhaus des Vikars 18. Jh. links neben der Kirche; Kirchtreppe 15. Jh.

Geschichte
Äbtissin Elisabeth vom Frauenstift Vilich (88) gründete 1185 auf den klostereigenen Besitzungen einen Frauenkonvent, welcher die Augustiner-Chorfrauenregel annahm. Eines der wichtigsten Ereignisse in der Klostergeschichte erfolgte 1309, als die Konventualin Katharina von Hückeswagen dem Kloster eine kostbare Reliquie stiftete, einen Knochensplitter der Hl. Katharina von Alexandria. Im Zusammenhang der Verweltlichung vieler Konvente wurde auch das Kloster Gräfrath im 17. Jh. in ein Frauenstift umgewandelt. Ein Stadtbrand 1717 zerstörte es völlig und es musste neu aufgebaut werden. 1803 wurde das Stift aufgelöst und später als Kaserne, Altersheim und Stadtarchiv bis zum Einzug des Klingenmuseums 1991 genutzt.

Architektur
Der Bau der dreischiffigen gewölbten Klosterkirche begann im Jahre 1187. Im 15. Jh. erweiterte man die romanische Kirche zu einer zweischiffigen gotischen Halle mit Doppelchoranlage und im 18. Jh. entstand eine einschiffige barocke

Blick in den Chorraum mit Hochaltar

Hallenkirche auf den alten Grundmauern neu. Bei Bauarbeiten im Jahr 1990 entdeckte man die mittelalterliche nördliche Mittelschiffwand wieder, die heute von der Schatzkammer aus überblickt werden kann. Die Konventsgebäude wurden nach dem Brand von 1717 in barocken Formen neu errichtet.

Ausstattung
Die Ausstattung der Kirche stammt im Wesentlichen aus der ersten Hälfte des 18. Jh.s. Der Innenraum wird dominiert von dem Hauptaltar, der von zwei Nebenaltären flankiert wird. Das Figurenprogramm des Hauptaltars zeigt im Zentrum die Himmelfahrt Mariens, daneben den Kirchenvater Augustinus und seine Mutter Monika. Ganz außen sind die Figuren des Hl. Josef und Johannes des Täufers aufgestellt. Weiter ist die reich ornamentierte Kommunionbank erwähnenswert. Einer der bedeutendsten Kirchenschätze des Rheinlandes wird heute in der Schatzkammer im Klingenmuseum aufbewahrt.

Stichwort: Klingenmuseum mit Schatzkammer
1991, nach zahlreichen Umbauten des alten Klostergebäudes unter der Leitung von Josef Paul Kleihues, zog das Deutsche Klingenmuseum ein. Ausgestellt werden Silberschmiedearbeiten, Waffen und Bestecke. In einem separaten Raum, im südlichen Kreuzgangflügel, richtete man die Schatzkammer ein und machte somit den Kirchenschatz mit erlesenen Goldschmiedearbeiten aus gotischer und barocker Zeit der Öffentlichkeit zugänglich. Die kostbarsten Stücke dieser Sammlung sind die für wundertätig gehaltene Katharinenreliquie und eine der Flaschen, in denen die aus der Reliquie austretenden Flüssigkeiten aufbewahrt wurden.

Reliquienflasche (14. Jh.)

Besondere Bedeutung dieser Frauengemeinschaft
Die Gräfrather Damen erlangten aufgrund des Besitzes der Katharinenreliquie großen Ruhm im Bergischen Raum. Zu ihrer Förderung gründete sich eine Bruderschaft hochrangiger Adliger um die Grafen von Berg, für deren Töchter das Kloster zeitweise sehr attraktiv war. Gräfrath war ein wichtiges Pilgerziel und wurde in die große Aachener Heiligtumsfahrt einbezogen.

Ivonne Jerzyk

Literatur
Lutz Peters, Solingen-Gräfrath. Spaziergänge in die Geschichte einer altbergischen Stadt, Solingen 1991.
Ulrike Spengler-Reffgen, Die Klosterkirche St. Mariä Himmelfahrt in Solingen-Gräfrath (Rheinische Kunststätten 473), Köln 2002.

Info
Deutsches Klingenmuseum
Klosterhof 4, 42653 Solingen-Gräfrath
Tel.: 02 12 / 25 83 60
Geöffnet: Di.–So. 10–17h, Fr. 14–17h
www.solingen.de/klingenmuseum
Pfarrkirche St. Maria
Lützowstraße
Tel.: (katholische Pfarrgemeinde)
02 12 / 59 11 49
Besichtigung nur nach Vereinbarung

Düsseldorf-Gerresheim, St. Margareta, Pfarrkirche
(ehem. Stiftskirche St. Hippolytus)

Orden
ab dem 9. Jh. Frauenstift

Erhaltene Bauten
Stiftskirche des 13. Jh.s, Nordteil des Stiftsgebäudes 13. Jh. mit integriertem Ostflügel des Kreuzganges 13. Jh., Kreuzganghof mit Plastik des Hl. Hippolyt; erkennbare Immunität.

Geschichte
Der fränkische Edelherr Gerrich gründete im Jahre 870 ein später hochadliges Kanonissenstift und machte seine Tochter Regenbierg zur ersten Äbtissin. 919 fielen die Ungarn während ihrer Raubzüge durch Europa in Gerresheim ein, plünderten und brannten es schließlich nieder. Die Damen flüchteten bis zum Wiederaufbau des Konvents in das Kölner Stift St. Ursula (38). Äbtissin Guda von Berg ließ im 13. Jh. die heutige Stiftskirche erbauen. Berühmt wurde die Gerresheimer Stiftsdame Agnes von Mansfeld, die 1582 den zum Protestantismus übergetretenen Kölner Erzbischof Gebhard

Stiftskirche St. Margaretha

Truchsess heiratete. Nach kurzer Personalunion mit dem Neusser Stift St. Quirin ging die Anzahl der Stiftsdamen in Gerresheim stark zurück. Das Stift wurde 1803 aufgelöst. 1809 übernahm die katholische Pfarrgemeinde die Stiftskirche.

Architektur
Der Kirchenbau der Guda von Berg wurde 1236 vollendet und geweiht. Die dreischiffige Pfeilerbasilika ist im spätromanischen Stil errichtet und wirkt außen sehr schlicht und streng dekoriert. Bestimmt wird das Erscheinungsbild von einem hohen, zweistöckigen, achtseitigen Vierungsturm mit einem spitzen Faltdach. Auffallend sind die verschiedenen Fensterformen, wie Rundbogen-, Fächer- und Kleeblattfenster. Südlich der Stiftskirche befand sich eine kleine Pfarrkirche. Im Inneren zeigt sich der gesamte Formenreichtum des romanischen Baustils. Die Apsis erscheint durch stark heruntergezogene Gurtbögen wie ein Baldachin.

Ausstattung
Zu den besonderen Zeugnissen aus der Stiftszeit gehören einmal der Gerricussarkophag und der Schrein des Hl. Hippolyt (Vierung). Bei der Flucht der Damen nach St. Ursula nahmen sie die Gebeine ihres Patrons mit und diese kehrten erst 1953 in jenem kostbaren neugotischen, vergoldeten Schrein (19. Jh.) feierlich zurück. Weiter erwähnenswert sind ein überlebensgroßes Kruzifix aus dem 11. Jh. (hinter dem Hochaltar), das barocke Chorgestühl (nördliches Querschiff) und der neue Hippolytusschrein aus dem 20. Jh. (Altarmensa).

Besondere Bedeutung dieser Frauengemeinschaft
Das Stift entwickelte sich nach seiner Gründung sehr rasch zum kirchlichen und kulturellen Zentrum der Gegend und

Gerricus-Sarkophag

zählte im Rheinland mit zu den ältesten, neben Maria im Kapitol (30) und dem Essener Stift (48). Es war Marktmittelpunkt, hatte das Zollrecht und war herausragend vor allem im Tuchhandel. Aufgrund der großen Rolle des Stiftes wurde

Gerresheim 1368 das selbständige Gemeinderecht verliehen.

Umgebung

In unmittelbarer Nähe des Stiftes gründete 1355 Hilla von Brüggen das Katharinenkloster, welches Tertiarinnen beherbergte. Heute nutzt das Gebäude auf der Neusserstraße die Bezirksverwaltung von Gerresheim.

Ivonne Jerzyk

Literatur

Gerresheim und seine Basilika, Festschrift zum 750jährigen Bestehen der Gerresheimer Stiftskirche, hrsg. von der Stadtsparkasse, Düsseldorf 1986.
Klaus Saeger, Düsseldorf-Gerresheim: Basilika St. Margaretha (Kleiner Kunstführer 2469), Regensburg 2001.
Karl Bernd Hoppe, Düsseldorf-Gerresheim (Rheinische Kunststätten 350), Köln 1990.

Info

Gerricusstraße 9
40625 Düsseldorf-Gerresheim
Tel:. 02 11 / 28 93 30
Geöffnet: tgl. 9–12h und 13–18h

Mülheim an der Ruhr–Saarn
(ehem. Kloster Mariensaal)

Orden
Im 12. Jh. Zisterzienserinnen, im 17. Jh. Umwandlung in ein Frauenstift

Erhaltene Bauten
Vollständig erhaltener Klosterkomplex; Klosterkirche 13. Jh. mit nördl. anschließendem Kreuzgang mit Grabplatten des 17. und 18. Jh.s; Konventsgebäude 17. Jh., Äbtissinnenhaus (südlich der Kirche gelegen) 18. Jh.; dreiflügeliges Wirtschaftsgebäude 18. Jh.; nördlich vom Kloster separates Äbtissinnenhaus auf der gegenüberliegenden Straßenseite, 18. Jh.; Mauerreste der alten Klosterimmunität; Klosterfriedhof südlich der Kirche.

Geschichte
Das Frauenkloster Saarn wurde 1214 als Tochterkloster der Zisterzienserabtei Kamp gegründet und deren Abt unterstellt. Mariensaal errichtete unmittelbar danach ein eigenes Tochterkloster in Kaarst, welches im Jahr 1231 nach Eppinghoven verlegt wurde. Im 15. Jh. geriet das Kloster in inneren und äußeren Verfall. Der Abt von Kamp schenkte zum Wiederaufbau eine beachtliche Summe von 100 Gulden. Während der Reformation kam es zu erneuten Unruhen, als einige Nonnen die Kommunion in zweierlei Gestalt verlangten. Im 17. Jh. fand auch hier die Umwandlung in ein Frauenstift statt. In diesen Jahren erlebte das Stift noch einmal einen wirtschaftlichen Aufschwung, bis es 1809 aufgelöst wurde.

Architektur
In Saarn findet man heute eine fast vollständig erhaltene barocke Klosteranlage. Die Kloster- und Wirtschaftsgebäude stammen aus dem 17. und 18. Jh. Unter Maria Theresia von Reuschenberg entstanden zwei neue Äbtissinnenhäuser, und 1755 kam ein dreiteiliger Wirtschaftskomplex dazu. Die Klosterkirche St. Maria Himmelfahrt, errichtet 1214,

Kloster Saarn

Maria Theresia von Reuschenberg

diente von Beginn an auch als Pfarrkirche. Der Innenraum wird durch eine
Empore funktional geteilt. Sie war in
Klosterzeiten für die Nonnen bestimmt
und konnte über eine Treppe vom Kreuzgang aus erreicht werden.

Ausstattung

Die Kirche erhielt besonders in der
Barockzeit ihre reiche Ausstattung. Nach
Auflösung des Klosters gelangten die
meisten Stücke in Privatbesitz oder in das
Stadtmuseum von Mülheim. Erhalten
sind aber 21 Kirchenbänke aus dem
18. Jh. Die Wangen tragen die Initialen
der Stifterin Johanna Wilhelmina von
Bentinck. Im Kreuzgang bewahren Grabplatten (17./18. Jh.) die Erinnerung an
einige Insassinnen aus der Klosterzeit.
Das Grabmal (19. Jh.) der letzten Äbtissin
Agathe von Hinsberg findet man südlich
der Kirche auf dem ehemaligen Nonnen-
friedhof.

Besondere Bedeutung
dieser Frauengemeinschaft

Das Saarner Zisterzienserinnenkloster
war eine der ersten Frauenzisterzen in
Deutschland. Trotz Unruhen und Verrin-
gerung der Konventualinnenzahl während der Reformation bewahrte man im
Kloster die katholische Konfession. Heute
versucht die Gemeinde Mülheim die
Anlage zu nutzen, damit das weitläufige
Klosterareal weiter vollständig erhalten
bleibt.

Umgebung

Bei Oberhausen befand sich das Zisterzienserinnenkloster St. Maria ad rivulum
in Sterkrade. Im 15. Jh. setzte der Abt von
Kamp die Äbtissin des ebenfalls ihm
unterstellten Klosters Sterkrade in Saarn
ein. In Sterkrade erinnern heute nur noch
einige Ausstattungsstücke des modernen
Kirchenbaues an das ehemalige Kloster.

Ivonne Jerzyk

Literatur

Hans Fischer, Das Zisterzienserinnenkloster in
Saarn, Mülheim an der Ruhr 1981.

Info

Klosterstraße 53
45481 Mülheim an der Ruhr
Tel.: 02 08 / 48 11 22
Geöffnet: 9–18h
www.st-maria-himmelfahrt.de

Essen, St. Cosmas und St. Damian, Dom
(ehem. Stiftskirche)

Orden
ab dem 9. Jh. Frauenstift

Erhaltene Bauten
Stiftskirche des 11.–13. Jh.s mit bedeutender Ausstattung und Schatzkammer; Kreuzgang 14. und 19. Jh. mit Domherrenfriedhof; Pfarrkirche St. Johann Baptist 11. Jh.; Atrium- Verbindungsstück zwischen Dom und Anbetungskirche; darunter Westkrypta mit der Grabstätte der Essener Bischöfe.

Geschichte
Ein sächsischer Adliger namens Altfried (vierter Bischof von Hildesheim) gründe-

Blick in den Westbau

te im Jahr 845 auf seinem Eigengut einen Frauenkonvent. Hauptpatrone waren spätestens seit dem 10. Jh. die Hl. Cosmas und Damian, die auch heute noch Schutzpatrone der Stadt Essen sind. 947 bestätigte Otto der Große die dem Stift schon früher verliehene Reichsfreiheit. Unter den Äbtissinnen Mathilde und Theophanu, Enkelin Ottos II., erlebte es seine bauliche und kulturelle Blütezeit. Zur Zeit der Reformation blieb das Stift katholisch, obwohl der Stadtrat dem evangelischen Reichsstand beitrat. 1803 wurde das Stift Essen säkularisiert. Die letzte Äbtissin Marie Kunigunde von Sachsen starb 1826.

Architektur
In der Mitte des 11. Jh.s wurde die Kirche als dreischiffige Basilika mit dreiteiligem Chor neu erbaut. Bauherrinnen waren die Äbtissinnen Mathilde und Theophanu. Der berühmte Westbau, der nach neuerer Ansicht schon von Mathilde um das Jahr 1000 errichtet wurde, ist in Anlehnung an die Pfalzkapelle Karls des Großen in Aachen gestaltet und belegt eindeutig das Selbstbewusstsein der Bauherrin und den Stolz auf die kaiserliche Familientradition. Im 13. Jh. entstand eine dreischiffige Hallenkirche. Im Krieg stark beschädigt, wurde sie restauriert und nach Erhebung zur Kathedralkirche 1958 innen neu gestaltet.

Ausstattung
Essen verfügt über einen sehr bedeutenden und reichen Schatz. Der siebenarmige Leuchter aus dem 11. Jh. (Mittelachse Westbau) ist ein Auftragsstück der Äbtissin Mathilde, ebenso die Goldene Madonna (nördliches Querhaus). Eine Grabplatte der Äbtissin Elisabeth von dem Berghe aus dem 17. Jh. (nördliches Querhaus) verdeutlicht die 16 Ahnenquartiere (Wappen der adligen Vorfahren), die Voraussetzung für die Wahl zur Äbtissin waren. Bemerkenswerte

Die Goldene Madonna (Ende 10. Jh.)

Zeugnisse sind das berühmte Evangeliar der Theophanu sowie das Otto-Mathildenkreuz, die sich zusammen mit weiteren Goldschmiedearbeiten von höchstem Rang heute in der Schatzkammer befinden. In der Ostkrypta liegt das Hochgrab des Stiftsgründers Altfried.

Besondere Bedeutung dieser Frauengemeinschaft

Das reichsunmittelbare Stift Essen war eine der reichsten Frauengemeinschaften, in das seit dem Spätmittelalter nur hochadlige Damen Zutritt fanden. Die Äbtissin führte ab dem 13. Jh. den Titel einer Reichsfürstin. Der Bau und die erhaltenen Kunstwerke aus der Stiftszeit zählen heute zu den bedeutendsten Werken der Kunstgeschichte. Die Gründung des heute noch größten Mädchengymnasiums in Nordrhein-Westfalen, der BMV-Schule *(Beatae Mariae Virginis)*, sowie eines Waisenhauses in Essen-Steele aus dem 18. Jh. gingen von dem Stift aus.

Umgebung

In Essen-Stoppenberg wurde im 12. Jh. ein Prämonstratenserinnenstift gegründet. Heute beherbergt das Kloster auf dem Kapitelberg unbeschuhte Karmelitinnen.

Ivonne Jerzyk

Literatur

Alfred Pothmann, Der Essener Dom (Kleiner Kunstführer 1700), Regensburg 1992.
Ute Küppers-Braun, Macht in Frauenhand. 1000 Jahre Herrschaft adeliger Frauen in Essen, Essen 2002.
Hermann Burghard u. a., Essen, Geschichte einer Stadt, Bottrop/Essen 2002.

Info

An St. Quintin 3, 45127 Essen
Tel.: 02 01 / 22 04 49 0
Geöffnet: 9–18h
Schatzkammer: Di.–So. 10–17h
www.bistum-essen.de/dom

Herdecke, St. Marien, Evangelische Pfarrkirche
(ehem. Klosterkirche)

Orden
Im 13. Jh. Benediktinerinnen, im 15. Jh. Umwandlung in ein Frauenstift, 17. Jh. gemischt freiweltliches Simultanstift

Erhaltene Bauten
Klosterkirche 12. Jh.; Stiftsgebäude aus dem 17. und 18. Jh. auf dem Stiftsplatz; Stiftsbrennerei im Keller des ehemaligen Stiftsgebäudes.

Geschichte
Die Geschichte der Stadt Herdecke, am Rande des Ruhrgebietes und des Sauerlandes, beginnt mit der Legende um die Nonne Frederuna, die dort ein Kloster gründete. Als Gründungsdatum wird das Jahr 810 genannt, jedoch gibt es erst ab 1214 urkundliche Überlieferungen aus Herdecke. Ab 1313 kann die Zugehörigkeit zum Benediktinerinnenorden bezeugt werden. Im 15. Jh. wurde das Kloster in ein Frauenstift umgewandelt und kurze Zeit später hielt die Reformation im Stift Einzug. Das Besondere in Herdecke: Es entstand ein Simultanstift mit beiden Konfessionen nebeneinander in einem Frauenkonvent. Nach jahrelangen Dauerstreitigkeiten um das Bierbraumonopol wurde 1812 das Stift durch die Herzöge von Berg aufgelöst.

Architektur
Die heutige Stiftskirche wurde im 12. Jh. unter Nutzung von Teilen eines älteren Vorgängerbaus als dreischiffige Pfeilerbasilika erbaut, mit einem einjochigen gerade abgeschlossenen Chor ohne Apsis. Im Inneren ist sie in allen Teilen

Blick auf die Nordwand der Stiftskirche

Stichwort: Frederuna
Die Nonne Frederuna soll einer Legende nach mit einem Esel durch das Land gezogen sein und beabsichtigte ein Kloster an der Stelle zu gründen, bei der sich der Esel niederlegen würde. Als der Esel sich setzte, sprach sie „He de Eke" und pflanzte eine Eiche und als er sich das zweite Mal legte, fand sie die geeignete Stelle für ihr Kloster. Von Frederuna selbst ist nur sehr wenig bekannt. Sie soll eine Nichte Kaiser Karls des Großen gewesen sein. Der Kult um ihre Person nahm im Kloster rasch zu und sie wurde zeitweise wie eine Heilige verehrt.

Grabplatte der Frederuna, 13. Jh.

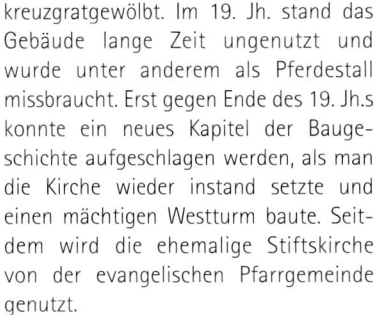

kreuzgratgewölbt. Im 19. Jh. stand das Gebäude lange Zeit ungenutzt und wurde unter anderem als Pferdestall missbraucht. Erst gegen Ende des 19. Jh.s konnte ein neues Kapitel der Baugeschichte aufgeschlagen werden, als man die Kirche wieder instand setzte und einen mächtigen Westturm baute. Seitdem wird die ehemalige Stiftskirche von der evangelischen Pfarrgemeinde genutzt.

Ausstattung

Im Inneren der Kirche sind kaum Ausstattungsstücke aus der Stiftszeit erhalten. Im nördlichen Seitenschiff ist der Grabstein (13. Jh.) der Nonne Frederuna aufgestellt, der eine in Stein geritzte Frauengestalt in klösterlicher Tracht zeigt. Ursprünglich wurde er als Abdeckplatte eines Sarkophages verwendet. Im 18. Jh., während die Verstorbene als Heilige verehrt wurde, nutzte man den Stein aber auch als Altar. Mit der Stiftsbrennerei im Keller eines noch vorhandenen Stiftsgebäudes verdienten die Damen einen Teil ihres Lebensunterhalts.

Auch heute noch wird das „Herdecker Tröpfchen" hergestellt und kann im angeschlossenen Geschäft erworben werden.

Besondere Bedeutung dieser Frauengemeinschaft

Die Herdecker Stiftsdamen schafften es, unter beiderlei Konfessionen in einem Stift zusammen zu leben und wechselten sich auch in der Wahl ihrer Äbtissin ab. Die funktionierende Gemeinschaft in einem Simultanstift besaß Seltenheitswert und somit stellt Herdecke eine Besonderheit in der Geschichte der Frauenkonvente dar.

Ivonne Jerzyk

Literatur
Klaus Lange, Die Stiftskirche in Herdecke. Baugeschichte – Bauschichten, Essen 1997.

Info
Stiftsplatz 3, 58313 Herdecke
Tel.: 0 23 30 / 31 36
Besichtigung nur nach Vereinbarung
Stiftsbrennerei
Tel.: 0 23 30 / 22 29
Geöffnet: 10–18h, Mittwoch geschlossen

Route 3:
Nördlicher Niederrhein

Xanten-Marienbaum
St. Mariae Himmelfahrt, Pfarrkirche
(ehem. Klosterkirche)
Christel Diesler

Kalkar
Kolpinghaus
(ehem. Großer Beginenkonvent St. Ursula)
Christel Diesler

Goch
Graefenthal
(ehem. Kloster)
Christel Diesler

Bedburg
St. Markus, Pfarrkirche
(ehem. Stiftskirche St. Maria und St. Johann Baptist)
Christel Diesler

Emmerich-Hochelten
St. Vitus, Pfarrkirche
(ehem. Stiftskirche)
Christel Diesler

Xanten-Marienbaum, St. Mariae Himmelfahrt, Pfarrkirche

(ehem. Klosterkirche)

Orden
Birgittinnen

Erhaltene Bauten
Klosterkirche und Kapitelsaal des 18. Jh.s mit Chor (Wallfahrtskapelle) des 15. Jh.s und bedeutender Ausstattung.

Geschichte
Die Klostergründung geht auf eine Marienwallfahrt zurück. Maria von Burgund, Herzogin von Kleve, stiftete 1457/60 ein Doppelkloster nach den Ordensregeln der Hl. Birgitta von Schweden unter Leitung einer Äbtissin. In strenger Observanz lebten die Ordensfrauen im nördlichen, die Männer des Ordens im südlichen Klosterbereich. Vorübergehend flüchteten ab 1586, im Truchsessischen Krieg, die meisten Klosterbewohner ins befestigte Kalkar. Ein Teil von ihnen blieb dort und gründete 1605 in den leer stehenden Gebäuden des Großen Beginenkonvents St. Ursula (56) das Tochterkloster Marienbloem. Weitere schädigende Übergriffe, wie auch die Zugehörigkeit zum protestantisch regierten Territorium des brandenburgischen Kurfürsten, konnten die Birgittinnen nicht aus Marienbaum verdrängen. Erst 1802 wurde das Kloster im Zuge der Säkularisation aufgelöst.

Architektur
Die 1438 erbaute Gnadenkapelle dient noch heute als Chor. Die alte Ausmalung des spätgotischen Netzgewölbes konnte 1953 restauriert werden. Der einschiffige Saalbau des 1714 erneuerten Langhauses nimmt auf seinen Emporen das Chorgestühl der Nonnen aus dem 15. Jh. auf.

Innenraum, Blick zum Chor mit Hochaltar

Im Kapitelsaal der Mönche ist heute die Sakristei untergebracht. Der neugotische Westturm stammt von 1898.

Ausstattung

Absolut beeindruckend ist die reiche Ausstattung der Kirche. Das Chorgestühl der Mönche aus dem 15./16. Jh., wie auch die barocken Beichtstühle, weisen eingebaute Reliquienschränke mit Gebeinen auf. Ein spätgotisches Sakramentshäuschen aus Sandstein stammt aus dem 15. Jh. Von den drei Barockaltären zeigt z. B. das Hochaltarretabel ein Gemälde von 1515 mit der Anbetung der Hl. Drei Könige aus dem Umkreis von Bartholomaeus Bruyn.

Als besonderer Kirchenschatz gilt ein „Hungertuch" aus der Mitte des 17. Jh.s, das im Kloster gefertigt wurde. Es wird nur in der Fastenzeit aufgespannt.

Im nördliche Seitenaltar ist das berühmte Gnadenbild aufgestellt: eine Madonnen-Standfigur mit dem Jesusknaben

Gnadenbild

auf dem Arm, um 1430, aus Sandstein, farbig gefasst. Man nimmt an, dass es sich um ein kölnisches Werk handelt.

Besondere Bedeutung dieser Frauengemeinschaft

Von 1460 bis zur Aufhebung des Klosters im Jahre 1802 betreuten die Ordensleute die Pilger, die in großen Scharen zum Gnadenbild strömten und um Heilung ihrer körperlichen Gebrechen flehten. Selbst für ein Birgittinnenkloster war es ungewöhnlich, dass es wie Marienbaum bis zur Aufhebung ein Doppelkonvent unter Leitung der Äbtissin blieb.

Christel Diesler

Literatur

Karl-Heinz Hohmann, Xanten-Marienbaum (Rheinische Kunststätten Heft 139), Köln 1993.
Udo Grote und Heinrich Janssen (Hg.), Zwei Jahrtausende Geschichte der Kirche am Niederrhein, 2. Aufl. Münster 2001.

Info

Klosterstraße 23, 46509 Xanten-Marienbaum
Tel.: (Pfarrbüro) 0 28 04 / 37 0
Geöffnet: tgl. 8-12h und 14-18h
www.marienbaum.de

Stichwort: Marienwallfahrt

Die Klosterkirche von Marienbaum ist eine der ältesten Marienwallfahrtskirchen am Niederrhein. Nach der Legende hatte 1430 ein gelähmter Schafhirte die Vision einer Eiche mit treppenförmigem Stamm, in deren Astwerk eine kleine Muttergottesstatue stand. Eine Stimme befahl zudem die Suche nach dem Baum und die Verehrung dieses Marienbildes. Der Schäfer konnte dem nachkommen, und er wurde geheilt. Schon bald pilgerten so viele Gebrechliche zu diesem Baum, dass der Herzog von Kleve, der Gatte der Maria von Burgund, an dem Ort eine Kapelle erbauen ließ. Diese wurde 1441 zu Ehren der Jungfrau Maria geweiht. Nach dem Tode des Herzogs stiftete die Witwe das Birgittinnenkloster und ließ die Kapelle zur neuen Klosterkirche erweitern.

Kalkar, Kolpinghaus
(ehem. Großer Beginenkonvent
St. Ursula)

Orden
Beginen

Erhaltene Bauten
Haus Kesselstraße 20.

Geschichte
Der Große Beginenkonvent St. Ursula in der Kesselstraße wurde im 14. Jh. wohl von Arnd Snoick gegründet und erfuhr um 1430 eine so starke Erweiterung, dass der Herzog von Kleve ihn 1463 auf 60 Personen begrenzen musste. 1578 erfolgte die Vereinigung mit dem Kleinen

Beginenhof in Kalkar (um 1500)

Konvent St. Cäcilia und der Umzug in diese Hausgemeinschaft. Die leer stehenden Konventsgebäude wurden 1605 an die Birgittinnen von Marienbaum (54) verkauft, die dort ihr Tochterkloster Marienbloem mit 17 Nonnen, sechs Patres und drei Fratres gründeten, das bis 1802 bestand.

Gegenüber dem St.-Ursula-Komplex stifteten 1413 die Eheleute Paepe den Kleinen Beginenkonvent St. Cäcilia, der durch Schwestern der Devotio-Moderna-Bewegung unterstützt wurde. 1465 nahmen die Frauen die Augustinus-Regel an. 1578 kam es zur Vereinigung mit den Schwestern des Großen St.-Ursula-Konvents. 1802 mussten 21 Augustinerinnen ihr Kloster verlassen.

Die Gebäude beider Klöster gingen in Privatbesitz über.

Architektur
Das Haus Kesselstraße 20 entstand in drei Bauphasen im 16. Jh. und gilt als eines der bedeutendsten und größten der vielen spätmittelalterlichen Häuser Kalkars. Zugleich ist es wohl der letzte noch erhaltene Teil eines Beginenhofes am Niederrhein, wenn nicht in ganz Deutschland. Die restaurierte fünfachsige Backsteinfassade zeigt zwei Hauptgeschosse und einen ebenfalls zweigeschossigen Stufengiebel. Dieser weist an seiner linken Seite eine markante Dachabschleppung mit leicht geschwungenem Ortgang zwischen über Eck gestellten Fialen auf. Kreuzstockfenster belichten die unteren Räume.

Besondere Bedeutung dieser Frauengemeinschaft
In bewundernswerter Weise übernahmen diese Frauen eine nicht zu unterschätzende soziale Verantwortung gegenüber ihren Mitmenschen. Seitdem im Spätmittelalter vermehrt Frauen aus den unteren Schichten diesen Gemeinschaften beitraten, kam der Wert der Beginenhöfe als

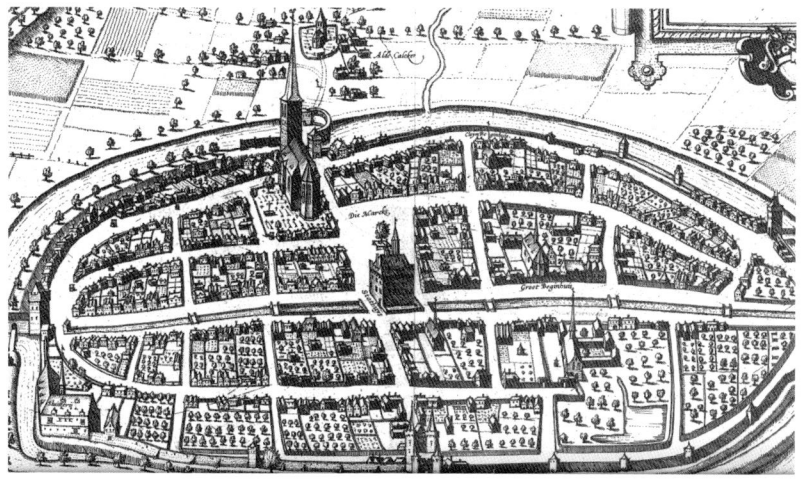

Kalkar 1575, Vogelschauplan von Braun-Hogenberg

Stichwort: Beginen

Die religiöse Laienbewegung der Beginen entstand gegen Ende des 12., Anfang des 13. Jh.s. Die Frauen lebten alleine, in kleinen Gruppen oder in Konventen. Unter einer Meisterin (Magistra) beschäftigten sie sich mit Gebet, Handarbeiten, Krankenpflege, Leichendienst und der Unterrichtung von Mädchen. Weit verbreitet waren sie in den heutigen Niederlanden und Belgien, in den Rheinlanden, besonders in Köln, aber auch in anderen deutschen Landschaften. Sie lebten in den Städten, gehörten keinem Orden an, wurden jedoch von einem Geistlichen, meist Angehörigen der Bettelorden, betreut. Beginen verfügten über gemeinsamen wie auch über privaten Besitz. Im 15. Jh. schlossen sich zahlreiche Konvente einem Orden an. Trotz vereinzelter Verfolgungen, z. B. in Straßburg und in Basel, waren Beginen in Gesellschaft und Kirche integrierte Frauen. Entsprechende Männergemeinschaften bildeten die Begharden.

existentielle Absicherung für die Frauen selbst in unverkennbar hohem Maße hinzu.

Umgebung

In der wegen ihrer geschlossenen spätgotischen Ausstattung berühmten St.-Nicolai-Kirche aus dem 15. Jh. befindet sich eine Altartafel aus dem Kleinen Konvent St. Cäcilia, die die Kreuzigung mit der Hl. Anna Selbdritt und der Hl. Elisabeth darstellt und die dem Umkreis des Malers Jan Joest zugeschrieben wird.

Christel Diesler

Literatur

Udo Grote und Heinrich Janssen (Hg.), Zwei Jahrtausende Geschichte der Kirche am Niederrhein, 2. Aufl. Münster 2001.
Hans Peter Hilger, Kalkar (Die Denkmäler des Rheinlandes Bd. 6, Kreis Kleve Bd. 2), Düsseldorf 1964.

Info

Kolpinghaus
Kesselstr. 20, 47546 Kalkar
Pfarrkirche St. Nicolai
Jan-Joest-Str. 6, 47546 Kalkar
Geöffnet: Mo.–Sa. 10–12h und 14–18h,
So. 14–17h
Führungen nach Vereinbarung mit dem Pfarramt, Tel. 0 28 24 / 23 80
www.StNicolai.de

Goch, Graefenthal
(ehem. Kloster)

Orden
Zisterzienserinnen

Erhaltene Bauten
Nördl. Kreuzgang, Teile von Nord- und Ostflügel um 1410; Hochgrab Ottos II. von Geldern 13. Jh.; Erweiterungen, große Remise, Taubenturm, Torhaus, Immunitätsmauer mit Retirade 18. Jh.

Geschichte
1248 wurde das Kloster von Graf Otto II. von Geldern und Margarete von Kleve gestiftet. Sie siedelten Zisterzienserinnen aus dem damals geldrischen Roermond im „vallis comitis", dem Tal des Grafen, an. 1260 war die Klosteranlage fertig gestellt. Seitdem war Graefenthal vom Mutterkloster unabhängig; der Abt des Zisterzienserklosters Kamp übte das Visitationsrecht aus. 1280 war die Zisterze mit 50 Ordensfrauen und zahlreichen Laienschwestern eines der größten Klöster am Niederrhein. Die Klosteranlage diente bis 1376 als Grablege des geldrischen Herrscherhauses.

Kriegswirren sowie wirtschaftliche und soziale Schwierigkeiten setzten dem Kloster in jeder Hinsicht stark zu. Trotzdem konnte es sich immer wieder regenerieren. Im Burgundischen Krieg fiel das Land 1473 an den Herzog von Kleve. Danach soll die Bedeutung von Graefenthal zurückgegangen sein.

1802 wurde die Zisterze aufgelöst und der Grundbesitz verkauft. Die Klosteranlage diente fortan als landwirtschaftliches Gut. 1808 wurde die Kirche niedergelegt.

Architektur
Der neunjochige Kreuzgang (um 1410) dokumentiert in besonderer Weise die herausgehobene Stellung und das Selbstbewusstsein der Graefenthaler Nonnen. Die Schlusssteine sind als Familienwappen der Äbtissinnen ausgebildet, und eine Gewölbekonsole zeigt eine Nonnendarstellung. Das weicht von den sonst üblichen schlichten Bauformen der Zisterzienser ab. Die Gebäude des 18. Jh.s liefern ein anschauliches Beispiel einer Klosteranlage jener Zeit.

Das ehemalige Kloster Graefenthal aus der Luft

Stichwort: Votivrelief

Das höchst bemerkenswerte Votivrelief der Graefenthaler Äbtissin Beatrix von Honseler (+1536) wurde nach der Säkularisation in die Pfarrkirche von Asperden gebracht, die seit 1320 dem Kloster inkorporiert war. Heute befindet sich die außergewöhnliche Darstellung im dortigen Kirchenneubau (1891, Rüdell und Odenthal, Köln).

Das 135 x 114 cm große bemalte Sandsteinrelief datiert um 1530. Eine segmentbogig geschlossene Nische zeigt eine Kreuzigungsszene vor steiler Felsenkulisse. Maria Magdalena umklammert das Kreuz, rechts steht die trauernde Maria mit Johannes, darüber sieht man die Opferung Isaaks; von links treten 32 betende Nonnen hinzu, angeführt von der Äbtissin. Sie hält als Zeichen ihrer Würde den Äbtissinnenstab in der Hand. Ihr Wappen lehnt am Fuß des Kreuzes.

Äbtissin Beatrix von Honseler und die Nonnen von Graefenthal, Detail aus dem Votivrelief (um 1530) in Goch-Asperden

brachte die Zugehörigkeit zu einer geistlichen Grundherrschaft meist Vorteile und einen günstigen sozialen Status.

Ausstattung

Ungemein eindrucksvoll zeichnet sich das Hochgrab Ottos II. vor dem Hintergrund der noch stehenden Gebäude ab. Die sechs Löwen, die die Blausteinplatte tragen, blicken heute ins Freie. Die Liegefigur des Herrschers ging 1870 verloren. Das Abbruchmaterial der Klosterkirche wurde zum Bau einer Pfarrkirche in Pfalzdorf benutzt.

Besondere Bedeutung dieser Frauengemeinschaft

In beeindruckender Weise vermitteln die Geschichte und ganz besonders die noch erhaltene Anlage und die Ausstattungsstücke ein Bild vom früheren Leben im Kloster Graefenthal. Die Frauen konnten äußerst schnell und selbstbewusst ihren eigenen Wohlstand vermehren und das Kloster zu einer reichen Grundherrschaft machen. Für die abhängigen Bauern

Umgebung

Im Neubau der Pfarrkirche von Pfalzdorf (1973, Hermanns, Kleve) befinden sich aus Graefenthal ein Kreuz tragender Christus von Douvermann (um 1520), eine Muttergottesfigur (1510) und die Barockausstattung mit Altar, Kanzel und Kommunionbank.

Christel Diesler

Literatur

Karl Heinz Hohmann, Die ehemalige Zisterzienserinnenabtei Neukloster zu Graefenthal (Rheinische Kunststätten Heft 427), Köln 1997. Udo Grote und Heinrich Janssen (Hg.), Zwei Jahrtausende Geschichte der Kirche am Niederrhein, 2. Aufl. Münster 2001.

Info

47574 Graefenthal
Tel.: 0 28 23 / 32 0-0 (Stadtverwaltung Goch)
Zurzeit ist das Gut wegen Renovierungsarbeiten geschlossen. Nach Abschluss der Arbeiten soll es der Öffentlichkeit zugänglich gemacht werden. Kontakt über Stadtverwaltung Goch.

Bedburg, St. Markus, Pfarrkirche

(ehem. Stiftskirche St. Maria und St. Johann Baptist)

Orden

Im 12. Jh. Prämonstratenserinnen, im 16. Jh. Umwandlung in ein Frauenstift

Erhaltene Bauten

Kern der Stiftskirche 12. Jh., Chor 15. Jh., Westportalteile 12. Jh.

Geschichte

Graf Arnold I. von Kleve rief 1124 das Prämonstratenserinnenstift Bedburg ins Leben, unter Mitwirkung des Ordensgründers Norbert von Xanten. Die Stiftung hatte der Graf mit der Errichtung einer Grablege verbunden. Der Andrang der Frauen in das Marienstift war so groß, dass um 1200 ebenfalls dort lebende Prämonstratenser den vornehmen Damen Platz machten. Im 15. Jh. führten Probleme mit der Einhaltung der strengen Ordensregeln zu Reformbemühungen durch den Herzog. Letztlich stimmte der Papst 1519 einer Ablösung des Bedburger Konvents vom Ordensverband der Prämonstratenser und der Umwandlung in ein Frauenstift zu. In das Stift fanden, wie allgemein üblich, nur Damen Aufnahme, die auf jeweils acht adelige Vorfahren (acht „Quartiere") zurückblicken konnten.

1604, im spanisch-niederländischen Krieg, übersiedelten die Stiftsdamen aus Sicherheitsgründen ins befestigte Kleve. Dort blieben sie fortan. Die Stiftsgebäude in Bedburg gerieten in Verfall. 1802 wurde das Damenstift in Kleve aufgelöst. Die Stiftskirche St. Markus in Bedburg diente als Pfarrkirche.

Architektur

Die in der Mitte des 12. Jh.s erbaute Stiftskirche war ein hochinteressanter romanischer Kreuzbau mit mächtigem Vierungsturm. Der Ostarm wurde um 1450 zu einem spätgotischen Backsteinchor mit dreiseitigem Chorschluss umge-

St. Markus von Süden

baut. Im 18. Jh. wurde die Kirche bis auf den Vierungsturm und den Ostchor niedergelegt und das Material auf Abbruch verkauft. 1901 fügte man der alten Pfarrkirche St. Markus wieder einen Nord-, West- und Südarm sowie Nebenräume in den Zwickeln in neuromanischer Form an (Rüdell und Odenthal, Köln).

Ausstattung

Ein Sakramentsschrank in der nördlichen Chorwand aus Sandstein zeugt von der Kunstfertigkeit der Steinmetze um 1450. Unter einem krabbenbesetzten Kielbogen sind in einem Relief Christus mit zum Segensgestus erhobener Hand und zwei Engel dargestellt. Der Bogen wird von Fialen gerahmt und von einer gotischen Blendarkade überfangen.

Weiterhin bemerkenswert sind in der Pfarrkirche eine Pietà aus Eiche von

Blick in den spätgotischen Chor

1480, die Meister Arnt von Zwolle zugeschrieben wird, und die sehr kunstvolle Gewölbeausmalung der Vierung von 1907 durch Carl Heyl, Krefeld.

Umgebung

Die Pfarrkirche von Bedburg-Qualburg wurde im 14. Jh. dem Damenstift von Bedburg inkorporiert. In der heutigen neugotischen Saalkirche befindet sich noch ein äußerst filigran gearbeitetes spätgotisches Sakramentshäuschen aus Sandstein von 1520/30. Eine bedeutende Muttergottes-Standfigur aus Eiche, um 1420, weist franko-flämischen Einfluss auf. Auffallend ist die Ähnlichkeit mit den Miniatur-Darstellungen der „Très riches Heures" der Gebrüder Limburg.

Christel Diesler

Literatur

Ingrid Ehlers-Kisseler, Die Anfänge der Prämonstratenser im Erzbistum Köln (Rheinisches Archiv 135), Köln 1997.
Hans Peter Hilger, Bedburg (Die Denkmäler des Rheinlandes Bd. 6, Kreis Kleve Bd. 5), Düsseldorf 1964.

Info

Pfarrkirche St. Markus
47551 Bedburg-Schneppenbaum
Tel.: (Pfarramt) 0 28 21 / 63 04
Geöffnet: Besichtigung nach Anmeldung im Pfarramt möglich
www.bedburg-hau.de

Stichwort: Prämonstratenserinnen

Der Reformorden der Prämonstratenser wurde von Norbert von Xanten gegründet und 1126 von Papst Honorius II. bestätigt. Der Name leitet sich ab vom ersten Kloster in Prémontré in Frankreich. Im westfälischen Cappenberg entstand die erste deutsche Niederlassung. Der Orden fand auch bei Frauen großen Zustrom. Zunächst lebte man in gemeinsam genutzten Anlagen. Ungefähr 1140 erfolgte die Trennung. Danach nahm man entweder in die bestehenden Klöster keine Frauen mehr auf, so dass der weibliche Zweig schließlich ausstarb, oder man siedelte die Frauen in eigene Konvente aus, die dann den Rang eines Tochterstiftes einnahmen. Ein Weichen der Männer und Verbleiben der Frauen, wie in Bedburg, blieb eine Ausnahme.
Um 1250 zählte der Orden in Europa etwa 600 Einrichtungen, um 1620 nur noch 205.

Emmerich-Hochelten, St. Vitus, Pfarrkirche
(ehem. Stiftskirche)

Orden
Frauenstift

Erhaltene Bauten
Stiftskirche mit Westteil aus dem 12. Jh., Chorapsis 17. Jh., drei Stiftsgebäude des 17. Jh.s, ein Brunnen des Mittelalters.

Geschichte
967 gründete Graf Wichmann von Hamaland in seiner spätkarolingischen Burganlage auf dem Eltenberger Hang oberhalb des Rheintales ein Damenstift. 973 erhob Kaiser Otto II. das Stift zum kaiserlichen Reichsstift. Damit nahm die Äbtissin den Rang einer Reichsfürstin ein, die neben Ring und Stab auch das Schwert führte. Das Stift Hochelten war reichs- und papstunmittelbar. Zur ersten Äbtissin wurde Wichmanns Tochter Liutgard gewählt. Im Streit mit ihrer Schwester Adela um das väterliche Erbe kam es

Stiftskirche, von Norden

zur zweimaligen Eroberung des Eltenberges durch Adela und ihren Gatten. Liutgard kam auf mysteriöse Weise ums Leben. Der Kaiser bestätigte letztlich dem Stift den Besitz.
Nachdem die Stiftsanlagen zunächst in zwei Bauphasen beträchtlich erweitert werden konnten, kam es durch Kriegseinwirkungen zu erheblichen Beschädigungen. Um 1585, während des Spanisch-Niederländischen Krieges, flohen die Stiftsdamen ins befestigte Emmerich. 1613 begann der Wiederaufbau der stark verwüsteten Gebäude. 1677 wurde auch die Stiftskirche als Rückbau erneuert, mit einem Chorschluss in gotischer Form.
1802 kam das Stift Hochelten in den Besitz von Preußen, 1805 wurde der Eltenberg an Frankreich abgetreten. Die letzten beiden Äbtissinnen, Nichten von König Friedrich Wilhelm III. von Preußen bzw. Napoleon I., traten ihre Ämter nie an. 1811 wurde das Damenstift Hochelten aufgelöst.

Architektur
Die Burganlage wurde bis 980 zu einer ottonischen Stiftsanlage mit dreischiffiger Basilika ausgebaut. Zum Teil auf dem alten Kirchengrundriss errichtete man bis 1150 eine monumentale salische Gewölbebasilika mit vier Jochen und mächtigem Westturm. Turm, Portal und ein Langhausjoch sind noch erhalten. Die salische Kirche nahm eine wichtige Stellung in der niederrheinischen Baukunst des 12. Jh.s ein. Nach dem Zweiten Weltkrieg erfolgte ein Neuaufbau. Das Äbtissinnenhaus von 1677 dient heute als Pastorat.

Besondere Bedeutung dieser Frauengemeinschaft
Die herausgehobene Stellung der Stiftsdamen manifestiert sich besonders im Rang der Äbtissin als freie Reichsfürstin. Das Damenstift von Hochelten stand auf

*Kuppelreliquiar,
um 1180*

Stichwort: Kuppelreliquiar

Ein Zeugnis höchster romanischer Kunst stellt das Kuppelreliquiar von Hochelten dar, das in Köln um 1180 gefertigt wurde. Frappierend ähnlich ist es dem Kuppelreliquiar aus dem Welfenschatz in Berlin. In der Ornamentik verweist es auf den Maurinusschrein von St. Pantaleon in Köln.

Der Eichenholzkern, 45 x 41 cm, ist mit getriebenem und vergoldetem Kupfer- und Silberblech verkleidet. Vergoldete Bronzeelemente und Reliefs aus Walrosszahn schmücken diese Nachbildung einer byzantinischen Kreuzkuppelkirche: ein Zentralbau mit Emaildächern, der von einer Schirmkuppel bekrönt wird. Die unteren Arkaden zeigen Darstellungen der Hl. Familie, der Hl. Drei Könige, eine Kreuzigungsgruppe und Prophetenfiguren; in den zwölf Nischen des Tambours thronen Christus und elf Apostel.

Das Kuppelreliquiar bildet heute einen Höhepunkt des Besuches im Viktoria & Albert Museum in London.

einer Stufe mit den bedeutenden Stiften von Essen (48), Gandersheim und Quedlinburg.

Umgebung

Die Schatzkammer der nahen Pfarrkirche St. Martini in Emmerich beherbergt weitere wertvolle sakrale Schätze aus Hochelten: Monstranzen, Reliquiare, Chormantelschließen, Silberfiguren und Weihrauchfässer.

Neben St. Martini, im Rheinmuseum, findet sich eine interessante Darstellung des früheren Emmericher Augustinerinnenklosters St. Agnes.

Christel Diesler

Literatur

Gunther Binding, Elten am Niederrhein (Rheinische Kunststätten Heft 197), Köln 1986.
Udo Grote und Heinrich Janssen (Hg.), Zwei Jahrtausende Geschichte der Kirche am Niederrhein, 2. Aufl. Münster 2001.

Info

Pfarrkirche St. Vitus
Bergstraße 4, 46446 Emmerich-Hochelten
Tel.: 0 28 28 / 22 40
Geöffnet: tägl. 9–18h
www.emmerich.de

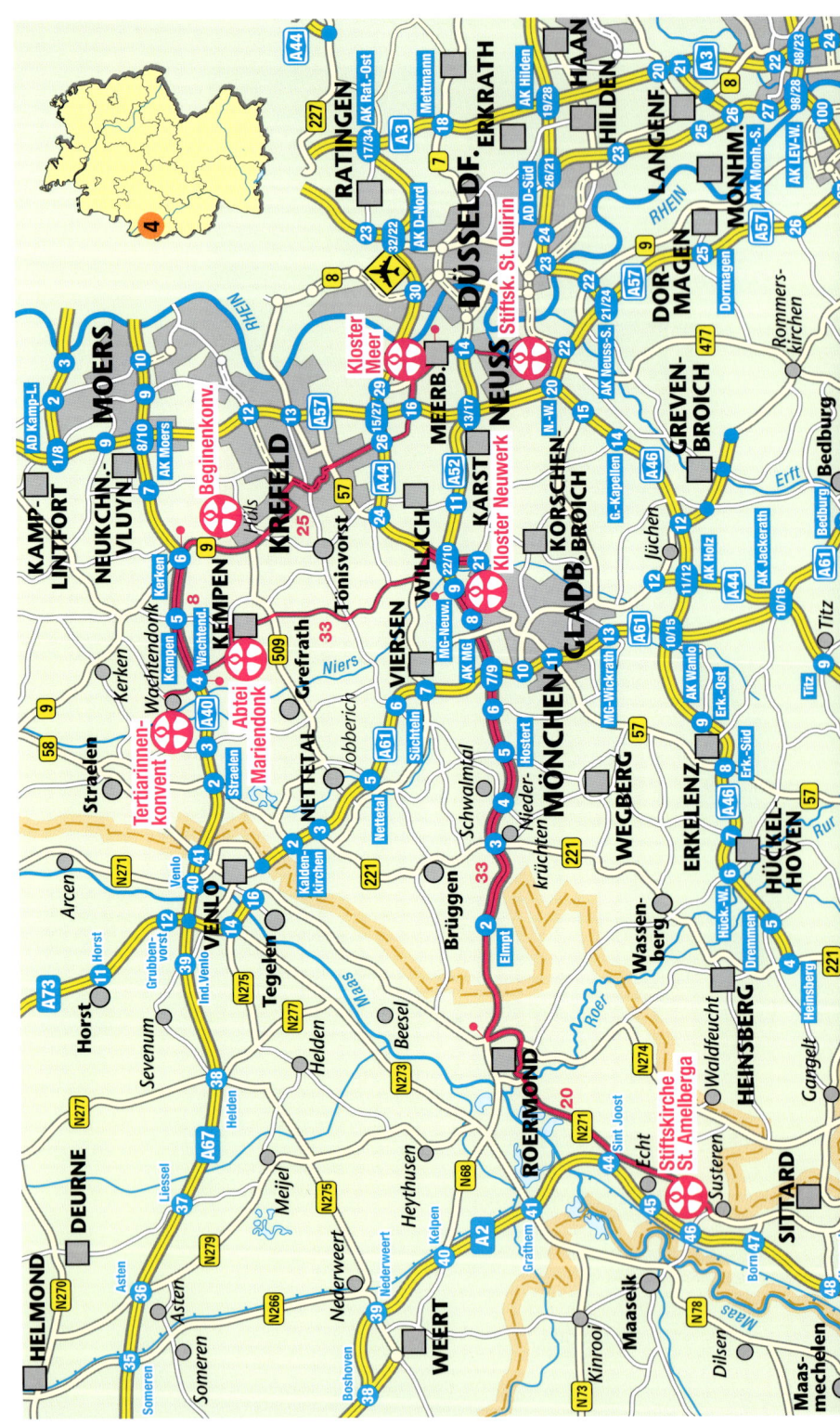

Route 4:
Südlicher Niederrhein

Susteren (Niederlande)
St. Amelberga, Pfarrkirche
(ehem. Stiftskirche)
Ria Borgmann

Mönchengladbach-Neuwerk
Kloster Neuwerk der Salvatorianerinnen
(ehem. Benediktinerinnen-Abtei St. Maria)
Ria Borgmann

Kempen
Benediktinerinnen-Abtei Mariendonk
Ria Borgmann

Wachtendonk
Pfarrheim „Thal Josaphat"
(ehem. Konventsgebäude)
Christel Diesler

Krefeld-Hüls
Wohnanlage Hülser Klausur
(ehem. Konvent „Maria von der Verkündigung")
Ria Borgmann

Krefeld-Hüls
St. Cäcilia, gen. „Konvent"
Ria Borgmann

Kempen
ehem. Kloster St. Anna
Ria Borgmann

Meerbusch
Haus Meer
(ehem. Kloster St. Laurentius)
Ria Borgmann

Neuss
St. Quirinus, Pfarrkirche
(ehem. Stiftskirche)
Marianne Gechter

Susteren (Niederlande), St. Amelberga, Pfarrkirche

(ehem. Stiftskirche)

Orden

im 8. Jh. Benediktiner, Ende 9. Jh. Benediktinerinnen, im 11. Jh. Umwandlung in ein adeliges Kanonissenstift

Erhaltene Bauten

Stiftskirche des 11. Jh. bis 19. Jh.s; Grundriss der ehemaligen Konventsgebäude durch farbig abgesetzte Pflasterung auf dem Kirchplatz markiert.

Geschichte

714 gründete der Hl. Willibrordus (Missionar der Niederlande) ein Kloster auf Grund einer Stiftung des Hausmeiers Pippin von Heristal und seiner Gattin Plektrudis. Schon bald erhielt die Klosterkirche besondere Bedeutung als Grablege eines fränkischen Geschlechts, zu dem Gregorius, Administrator des Bistums Utrecht, und Albericus, der dritte Abt von Susteren, gehörten. 882 zerstörten die Normannen das Kloster. 891 wurde der Benediktinermönch Siginand aus Prüm beauftragt, eine neue Kirche zu planen. Es entstand ein Frauenkonvent (wahrscheinlich Benediktinerinnen), dessen

Außenansicht der Stiftskirche von Nordosten

erste Äbtissin Amelberga war. Im 11. Jh. fand die Umwandlung in ein adliges Damenstift statt.

1791 wurde die Stiftskirche Pfarrkirche, kurz bevor 1794 französische Truppen Susteren besetzten. Die Äbtissin und sechs Kanonissen flüchteten 1795 nach Essen.

Architektur

Ausgrabungen von 1991–1993 belegen, dass das Kloster im 8. Jh. aus einer Gruppe von leichten Stein- und Holzgebäuden bestand. Ende des 11. Jh.s entstand unter teilweiser Nutzung der Fundamente der Kirche aus dem 8. Jh. ein neues, größeres Kirchengebäude: ein wuchtiger Massenbau mit klarer Gliederung als dreischiffige Basilika mit Westbau und einer vorgelagerten Außenkrypta im Osten. Bei einer umfassenden Restaurierung Ende des 19. Jh.s wurde die Doppelturmfassade errichtet sowie Dächer, Fenster und äußeres Mauerwerk teilweise erneuert.

Im 11. Jh. bestand wohl ein viereckiger Mittelturm mit achteckigem Turmaufbau und geschlossenem Westchor. Im ersten Geschoss befand sich die zur Kirche hin geöffnete Empore mit direktem Zugang vom Stift her. Eine Besonderheit ist die fünfjochige Außenkrypta hinter dem Chor. Sie ist zum Teil oberirdisch (Vorbild Essen 48) und mit Kreuzgratgewölben versehen. In ihrem Westteil befindet sich die Confessio, ein kurzer, gewölbter Gang, der durch einen runden, vertikalen Schacht mit dem direkt darüber liegenden Altarraum verbunden war. Wahrscheinlich stand dort der Schrein der Hl. Amelberga.

Ausstattung

Bemerkenswert im Kirchenraum: die Triumphkreuzgruppe (Köln, Mitte 14. Jh.), ein „Schmerzensmann" (Jan van Steffenswert, 1470–1525), zwölf Grabplatten aus graublauem Granit von Äbtissinnen und Kanonissen (1445–1634).

Stichwort: Amelberga

Amelberga gilt als erste Äbtissin von Susteren. Über ihre Herkunft ist nichts bekannt. Es wird berichtet, dass sie die beiden Töchter des Königs Zwentibold von Lothringen (895–900) im Stift erzogen habe und diese ihr im Amt der Äbtissin nachfolgten. Schon kurz nach ihrem Tod wurde sie als Heilige verehrt. Der kostbare Reliquienschrein aus dem 12. Jh. ist als Zeichen der Hochachtung und Wertschätzung ihrer Person zu sehen.

Reliquienbüste der Hl. Amelberga

Die Schatzkammer enthält außerordentliche Kostbarkeiten: den mit vergoldeten, reliefierten Silberplatten verzierten Holzschrein der Hl. Amelberga (12./19. Jh.), das Evangelienbuch (Lüttich 11. Jh.), Reliquienbüsten, Paramente sowie kostbare mittelalterliche Seidenstoffe, die einst die Reliquien umhüllten.

Besondere Bedeutung dieser Frauengemeinschaft

Wallfahrten zu Ehren der „Heiligen von Susteren" sind seit dem frühen Mittelalter anzunehmen. Die Außenkrypta mit Confessio war zur Bewältigung großer Pilgermassen angelegt. 1447 spricht ein päpstliches Schreiben von der Verleihung eines Ablasses durch die Teilnahme an der Reliquienverehrung. Auch heute noch findet alle sieben Jahre eine Heiligtumsfahrt in Susteren mit Vorzeigen der Reliquien statt, die nächste ist 2007.

Ria Borgmann

Literatur
John van Cauteren (dt. Übers. Hans-Günther Schneider), Susteren – H. Amelberga (Kleiner Kunstführer 2511), Regensburg 2002.

Info
Salvatorplein 2, NL-6114 HE Susteren
Tel. und Fax: (Fremdenverkehrsamt)
00 31 / 46 / 44 94 61 5
Geöffnet: jeweils am ersten Sonntag im Mai, Juni, Juli, August und September von 14–17h

Schrein der Hl. Amelberga

Mönchengladbach–Neuwerk, Kloster Neuwerk der Salvatorianerinnen

(ehem. Benediktinerinnen-Abtei St. Maria)

Orden

seit 1135 Benediktinerinnen, 19./20. Jh. Franziskanerinnen, ab 1961 Salvatorianerinnen

Erhaltene Bauten

Abteikirche des 12. Jh.s mit Westbau über ehem. kryptenähnlichem Unterbau; Kreuzgang aus dem 12. und 16./17. Jh., Nordflügel aus dem 20. Jh.

Geschichte

1135 bestätigte Erzbischof Bruno II. von Köln die Fundation eines Nonnenklosters durch den Abt von Gladbach. Die Urkunde spricht dafür, dass es sich um einen ausgesiedelten, ursprünglich direkt mit dem Männerkloster in Mönchengladbach verbundenen Frauenkonvent handelte. Die Nonnen begannen ein „novum opus"

(neues Werk = Neuwerk) mit einer der Hl. Maria geweihten Kirche. Der Zustrom von Nonnen war so groß, dass die Kirche innerhalb weniger Jahrzehnte dreimal erweitert werden musste. 1249 wurde die Höchstzahl auf 24 Konventualinnen einschließlich der Priorin begrenzt. Bis 1497 unterstand Neuwerk der Aufsicht der Gladbacher Abtei.

1497 schlossen sich die Benediktinerinnen der Bursfelder Reform an und unterstanden für die nächsten 250 Jahre der Aufsicht der Abtei Brauweiler. Es gab aber außer den religiösen noch andere Gründe, warum Neuwerk nicht mehr dem Abt von Mönchengladbach unterstehen wollte. Es entstand nämlich ein heftiger Streit zwischen der Neuwerker Äbtissin und dem Abt von Gladbach wegen der Nonnenmühle. Die streitbare Äbtissin obsiegte in diesem Prozess. 1762 gingen die Aufsichtsrechte wieder an Gladbach zurück. 1802 wurde das Kloster aufgehoben.

Von 1804–1963 wurde die Klosterkirche als Pfarrkirche St. Mariae Himmelfahrt genutzt. In den Klostergebäuden waren

Außenansicht der Klosterkirche

Der Hl. Benedikt mit Nonnen aus Neuwerk und Mönchen aus Brauweiler, Gemälde um 1760 (Alexianerkloster Köln-Porz-Ensen)

bis 1870 Pastorat, Vikarie und Schule eingerichtet. 1879 erwarb Therese von Wüllenweber den leerstehenden Ostflügel und schenkte 1888, mit ihrem Eintritt in die Kongregation der Salvatorianerinnen, dem Orden ihr gesamtes Vermögen. Dazu gehörte auch der Ostflügel von Neuwerk.

1889 richtete man ein Krankenhaus als Stift St. Josef und St. Barbara ein, mit Hilfe von Franziskanerinnen aus Nonnenwerth (112).

1961 übernahmen die Salvatorianerinnen Krankenhaus und Kloster. Ein Neubau als Schwesternwohnheim und ein neues Krankenhaus mit 380 Betten wurden gebaut. Seit 1968 trägt das Krankenhaus den Namen „Krankenhaus Neuwerk Maria von den Aposteln".

Seit 1974 sind Klosterkirche und Kloster wieder hergerichtet und von den Salvatorianerinnen genutzt, nachdem für die Gemeinde eine neue Pfarrkirche gebaut wurde.

Architektur

Von der ersten Kirche aus der Zeit um 1140 sind noch Reste in der nördlichen Barbarakapelle erhalten. Der heute stehende Bau, eine dreischiffige, flachgedeckte Pfeilerbasilika mit Chorraum und halbrunder Ostapsis, wurde in der Mitte des 12. Jh.s errichtet. Um 1175 entstand ein zweigeschossiger Westemporenbau, der im Erdgeschoss durch vier freistehende Kreuzpfeiler mit eingestellten Ecksäulchen in neun kreuzgratgewölbte Joche gegliedert war. Der Oberraum war eine dreischiffige Halle. Das Erdgeschoss war zum Mittelschiff hin geschlossen, es diente dem Konvent als Kapitelsaal, der nur durch eine Pforte in der Westwand und von den Klostergebäuden her zugänglich war. Von der geplanten Doppelturmfassade wurde nur ein Turm ausgeführt.

Im 15. Jh. wurde der Chor, im 17. Jh. das Langhaus eingewölbt und die Decke bemalt. 1827 erfolgte die Vergrößerung des Innenraums für die Nutzung als Pfarrkirche. Hierbei wurden die Wand zwischen Langhaus und Kapitelsaal entfernt und das Gewölbe durch eine Flachdecke mit neuen Pfeilern ersetzt. Seit der Übernahme durch die Salvatorianerinnen bemüht man sich um eine Wiederher-

Therese von Wüllenweber

Stichwort: Therese von Wüllenweber, Maria von den Aposteln
Therese von Wüllenweber wurde 1833 auf Schloss Myllendonk geboren. Schon als junge Frau erkannte sie die seelsorgerische Not in Stadt und Land nach der Auflösung vieler Klöster durch die Säkularisation. Sie fühlte sich berufen, einen Missionsorden für Schwestern zu gründen, und kaufte den Ostflügel des ehemaligen Benediktinerinnenklosters Neuwerk, um dort 1879 das Barbarastift als wohltätige Einrichtung zu eröffnen. Es war die Zeit des Kulturkampfes in Deutschland und daher nicht möglich, eine neue Ordensgemeinschaft zu gründen. Durch den Kontakt zu Pater Franziskus M. Jordan, dem Gründer der Salvatorianer, kam sie nach Rom. Dort ging ihr Ziel, die Gründung einer Schwesternkongregation, in Erfüllung. Am 8.12.1888 legte Therese Wüllenweber die ewigen Gelübde ab, bekam den Namen Maria von den Aposteln und nahm das Ordenskleid der von ihr gegründeten Kongregation der Salvatorianerinnen. Dieser Gemeinschaft stiftete sie ihr gesamtes Vermögen. Sie wurde Oberin und starb in Rom am 25.12.1907; 1968 wurde sie selig gesprochen.

stellung der ursprünglichen Raumsituation.

Die Klostergebäude und die Kirche waren als Vierflügelanlage um einen Kreuzgang angeordnet. Die Ost- und Westflügel der Konventsgebäude aus dem 16./17. Jh. sind erhalten und restauriert. Im Norden befindet sich heute ein Bau aus den 60er Jahren des 20. Jh.s.

Ausstattung

Im Kirchenraum befinden sich eine gotische Madonna (um 1500) und ein Triptychon aus dem Rembrandt-Umkreis (1630–1650). Der vergoldete Schrein birgt eine Reliquie der Therese von Wüllenweber, der Seligen Maria von den Aposteln. Die Malerei an der Brüstung der Empore stammt aus dem 17. Jh., die Rankenmalerei an der Gewölbedecke aus dem 19. Jh.

Ria Borgmann

Literatur

Karl L. Mackes: Aus dem alten Neuwerk. Das adelige Benediktinerinnen-Kloster Neuwerk 1135–1802. Hg. vom Verein „Neuwerker Heimatfreunde", Mönchengladbach 1962.
P. Bernward Meisterjahn: Maria von den Aposteln, Therese von Wüllenweber. München 1988.

Info

Kloster Neuwerk der Salvatorianerinnen
Dammer Straße 165
41066 Mönchengladbach
Tel.: 02161/668-0
Geöffnet: tgl. 7–19h

Kempen, Benediktinerinnen-Abtei Mariendonk

Orden
seit 1899/1900 Benediktinerinnen

Erhaltene Bauten
Die neugotische Klosteranlage mit Kirche, Kreuzgang und Konventsgebäuden (Ende des 19. Jh.s) liegt in Einzellage nordwestlich von Kempen. Erweiterungsbauten des 20. Jh.s schließen sich im Norden an.

Geschichte
Nach dem Ende des Kulturkampfs strebte eine 1875 aus Bonn in die Niederlande geflüchtete Gemeinschaft von Benediktinerinnen die Rückkehr nach Deutschland an. Johanna Sieger machte mit ihrer Schenkung eines Grundstücks 1899/1900 die Neugründung des Klosters möglich. Sie verfügte gleichzeitig, dass die Erzabtei Beuron/Hohenzollern die Seelsorge für Frauenkloster und Landbevölkerung übernehmen sollte. Schon 1900 bezogen 22 Benediktinerinnen mit ihrer Priorin das neue Kloster. 1905 hatte der Konvent 43 Mitglieder, 1965 waren es 65, heute sind es 39.

1948 vollzog die Gemeinschaft den Schritt zur Abtei und wurde damit selbstständig. Einige Schwestern mit abgeschlossenem Theologiestudium tragen heute Verantwortung für die spirituelle Begleitung der Gemeinschaft und für die seelsorgerische Betreuung der Gäste. In Mariendonk wird gregorianischer Choral in deutscher Sprache gesungen.

Zum Kloster gehören die Meisterbetriebe der Handweberei und der Handstickerei. Weitere Schwerpunkte sind die Anfertigung von Wandteppichen, die Verzierung von Kerzen und die Hostienbäckerei. Die Schwestern der Abtei arbeiten an Kirchenväterübersetzungen und an einer griechisch-lateinischen Wortkonkordanz zur Heiligen Schrift mit.

Für Gäste gibt es ein großes Angebot an religiösen Veranstaltungen. Es stehen 20 Gästezimmer zur Verfügung.

Architektur
1899/1900 wurden Kirche und Klostergebäude als Vierflügelanlage nach den

Abtei Mariendonk

Kasel aus Mariendonk

Stichwort: Paramentenherstellung

Als Paramente bezeichnet man nicht nur die liturgischen Gewänder, sondern auch die Tücher zur Ausstattung von Altar, Gefäßen, Geräten und der Kirche selbst sowie für besondere liturgische Funktionen. Liturgische Gewänder gehören zum Gottesdienst. Ihre Gestaltung bezieht sich auf den jeweiligen Festcharakter und enthält dazu eine theologische Aussage. Auf den Träger und den Raum sollte Bezug genommen werden.

In Mariendonk werden in der Handweberei und der Handstickerei überwiegend Textilien für den liturgischen Gebrauch gefertigt, aber auch Fahnen für Vereine. Zunächst werden in der Handweberei die Stoffe gewebt und dann nach eigenen oder fremden Entwürfen bestickt.

Plänen des Kölner Architekten Adolf Nöcker im neugotischen Stil erbaut. Die Saalkirche ist mit Chorraum und dreiseitigem Chorabschluss nach Westen ausgerichtet. Die südliche Wandfläche des Saalbaus wird durch vier Fensterachsen im Wechsel mit schlanken Strebepfeilern gegliedert. An der Südwand des Chores wurde bei der letzten Umgestaltung durch den Architekten Heinz Döhmen im Jahr 1984 eine kleine quadratische Sakramentskapelle angefügt. Das Satteldach des Chores trägt einen kleinen Turm mit steil aufragender Spitze. An der Nordseite der Klosterkirche schließen sich Konventsgebäude und Kreuzgang an. 1961 und 1997 wurde das Haus beträchtlich erweitert.

Ausstattung

Das Langhaus ist ganz dem Chorgebet des Konvents vorbehalten, während Gäste zur Feier der Eucharistie im Chorraum Platz nehmen dürfen. In der gesamten Kirche wird die Aufmerksamkeit der Gläubigen auf nur wenige besondere Ausstattungsstücke gelenkt. Beeindruckend in seiner Schlichtheit ist der silberne Tabernakel auf einer Basalt-

säule in der Sakramentskapelle. Zwei besondere Arbeiten, ein Kreuz in Goldschmiedearbeit und ein siebenarmiger Leuchter aus Schmiedeeisen, befinden sich im Chor.

Besondere Bedeutung dieser Frauengemeinschaft

Der Konvent der Abtei Mariendonk ist ein überzeugender Beweis für die Kontinuität und Aktualität der Regel des Hl. Benedikt „ora et labora" (Bete und arbeite), die hier seit über 100 Jahren, angepasst an die modernen Zeiten, umgesetzt und gelebt wird.

Ria Borgmann

Literatur
Benediktinerinnen-Abtei Mariendonk, Lindenberg 1999.

Info
Abtei Mariendonk, Niederfeld 11
47906 Kempen
Tel. und Fax: 0 21 52 / 91 54-12
Geöffnet: tgl. 7–18h
www.mariendonk.de

Wachtendonk, Pfarrheim „Thal Josaphat"
(ehem. Konventsgebäude)

ehemaliges Konventsgebäude

Orden
Franziskaner-Tertiarinnen

Erhaltene Bauten
Konventsgebäude, frühes 18. Jh., mit Rektorhaus; Torhäuschen in angrenzender Gasse im pittoresken Ort; Luciakapelle in gegenüberliegender Pfarrkirche.

Geschichte
1430 stifteten die Eheleute Wilhelm von Wachtendonk und Hermanna von Bronkhorst den Frauenkonvent, den sie „Thal Josaphat" nannten. Der Name ist auf eine Gegend am Ölberg im Heiligen Land zurückzuführen. Der Konvent unterstand dem Abt des Klosters St. Nikolaus bei Neuss. Nach den großen Stadtbränden von 1516 und 1708 wurden die Gebäude jeweils umgehend erneuert. Bis 1810 verband ein hölzerner Übergang die Konventsgebäude mit der Luciakapelle in der Pfarrkirche, in der die Schwestern auf einer Empore am Gottesdienst teilnehmen konnten. Seit der Restaurierung im 18. Jh. durch die Familie Cabanes wird die Kapelle auch Cabaneschörchen genannt. Die Empore wurde im 19. Jh. entfernt. 1802 wurde der Konvent aufgelöst. Die Gebäude dienten zunächst der französischen, dann der preußischen Armee als Kaserne und weit über 100 Jahre als Volksschule von Wachtendonk.

Architektur
Hufeisenförmiger Baukomplex mit zwei Langflügeln und dem Rektorgebäude als Querverbindung. Im Innenhof ist der stillgelegte Trinkwasserbrunnen noch erhalten.

Besondere Bedeutung dieser Frauengemeinschaft
Seit 1711 leiteten die Schwestern eine Mädchenschule, die nur in Ausnahmefällen für Jungen geöffnet war. Dies bezeugt den hohen Stellenwert, der der Frauenbildung in Wachtendonk zukam.

Umgebung
Die gegenüberliegende spätgotische Pfarrkirche St. Michael wurde 1382 als dreischiffige Hallenkirche über lateinischem Kreuz mit mächtigem, quadratischem Westturm errichtet.

Christel Diesler

Literatur
Karl-Heinz Hohmann, Bau- und Kunstdenkmäler im Kreis Kleve (Rheinische Kunststätten 419), Köln 1995.
Paul Clemen, Die Kunstdenkmäler des Kreises Geldern (Kunstdenkmäler der Rheinprovinz), Moers 1979/80.

Info
Kirchplatz
46996 Wachtendonk
Tel.: (Gemeindeverwaltung) 0 28 36 / 91 55 0
Gebäude ist nur von außen zu besichtigen.
www.wachtendonk.de

Krefeld-Hüls, Wohnanlage Hülser Klausur

(ehem. Konvent „Maria von der Verkündigung")

Orden
zunächst Beginen, ab 1398 Tertiarinnen des Franziskaner-Ordens

Erhaltene Bauten
Nordöstlich des Marktplatzes und der Pfarrkirche St. Cyriakus liegt heute die „Hülser Klausur", ein Ensemble von Kirche und Wohnhäusern, auf dem Wirtschaftshof des ehemaligen Tertiarinnenkonvents.

Geschichte
Nördlich der alten Pfarrkirche lebten im 14. Jh. Frauen als Beginen zusammen, deren Ziel ein gemeinsames religiöses Leben verbunden mit tätiger Nächstenliebe und eigener sozialer Versorgung war. Auf diesem Beginenhof gründete Friedrich von Saarwerden, Erzbischof von Köln, 1398 den Tertiarinnenkonvent *Maria von der Verkündigung.* In der zweiten Hälfte des 15. Jh.s erhielt der Konvent einen eigenen Kirchenbau, der 1484 geweiht wurde. 1548 zerstörte ein Brand den Komplex fast vollständig. Die Gebäude wurden wieder aufgebaut. Das Haupt-gebäude mit einem Innenhof wurde im 18. Jh. beim Neubau der Pfarrkirche St. Cyriakus niedergelegt. 1802 wurde der Konvent aufgehoben. Die verbliebenen Häuser dienten als Wohnungen. Nach der Restaurierung 1984/1985 wurde der ganze Komplex in eine Wohnanlage umgewandelt.

Architektur
Von der Konventskirche ist die polygonale Apsis mit Strebepfeilern und hohen Spitzbogenfenstern erhalten. Alle Gebäude sind in Backsteinmauerwerk gebaut. Der Wirtschaftshof wird durch eine von seitlichen Pilastern gerahmte Toreinfahrt erschlossen. Das Mauerwerk aller Gebäude ist weiß geschlämmt.

Besondere Bedeutung
Die Klausur gilt als einziger überwiegend erhaltener Beginenhof am Niederrhein.

Ria Borgmann

Literatur
Werner Mellen, Krefeld-Hüls (Rheinische Kunststätten Heft 283), Köln 1983.

Info
Zur Klausur
47839 Krefeld-Hüls
Tel.: (Pfarramt St. Cyriakus) 0 21 51 / 73 33 13
Geöffnet: Besichtigung ist nach Anmeldung möglich.
www.krefeld.de

Wohnanlage „Hülser Klausur" mit Chor der ehem. Kirche (links)

Krefeld-Hüls, St. Cäcilia, gen. „Konvent"

Orden
zuerst Beginen, ab 1422 Tertiarinnen des Franziskaner-Ordens

Erhaltene Bauten
Kirche von 1460/61; Klausurgebäude des 18. Jh.s.

Geschichte
Die Klosteranlage St. Cäcilia geht auf einen Beginenhof zurück. 1460 wurde der Kirchenbau genehmigt, 1461 erfolgte die Altarweihe. Nach einem Brand 1703 folgte der Wiederaufbau bis 1736/37. Die Konventsgebäude fielen nach der Säkularisation an die Zivilgemeinde, die Kirche an die Pfarrgemeinde. Ab 1847 wurde ein Krankenhaus eingerichtet. Im Zweiten Weltkrieg erlitten das Rektoratsgebäude und die Kirche starke Schäden. Bis 1950 war die Wiederherstellung der Kirche abgeschlossen. Das alte Rektoratsgebäude musste einer platzartigen Erweiterung der Konventsstraße weichen.

Architektur
Die in Backstein errichtete gotische Kirche von 1460/61 ist ein Saalbau mit vier Jochen und polygonalem Chorabschluss. In die westlichen zwei Joche ist eine Empore eingestellt. Sie erhebt sich über vier niedrigen Säulen aus Blaustein mit profilierten Kämpferplatten, die ein fein profiliertes Kreuzrippengewölbe tragen. Im westlichen Vorraum, dem sogen. „Sickes", nahmen die Kranken (= Siechen) am Gottesdienst teil. Im „Sickes" haben sich „Kölner Decken" (mit Stuck verzierte Balkendecken) erhalten. An den Kirchenbau schließt sich nach Westen in gleicher Breite der zweigeschossige barocke Konventsbau an.

Nonnenempore mit Chorgestühl (18. Jh.)

Ausstattung
Die barocke Innenausstattung der Kirche St. Cäcilia ist von außergewöhnlicher Qualität. Vom Hochaltar ist nur der Altarsockel erhalten geblieben. Die Nonnenempore mit dem Chorgestühl und ihre Brüstung mit der Orgel bilden ein einheitliches Ensemble und betonen den Klausurbereich. Die barocke Kanzel gehört zur originalen Raumausstattung. Die Arbeit stammt aus der ersten Hälfte des 18. Jh.s. Das reiche Schnitzwerk lässt den Einfluss der Antwerpener Barockschnitzereien des 17. Jh.s erkennen. Der Meister ist unbekannt.

Besondere Bedeutung
Einzigartig ist das original erhaltene Ensemble von Nonnenempore mit Aufgang, Orgel und Gestühl.

Ria Borgmann

Literatur
Werner Mellen, Krefeld-Hüls (Rheinische Kunststätten Heft 283), Köln 1983.

Info
Konventsstraße
47839 Krefeld-Hüls
Tel.: (Pfarramt St. Cyriakus) 0 21 51 / 73 33 13
Geöffnet: Besichtigung ist nach Anmeldung möglich.
www.krefeld.de

Kempen, ehem. Kloster St. Anna

Orden
zunächst Beginen, ab 1425 Tertiarinnen, ab 1481 Franziskanerinnen

Erhaltene Bauten
Barockes Torhaus aus dem 18. Jh.

Geschichte
1422 entstand eine Frauengemeinschaft nach dem Vorbild der Beginen. 1425 schloss sie sich den Tertiarinnen an. 1481 entstand daraus ein Franziskanerinnenkloster im strengen Sinne. Die Einwohner von Kempen nannten die Klosterfrauen „Quiesels" (lat. quietus = ruhig). Die Zahl der Klosterfrauen soll bei 50 gelegen haben.

Ihren Lebensunterhalt bestritten sie mit Einnahmen aus Grundbesitz, mit Weben, Spinnen und Nähen von Kleidern. Sie betätigten sich auch in der Krankenpflege. Durch Abschreiben zahlreicher Manuskripte entstand eine wertvolle Bibliothek. Das Kloster wurde 1802 aufgehoben.

Torhaus des ehemaligen Klosters St. Anna

Stichwort: Skriptorium
Die Tertiarinnen von St. Anna unterhielten im 15. Jh. ein bedeutendes Skriptorium. Das Skriptorium war eine klösterliche Schreibstube, in der unter der Leitung einer Meisterin hauptsächlich Texte für den liturgischen Gebrauch (z. B. Missale und Psalter) abgeschrieben wurden. Die einzelnen Blätter wurden in der Buchbinderei zu einem Buch gebunden. Von 1434 bis 1476 wurden 70 Bände im Kloster St. Anna abgeschrieben. Sie kamen in die Kurfürstliche Kölner Büchersammlung, von wo aus sie im Jahre 1808 in Hamburg versteigert wurden.

Architektur
Vom Frauenkloster St. Anna steht heute nur noch ein aus Ziegeln erbautes Torhaus aus dem 18. Jh. Der hohe Torbogen und vier Rundfenster sind in hellem Werkstein gefasst. In der Nische über der großen Tordurchfahrt erkennt man eine kleine Figur der Hl. Anna, der Patronin des Klosters und der Stadt Kempen. Die übrigen Gebäude wurden 1973 im Rahmen der Stadtsanierung abgerissen.

Umgebung
Im ehemaligen Franziskanerkloster befindet sich heute das Städtische Kramermuseum, in der zugehörigen Kirche (Paterskirche) das Museum für Niederrheinische Sakralkunst.

Ria Borgmann

Literatur
Sigrid Krämer, Handschriftenerbe des Mittelalters, München 1989, Bd. 1, S. 391.

Info
Klosterstraße
47906 Kempen
Geöffnet: Das Torhaus ist nur von außen zu besichtigen.
www.kempen.de

Meerbusch, Haus Meer
(ehem. Kloster St. Laurentius)

Orden
seit dem 12. Jh. Prämonstratenserinnen

Erhaltene Bauten
Wirtschaftshof (um 1735); Reste der Remise (17./18. Jh.).

Geschichte
1164 schenkte Hildegund von Meer die Burg Meer der Kölner Kirche mit der Bedingung, dort ein Prämonstratenserinnenkloster einzurichten.
Das Kloster wuchs schnell an Ansehen und Reichtum. Nur Frauen des Landadels konnten hier eintreten. Im Truchsessischen Krieg (1584) und im Dreißigjährigen Krieg wurde das Kloster mehrfach eingenommen, teilweise niedergebrannt. In zwei Bauphasen (1584–1664 und 1730–1740) wurde es jeweils zu einer größeren und prächtigeren Anlage wieder aufgebaut.
1794 überfielen und plünderten französische Revolutionstruppen das Kloster. Es wurde Magazin und Kaserne, die Kirche wurde Pferdestall. 1804 verkaufte der französische Staat den Besitz an den Seidenfabrikanten von der Leyen aus Krefeld. Danach wurden Kirche, Kreuzgang und mittelalterliche Konventsgebäude niedergelegt, während die beiden barocken Vierflügelanlagen und die Ländereien zum Schloss mit englischem Landschaftsgarten umgestaltet wurden. Nach schweren Schäden im Zweiten Weltkrieg wurden die Wirtschaftsgebäude des Südhofes zügig wieder aufgebaut. Das Schloss blieb Ruine, schließlich wurde es 1959 gesprengt und abgetragen. Der nördliche Remisenflügel blieb als Ruine stehen. Die Aktionsgemeinschaft „Rettet Haus Meer" bemüht sich um die Erhaltung. Ein Architektenwettbewerb zur Nutzung des historischen Geländes hat stattgefunden.

Architektur
Wie Ausgrabungen belegen, ist das Kloster St. Laurentius zu Meer im 12. Jh. in der Nähe römischer Bauten errichtet worden. Über das Aussehen der Klosterkirche informieren uns nur die Grundris-

Haus Meer, südlicher Wirtschaftshof mit Torhaus (18. Jh.)

B·HILDEGVNDIS COMITISSA A MARI FVNDATRIX ET PRÆFECTA COENOBII MARENSIS. ORD. PRÆM

Hildegunde von Ahr und Meer als Stifterin mit Modell der romanischen Klosterkirche, Gemälde des 17. Jhs. Schloss Bloemersheim

Stichwort: Hildegundis

Hildegund von Meer, Tochter des Grafen Hermann von Liedberg, heiratete den mächtigen Grafen Lothar von Are. Als dieser von einem Kreuzzug nicht zurückkehrte, stiftete sie 1164 Burg Meer zur Gründung eines Frauenklosters (1166), dem sie auch vorstand. Es wurde den Prämonstratensern unterstellt, wohl weil ihr Sohn Propst in dem Prämonstratenserkloster Cappenberg war. Ihr Einfluss muss bedeutend gewesen sein. Erzbischof Rainald von Dassel stellte ihrem Kloster Teile der Gebeine der Hl. Felix und Nabor aus Mailand zur Verfügung, sicherlich ein Zeichen besonderer Wertschätzung. Das Kloster erlebte gleich zu Beginn eine große Blüte. Hildegundis starb am 6. Februar 1186 im Rufe der Seligkeit.

Zwei Bildnisse mit einer idealisierten Darstellung der Hl. Hildegund als Stifterin des Klosters sind uns aus der Barockzeit erhalten. Sie trägt ein Modell der Klosterkirche.

se der Fundamente und drei Bildnisse von Stifterinnen mit dem Kirchenmodell. Danach war die Kirche eine dreischiffige Anlage mit Westbau und einem östlichen Langchor. Von diesen Bauten ist heute nichts mehr erhalten.

Die Neue Pforte war das Torhaus des südlichen Wirtschaftshofes. Das zweigeschossige Portal ist mit Lisenen eingefasst und trägt im Dreiecksgiebel eine Datierung und die Märtyreremblemle des Hl. Laurentius (Palmzweige, Rost und Krone). Dieser südliche Wirtschaftshof setzt sich vom nördlichen großen Flügel deutlich ab.

Die Barockanlage des nördlichen großen Flügels ist dem Verfall nahe. Die nach Osten gerichteten Gebäude ragen ohne Bedachung in den Himmel. Hinter der Immunitätsmauer und von Wildwuchs teils verdeckt, überragt das östliche doppelgeschossige Torhaus mit dem geschwungenen Giebel wie ein Mahnmal das angrenzende Gemäuer.

Umgebung

Eine Nachahmung der Pietà des Klosters Meer steht in der Wallfahrtskapelle „Maria in der Not" in Meerbusch-Niederdonk. Sie ist heute noch das Ziel lokaler Wallfahrten.

Ria Borgmann

Literatur

Hugo Borger, Das Prämonstratenserinnenkloster St. Laurentius zu Meer, in: Der Niederrhein 32 (1965), S. 41–46.

Info

Haus Meer
40667 Meerbusch-Büderich
Der Komplex „Haus Meer" ist ohne Barriere frei zugänglich. Es gibt weder einen Hinweis auf die ehemalige Klosteranlage insgesamt noch auf die Schmuckelemente im Dreiecksgiebel der Neuen Pforte.
www.meerbusch.de

Neuss, St. Quirinus, Pfarrkirche
(ehem. Stiftskirche)

St. Quirin von Osten

Orden
9. Jh. Benediktinerinnen, seit dem 12. Jh. Stift

Erhaltene Bauten
Stiftskirche des 13. Jh.s mit älterer Krypta, noch erkennbare Stiftsimmunität.

Geschichte
Die mittelalterliche Stadt Neuss entstand auf dem Gebiet der zum römischen Lager Novaesium gehörenden Zivilsiedlung. Die Überlieferung berichtet von der Gründung eines Benediktinerinnenklosters im 9. Jh. durch ein Grafenpaar Berta und Everhard. Wenn die Stifter auch nicht einwandfrei historisch zu identifizieren sind, so bestätigen doch die Ausgrabungsbefunde den zeitlichen Ansatz. Das bereits dem Hl. Quirinus geweihte Kloster erlangte um 1050 weitere Reliquien des Heiligen direkt aus Rom, wahrscheinlich durch Vermittlung Erzbischof Hermanns II. und seiner Schwester Helwyg, Äbtissin von Neuss aus dem ottonischen Kaiserhaus. Die Gebeine des Heiligen waren von da ab das Ziel einer populären Wallfahrt. Die Stadt feierte Quirin als ihren Patron, das Kloster erlangte durch die Quirinusverehrung reiche Stiftungen. Im ausgehenden 12. Jh. wandte die Gemeinschaft sich von der strengen Benediktinerregel ab und nahm die stiftische Lebensform an. Die Kanonissen stammten durchweg aus dem niederrheinischen Adel. Im Truchsessischen Krieg wurde das Stift 1585 und 1586 geplündert und durch Brände schwer zerstört. Die Kanonissen flüchteten nach Gerresheim. Der Wiederaufbau kostete einen großen Teil des Vermögens. Im 17. Jh. kam es zeitweise wegen finanzieller und juristischer Probleme zu heftigen Auseinandersetzungen mit den Kanonikern, die die Seelsorge leisteten. Der Kölner Erzbischof entschied gegen die Stiftsdamen. Nach der Säkularisation 1802 wurden die Konventsgebäude niedergelegt, die Kirche zeitweise als Getreidespeicher genutzt, dann aber dem Pfarrgottesdienst zur Verfügung gestellt.

Architektur
Auf dem Gräberfeld der spätrömischen Siedlung Novaesium wurde im 4. oder Anfang des 5. Jh.s eine Totenkapelle errichtet. Sie wurde in karolingischer Zeit durch eine größere Kirche ersetzt, der zwei weitere folgten, bis am am 9. Oktober 1208 Meister Wolbero den Grundstein zum staufischen Neubau legte (Bauinschrift innen neben dem Südportal). Spätestens in der Mitte des 13. Jh.s war die Kirche vollendet. Sie wurde als dreischiffige gewölbte Emporenbasilika mit Dreikonchenchor und mächtigem Westbau errichtet, der von einem einzigen quadratischen Turm überragt wird. Ein weiterer, achteckiger Turm krönt die Vierung. Sein ursprüngliches Faltdach wurde im Barock durch eine Kuppel ersetzt, auf deren Spitze die Figur des

Blick aus der Ostkonche auf die südliche Langhaus- und Apsiswand

Stadt- und Kirchenpatrons Quirinus steht. Zwischen den begleitenden Flankentürmen ragen Dreiecksgiebel auf, an die sich die zweigeschossigen Apsiden des Kleeblattchors mit umlaufender Zwerggalerie anschließen.

Trotz der Betonung der Vertikalität in Architektur und Einzelformen ist St. Quirin ein Bau ganz im Geiste der Romanik, der darüberhinaus den gesamten Formenreichtum des Spätstils dieser Epoche entfaltet.

Im Inneren bewirken die durchgehende Zweischaligkeit der Wand mit den Emporen und der Laufgangzone in den Konchen einen malerischen und abwechslungsreichen Raumeindruck.

Das kultische Zentrum des Gotteshauses bildete im Mittelalter der Quirinusschrein, der in der kuppelüberhöhten Vierung aufgestellt war. Während in der Ostapside des Chors der Hochaltar stand, dienten die Seitenkonchen als Platz für den Konvent, die nördliche für die Kano-

*Kapitell mit der Darstellung von Pilgern
auf Krücken*

nissen, die südliche für die Kanoniker.
Unter dem Chorbereich befindet sich die
fünfschiffige Krypta, in der noch Teile des
Vorgängerbaus erhalten sind.

Ausstattung

Auf der Südempore zeigt ein Doppelkapi-
tell Pilger auf Krücken, die zum Hl. Quirinus wallfahren. Bemerkenswert sind ein
Crucifixus dolorosus aus der Zeit um 1360
(Langhaus), die Reste des Chorgestühls
des 15. Jh.s in den Seitenkonchen, eine
Madonnenfigur aus dem ersten Drittel des
15. Jh.s und eine Figur des Hl. Quirinus aus
der Werkstatt des Kölner Bildhauers Tilman van der Burch (Anfang 16. Jh.). Im
Chor ist der 1900 neu angefertigte Quirinusschrein aufgestellt, ein Werk des
Aachener Goldschmieds Bernhard Witte.

Besondere Bedeutung
dieser Frauengemeinschaft

Die Äbtissin von St. Quirin war Herrin der
Unterherrschaft Uedesheim und Wald-
gräfin von Urdenbach und Heerdt. Neben
weiterem reichen Grundbesitz verfügte
sie in Neuss über das gewinnbringende
Monopol der Grutherstellung und des
Grutverkaufs. Grut war eine Mischung

aus verschiedenen Kräutern, mit der im
Mittelalter das Bier gewürzt wurde.
Durch Kult und Seelsorge, Wirtschaft
und Recht spielte das Stift eine dominie-
rende Rolle in der Geschichte der Stadt
Neuss und der Region.

Umgebung

An der Quirinusstraße, Ecke Glock-
hammer, liegt die Kirche des ehemaligen
Klosters Marienberg, 1439 für Augustinerchorfrauen gegründet. Von dem
bedeutenden Neusser Klarissenkloster
zeugt nur noch der Name Klarissenstraße
(zwischen Michaelstraße und Oberstraße)

Marianne Gechter

Literatur

Quirinus von Neuss. Beiträge zur Heiligen-,
Stifts- und Münstergeschichte, hrg. von Max
Tauch, Köln 2000.
Max Tauch, St. Quirinusmünster Neuss (Kleine
Kunstführer 1400), 2. Aufl. Regensburg 2002.
Raimund Kottje, Das Stift St. Quirin zu Neuss,
Düsseldorf 1952.

Info

Freithof 7, 41460 Neuss
Tel.: (Pfarramt) 0 21 31 / 22 23 27
Geöffnet: Mo.–Sa. 8.30–12.30h
und 14.30–19h, So. durchgehend

Route 5:
Bonn und Rhein-Sieg

Bornheim-Walberberg
St. Walburga, Pfarrkirche
(ehem. Klosterkirche)
Andrea Raffauf-Schäfer

Bonn-Schwarzrheindorf
St. Maria und St. Clemens, Pfarrkirche
(ehem. Stiftskirche)
Janina Wegner-Kere?

Bonn-Vilich
St. Peter, Pfarrkirche
(ehem. Stiftskirche und ehem. Stiftsgebäude)
Petra Marx

Bonn
St. Johannes Baptist und St. Petrus, Pfarrkirche
(anstelle der ehem. Stiftskirche)
Janina Wegner-Kereš

Hennef-Stadt Blankenberg
St. Katharina, Pfarrkirche
(ehem- Klosterkirche)
Janina Wegner-Kereš

Eitorf-Merten
St. Agnes, Pfarrkirche
(ehem. Klosterkirche und ehem. Klostergebäude)
Janina Wegner-Kereš

Drolshagen
St. Clemens, Pfarrkirche
(ehem. Klosterkirche)
Janina Wegner-Kereš

Bornheim-Walberberg, St. Walburga, Pfarrkirche
(ehemalige Klosterkirche)

Orden
Zisterzienserinnen

Erhaltene Bauten
Kirche, 11. und 13. Jh.

Geschichte
Die Kirche in Berg gehörte im frühen Mittelalter dem Kölner Domkapitel. Um 1060 wurden die Reliquien der Hl. Walburgis durch Erzbischof Anno von Köln (1056–75) aus Eichstätt dorthin übertragen. Erzbischof Sigewin (1079–89) bestätigte ein reiche Schenkung der Gräfin Alveradis, die eine Familiengrablege in der Kirche besaß. Erzbischof Philipp von Heinsberg (1167–91) gründete einen Männerkonvent, der bald wieder verfiel und 1197 von einem mit Nonnen aus Hoven (146) besetzten Zisterzienserinnenkloster abgelöst wurde. Das Nonnenkloster, welchem die Pfarrkirche inkorporiert war, wurde 1447/52 durch ein Zisterzienserpriorat der Abtei Heisterbach ersetzt. Von 1591–1773 gehörte es zum Besitz des Kölner Jesuitenkollegs. Das Kloster wurde wahrscheinlich schon im Dreißigjährigen Krieg zerstört, die Kirche ist seitdem Pfarrkirche.

Architektur
Bereits im 8. Jh. befand sich an der Stelle der heutigen katholischen Pfarrkirche St. Walburga eine kleine Saalkirche, der im 9. Jh. ein Rechteckchor angefügt wurde. Das Patrozinium ist unbekannt. Im 11. Jh. wurde eine größere Kirche mit einschiffigem Langhaus, eingerücktem halbrundem Chor und zwei Annexkapellen errichtet. Zu Beginn des 13. Jh.s erfolgten eine westliche Verlängerung des Mittelschiffes und der Bau einer Nonnenempore. Im zweiten Drittel des 13. Jh.s wurden der Chor mit Apsis, eine Sakristei und die zweigeschossige Jodokuskapelle errichtet. Zur Zeit der Jesuiten (1591–1773) erbaute man einen Turm über dem Chorjoch. Im Zuge eines romanisierenden Umbaus (1850–60) wurde die Westempore in den Kirchenraum ein-

*St. Walburga
von Südosten*

bezogen. 1944 erlitt die Kirche starke Beschädigungen durch Brandbomben. Von 1946–51 erfolgte die Wiederherstellung und der Bau eines neuen Turmes. Dieser musste 1960 aus statischen Gründen durch einen Turm neben dem Chor ersetzt werden. Die Kirche wurde in den Jahren 1981–88 umfassend renoviert.

Ausstattung

Im Inneren der dreischiffigen Pfeilerbasilika sind ein wertvolles gotisches Kruzifix (um 1400), ein pokalförmiger Taufstein (13. Jh.) und Statuen der Hl. Walburgis und des Hl. Jodokus sehenswert. Reste eines Fliesenbodens aus dem frühen 13. Jh., die im Mittelschiff geborgen wurden, befinden sich nun in der Jodokuskapelle. Im südlichen Kirchenschiff ist das Epitaph der ersten Äbtissin Margareta aufgestellt. Es trägt eine lateinische Inschrift, deren Übersetzung lautet: „Es wandert Margareta froh, keuschen Leibes, schon erfreut sie sich des Lichtes unter Führung der jungfräulichen Mutter. Jene war die Lehrmeisterin dieser Herde, wie du liest; sie erfüllte als Mutter 3x3x3 Jahre."

Blick in den Chorraum

Stichwort: Hl. Walburgis

Walburgis wurde um 710 als Tochter des englischen Königs Richard und seiner Frau Wunna geboren. Nach dem frühen Tode ihrer Eltern trat sie in den Benediktinerorden ein und folgte ihren Brüdern Willibald und Wunibald nach Deutschland, wo diese missionierten. Nach Aufenthalten in Thüringen und Franken war sie Äbtissin von Heidenheim, wo sie 779 verstarb. Ihre Gebeine befinden sich in Eichstätt, von wo aus Erzbischof Anno von Köln im Jahre 1060 Reliquien nach „Berg", das seitdem Walberberg genannt wird, übertrug. Walberberg entwickelte sich zu einer bis heute vielbesuchten Wallfahrtsstätte.

Besondere Bedeutung dieser Frauengemeinschaft

Walberberg ist eines der wenigen historischen Beispiele für die Ablösung eines erfolglosen Männerkonvents durch ein florierendes Frauenkloster.

Umgebung

Das 1926 in der alten Rheindorfer Burg gegründete Dominikanerkloster St. Albert, das christlich-soziale Erwachsenenbildung betreibt, liegt am Rheindorfer Burgweg 39, im gleichen Ort.

Andrea Raffauf-Schäfer

Literatur

Leo Schaefer, Festschrift anlässlich der weitgehenden Wiederherstellung der Pfarrkirche St. Walburga in Walberberg nach siebenjähriger Restaurierung 1981–1988 (Jahrbuch der Rheinischen Denkmalpflege), Pulheim 1985.

Info

Walburgisstraße 26
53332 Bornheim-Walberberg
Tel.: 0 22 27 / 33 37
Geöffnet: tgl. 8–19h, außerhalb der Gottesdienste

Bonn-Schwarzrheindorf, St. Maria und St. Clemens, Pfarrkirche
(ehem. Stiftskirche)

Orden
im 12. Jh. Benediktinerinnen, im 15. Jh. Umwandlung in ein Frauenstift

Erhaltene Bauten
Stiftskirche des 12. Jh.s mit bedeutender Ausstattung, Immunitätsmauer.

Geschichte
1151 ließ Arnold von Wied, Kanzler Konrads III., Dompropst und später Erzbischof in Köln, bei seiner Burg in Rheindorf eine Kapelle errichten, die dem Hl. Clemens und der Hl. Maria geweiht war. Nach seinem Tod (†1156) gründete seine

Doppelkirche von Westen

Schwester Hedwig, Äbtissin von Essen (48) und Gerresheim (44), ein Benediktinerinnenkloster. Im 15./16. Jh. wandelte sich das Kloster zu einem adligen Frauenstift. Im 18. Jh. war das Stift so verschuldet, dass man das aus neun Kanonissen und einer Äbtissin bestehende Kapitel zusammen mit den Stiften von Dietkirchen (90) und Vilich (88) vereinigen wollte. Während der napoleonischen Kriege diente die Kirche als Feldlazarett. Nach der Säkularisierung des Stiftes (1804) beherbergte sie Scheune und Stallungen. Seit 1820 ist die Kirche Staatseigentum und seit 1868 Pfarrkirche.

Architektur
Die ursprünglich als Vierkonchenanlage errichtete und als Grabbau bestimmte Kapelle wurde 1172/73 für klösterliche Zwecke um zwei westliche Joche des Langhauses erweitert. Die zierliche Zwerggalerie, deren Kapitelle unterschiedliche Muster aufweisen, bildet ein sowohl schmückendes wie auch funktionales Element des Bauwerks: Sie vermittelt den Rücksprung der Außenmauer im Obergeschoss und leitet den Schub der Oberkirche auf die starke Mauer der Unterkirche ab. Die Doppelanlage der Kirche korrespondiert mit der Zweigeschossigkeit des Vierungsturmes, dessen Obergeschoss 1172 erbaut wurde. Im Inneren stellt die oktogonale Öffnung die Verbindung zum Obergeschoss her und ermöglicht einen faszinierenden Blick auf das gemalte Himmelsgewölbe.

Ausstattung
Neben den großartigen Malereien in der Unter- und Oberkirche blieben aus der Stifterzeit der an die Verleihung der Taufrechte (1176) erinnernde romanische Taufstein, die Weihetafel (Apsis Unterkirche) und das Sakramentshaus (Oberkirche) erhalten. Erwähnenswert sind auch die von Johann Michael Stumm

Romanischer Gemäldezyklus in der Unterkirche

Stichwort: Gemälde der Unter- und Oberkirche

Der hervorragend erhaltene Gemäldezyklus der Unterkirche illustriert das Buch Ezechiel nach dem Kommentar des bedeutenden rheinischen Theologen Rupert, Abt von Deutz († 1171), der mit Arnold von Wied befreundet war. Während die Querarme die Berufung des Propheten (östlich), die Zerteilung der Haare als Zeichen der Gerichtsvollziehung über Jerusalem (südlich), den Verfall Jerusalems (westlich) und den Vollzug des Strafgerichts (nördlich) zeigen, sind in den Konchen die auf Christus bezogenen Darstellungen zu finden. Die Ausmalungen der Oberkirche wurden mit dem Einzug des Frauenkonventes ausgeführt und illustrieren das himmlische Jerusalem nach der Offenbarung des Hl. Johannes. Die Geschlossenheit von Malerei und Architektur begründen die einzigartige Schönheit dieser berühmten Kirche.

ausgeführte Orgel (18. Jh.) und eine Marienfigur (17. Jh.), ursprünglich Teil einer Doppelmadonna.

Besondere Bedeutung dieser Frauengemeinschaft

Die dort ansässigen Frauen besaßen genug Mut, Ehrgeiz und innerklösterliche Geschlossenheit, um sich gegen die geplante frühzeitige Auflösung des Stiftes (1788) zu behaupten. Die Bedeutung des Stiftes verkörpern auch die am Nordgiebel angebrachten Löwenfiguren, die auf die Abhaltung des Gerichtes in Schwarzrheindorf verweisen.

Janina Wegner-Kereš

Literatur
Günther Binding und Albert Verbeek, Die Doppelkapelle in Bonn-Schwarzrheindorf (Rheinische Kunststätten Heft 93), Neuss 1991.

Info
Dixstraße 41, 53225 Bonn
Tel.: 02 28 / 46 16 09
Geöffnet: Mo.–So. 9–19h,
Sa.–So. Zwerggalerie zugänglich

Bonn–Vilich, St. Peter, Pfarrkirche

(ehem. Stiftskirche
und ehem. Stiftsgebäude)

Orden

Kanonissenstift, mit Unterbrechung im 11./12. Jh. (Benediktinerinnen), seit spätestens 1488 freiweltliches adeliges Damenstift, Aufhebung 1804

Erhaltene Bauten

Stiftskirche des 11.–18. Jh.s, gut ablesbare Stiftsimmunität mit Umfassungsmauer und romanischem Portal, Konventsbau des 18. Jh.s (heute Altersheim) sowie Pfarr-, Schul- und Hospitalgebäude.

Geschichte

976/77 richtete das „ad Villicam" ansässige Adelspaar Gerberga und Megingoz eine Frauengemeinschaft ein, deren Rechte 978 durch Otto II. bestätigt wurden. 987 wurde Vilich den ottonischen Reichsstiften Quedlinburg, Essen (48) und Gandersheim gleichgestellt. Seit dem ausgehenden 12. Jh. geriet das Stift unter den Einfluss der Kölner Erzbischöfe, bis es im 13./14. Jh. endgültig dem Kurfürstentum zufiel. Die Wallfahrt zum Grab der ersten Äbtissin Adelheid verlagerte sich im 17. Jh. an eine südöstlich gelegene Quelle, an der im frühen 18. Jh. ein Karmelitinnenkloster entstand (Kirche, Konventsbauten z. T. erhalten). Der jeden September stattfindende größte Jahrmarkt der Region, „Pützchens Markt" (von lat. „puteus", Quelle), zeugt von dieser Tradition.

Architektur

Im zweiten Viertel des 11. Jh.s ließ die aus dem Ezzonengeschlecht stammende Äbtissin Mathilde eine erste Saalkirche bis auf die heute frei vor der Kirche stehende Westmauer abreißen und eine große Basilika mit Querhäusern und östlicher Ringkrypta errichten. Das Adelheidisgrab wurde aus dem südwestlichen Seitenschiff in die neue Krypta verlegt. Am Ort der ersten Grablege entstand zu staufischer Zeit die Adelheidiskapelle. Der Chor erhielt ab 1265 durch die Kölner Dombauhütte seine hochgotische Gestalt. Nach dem in Folge der Zerstö-

Blick in die staufische Adelheidiskapelle

Barocke Reliquienbüste der Hl. Adelheid

rungen des Truchsessischen Kriegs erfolgten Abbruch des Langhauses und der Errichtung des heutigen Querhauses am Ende des 16. Jh.s entschloss man sich um 1700 zu einer auf zwei Joche reduzierten Lösung in mittelalterlichen Formen. Den westlichen Abschluss des verkürzten Baus bildete der Turm mit barocker Haube.

Ausstattung

Aus der Blütezeit des Stifts im 11. Jh. hat sich lediglich der Rotstandsteinsarkophag der Gründungsäbtissin (Adelheidiskapelle, mit barocker Grabfigur) erhalten. Ältestes Ausstattungsstück ist eine Grabplatte mit Lebensbaum wohl aus dem frühen 13. Jh., der romanisierende Taufstein stammt aus der ehem. benachbarten Pfarrkirche St. Paulus (zerstört 1765). In einer Wandnische steht das älteste erhaltene Adelheidis-Reliquiar (spätgotische Monstranz mit Rokoko-Krone und –

Fuß). Von der Ausstattung des 17. und 18. Jh.s haben eine vergoldete Reliquienbüste (um 1650), die Skulpturen der Heiligen Nepomuk und Nikolaus, der Wappen-Grabstein der Äbtissin Agnes von Bocholtz in der Magdalenenkapelle sowie liturgische Gewänder die Zeit überdauert.

Petra Marx

Literatur

Irmingard Achter: Die Stiftskirche St. Peter in Vilich (Die Kunstdenkmäler des Rheinlandes 12), Düsseldorf 1968.
Helga Giersiepen: Das Kanonissenstift Vilich von seiner Gründung bis zum Ende des 15. Jahrhunderts (Veröffentlichungen des Stadtarchivs Bonn 53), Bonn 1993.

Info

Adelheidisstraße
53225 Bonn
Tel.: 02 28 / 46 61 08
Geöffnet: zu den Gottesdiensten und nach Vereinbarung

Bonn, St. Johannes Baptist und St. Petrus, Pfarrkirche
(anstelle der ehem. Stiftskirche)

Orden
im 11.–15. Jh. Benediktinerinnen, im 15. Jh. Umwandlung in ein Frauenstift

Erhaltene Bauten
Keine.

Geschichte
Bei der Pfarrkirche, die an der Südwestecke des Römerlagers stand, wurde später das Benediktinerinnenkloster St. Petrus gegründet, das im Jahre 1015 urkundlich erwähnt wird. Im 15. Jh. fand die Umwandlung in ein adliges Damenstift statt. Nach der Zerstörung von Kirche und Stift (1673) schenkte Erzbischof Maximilian Heinrich 1680 dem Stift ein Grundstück in der Stadt, auf dem 1729/30 eine barocke Stifts- und Pfarrkirche gebaut wurde. Das Stift wurde 1802 aufgelöst, die barocke Pfarrkirche 1881 abgebrochen.

Architektur
Die vom Architekten Heinrich Wiethase 1881–1884 erbaute neugotische Kirche ist eine dreischiffige Basilika mit der Doppelturmfassade im Osten. In dem

Die barocke Stiftskirche in zwei verschiedenen Ansichten, Aquarell von M. Frickel 1881

Stichwort: Taufstein
Die Kirche St. Johannes Baptist und St. Petrus ist die älteste Pfarrkirche der Stadt Bonn und war seit ihrer Entstehung als Dietkirche (Volkskirche) bekannt. Noch heute dient der aus der Stiftszeit erhaltene romanische Taufstein (1290) als Volksaltar.

Giebelfeld über dem Hauptportal ist eine plastische Figurengruppe zu sehen: Christus als Weltenrichter mit posaunenblasenden Engeln. Innen ist die Kirche mit reichem Architekturschmuck dekoriert.

Ausstattung
Die Stiftskirche besitzt eine einzigartige Ausstattung aus dem 19. Jh. Sehenswert ist außerdem die Dietkirchenmadonna (1320/50), geschaffen von einem unbekannten Kölner Meister.

Umgebung
Bis ins 16. Jh. befanden sich in der Nähe die Augustinerinnenklöster Engeltal und St. Isidor und das an die Balderichskapelle angegliederte Servitinnenkloster. An der heutigen Oxfordstrasse lebten 1851–1944 Franziskanerinnen.

Janina Wegner-Kereš

Literatur
Karl Friedrich Brosche, Die Geschichte des Frauenklosters, späteren Kanonissenstiftes Dietkirchen bei Bonn von den Anfängen der Kirche bis zum Jahr 1550, Bonn 1951.

Info
Stiftsgasse 14
53111 Bonn
Tel.: 02 28 / 63 48 48
Geöffnet: Mo.–Sa. 9–18h,
So. 11.30–17h

Hennef–Stadt Blankenberg, St. Katharina, Pfarrkirche
(ehem. Klosterkirche)

Orden
1245/47 Prämonstratenserinnenstift,
1248 Zisterzienserinnenkloster

Erhaltene Bauten
Kirche, Immunität (Stadtmauer, Torhaus).

Geschichte
Bei der bereits vorhandenen Kapelle der Hl. Katharina stiftete Mechthild, die Gemahlin des Grafen von Sayn, das Prämonstratenserinnenstift Pax Dei und ließ eine größere Kirche und eine Klosteranlage (1245–47) errichten. 1247 wurde der Konvent in ein Zisterzienserinnenkloster umgewandelt. 1248 erhielt St. Katharina neben der Reichsunmittelbarkeit auch den Status einer Pfarrkirche. Die Lage des Klosters innerhalb der Stadtbefestigung erlaubte dem auf 20 Nonnen begrenzten Konvent angeblich nicht, seine beschauliche Lebensweise zu führen: Das Kloster wurde 1265 nach Gut Zissendorf verlegt. Die Aussiedlung der Nonnen hing jedoch eher mit dem Übergang der Stadtherrschaft an die Herren von Heinsberg zusammen. Trotz der schweren Beschädigungen infolge des Dreißigjährigen Krieges, des Ersten und Zweiten Weltkrieges sowie des Kirchenbrandes im Jahre 1983 erscheint die 1987 renovierte Katharinenkirche heute in vollem Glanze.

St. Karharina von Südosten

Siegel der Gräfin Mechthild von Sayn von 1222

Architektur

Die Kirche ist ein einschiffiger flachgedeckter Saalbau von dem Typ der niederrheinischen Zisterzienserinnenkirchen, deren Schiff etwa doppelt so lang wie breit ist. Die Vorhalle im Westen wurde 1960 angebaut. Im Inneren schließt der Chor mit 5/8-Abschluss und ist vom Langhaus durch einen kantigen Triumphbogen mit Sockeln und profilierten Kämpfern abgesetzt. Die farbige Fassung des Chores wurde 1986 ausgeführt und lehnt sich an die Malereien auf der östlichen und nordöstlichen Apsiswand an.

Ausstattung

Die Malereien, in rot-ockrigen Tönen ausgeführt, zeigen in der Apsis die Darstellung der Marienkrönung sowie Brustbilder der Hl. Petrus und Johannes des Täufers. Das Bild des Hl. Paulus ist nicht mehr zu sehen. Außer der imposanten Choranlage verfügt die Kirche über die einmaligen mittelalterlichen Malereien, die die Szene der Grablegung der Hl. Katharina von Alexandrien (um 1260) und eine Bildfolge aus der Legende der Märtyrerin an der Südwand des Langhauses (15. Jh.) zeigen. Neben den vielen Heiligenstatuen aus dem 19. Jh. sind die der Madonna (14. Jh.) und der Hl. Katharina (17. Jh.) hervorzuheben. Sehenswert sind auch der spätromanische Taufstein sowie der Altartisch aus der Gründungszeit der Kirche.

Umgebung

In Gut Zissendorf (Hennef) kann der erhaltene Haupttrakt der Klosteranlage aus dem 16./17. Jh. besucht werden.

Janina Wegner-Kereš

Literatur

Helmut Fischer, Die Pfarrkirche St. Katharina Stadt Blankenberg 1248–1998, Siegburg 1998

Info

Markt 13, 53773 Hennef
Tel.: 0 22 48 / 22 06
Geöffnet: Mo.–So. 9–18h
www.stadt-blankenberg.de

Eitorf-Merten, St. Agnes, Pfarrkirche

(ehem. Klosterkirche
und ehem. Klostergebäude)

Orden
seit dem 12/13. Jh. Augustinerinnen

Erhaltene Bauten
Kirche 12. Jh., Konventsgebäude 18. Jh.

Geschichte
Im 12. Jh. stifteten Graf Heinrich II. von Sayn und seine Ehefrau Agnes von Saffenberg (1182–1200) den noch heute erhaltenen Kirchenbau. Das Kloster war aufgrund seiner zahlreichen kostbaren Reliquien berühmt und gehörte zu den größten in der Umgebung von Siegburg. Im 16. Jh. besaß der Konvent eine eigene Klosterschule und Krankenstube und zählte 17 Klosterfrauen und eine Äbtissin. Nach der Säkularisierung 1803 wurden die Klostertrakte vom Fürsten Franz Ludwig von Hatzfeld und später von Graf Felix von Droste zu Vischering erworben und als „Schloss" bewohnt. Die Kirche ist seit 1823 das Eigentum der Pfarrgemeinde Eitorf.

Architektur
Die im Grundbestand aus der Zeit 1160–1180 stammende Klosterkirche ist eine dreischiffige, flachgedeckte Pfeilerbasilika mit drei Ostapsiden und einem bedeutenden doppeltürmigen Westbau, der nach dem Vorbild von St. Servatius in

Westfassade der ehemaligen Klosterkirche

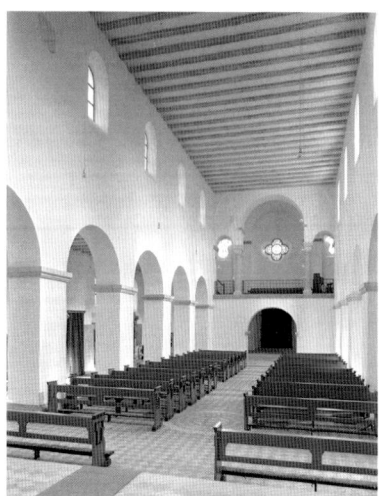
Langhaus mit Blick nach Westen

Siegburg geschaffen wurde. Die Innenarchitektur beeindruckt durch ihre monumentale Schlichtheit und großartige Konstruktion der Westempore, deren Bogenstellung auf mächtigen Säulen ruht. Diese 1950/51 unter der Vermauerung entdeckte Empore diente im 17./18. Jh. als Nonnenchor.

Ausstattung

Zu dem kostbaren Kirchenbesitz aus der Klosterzeit zählen neben der romanischen Altarmensa noch ein Kelch und eine aus Silber getriebene und teilweise vergoldete Sonnenmonstranz. Von den zahlreichen Statuen des 18. Jh.s (Hl. Agnes, Hl. Augustinus, Hl. Nikolaus, Hl. Joseph mit Jesuskind) ist vor allem die Statue der Muttergottes als Himmelskönigin (1700) hervorzuheben.

Besondere Bedeutung
dieser Frauengemeinschaft

Die Bedeutung des Klosters erklärt sich nicht nur durch den Besitz der kostbaren Reliquien, sondern auch durch die adlige Abstammung der Nonnen. Bewundernswert sind auch der starke Glaube und die Selbstständigkeit der Klosterfrauen, von

Stichwort: Klosteranlage

In unverbauter, reizvoller Landschaft gelegen, mit einer Mauer umgeben, von der romanischen Kirche überragt, vermittelt Merten immer noch auf eindrucksvolle Weise das Bild einer klassischen Klosteranlage, auch wenn im Einzelnen Umgestaltungen und Wiederherstellungen erfolgten. Dazu gehörten in der Regel der Klausurbezirk mit Kreuzgang (als Flur in die Gebäude einbezogen), Auditorium (Studienraum), Parlatorium (Sprechraum), Kapitelsaal und Dormitorium. Der Westflügel wurde 1821 abgerissen. Erhalten sind auch Teile des Wirtschaftshofes aus dem 18. Jh. und das 1769 erbaute Torhaus, das neben der Inschrift die Darstellung der Hl. Agnes mit Lamm und Schwert sowie das Wappen der Äbtissin Anna Wilhelmina von Kraft (1755–1784) zeigt. Der neubarocke Schlossbau gehört ins 20. Jh.

denen einige trotz der der Säkularisation noch weitere 18 Jahre das Kloster aufrechterhalten konnten.

Umgebung

Im malerischen Siegtal, im heutigen Windeck-Herchen, befand sich ebenfalls ein vom Grafen Sayn gegründetes und im 16. Jh. von Merten inkorporiertes Kloster. Daran erinnert eine 1702 von Anna Margaretha von Pampus, der Mertener Äbtissin, erbaute Kapelle des Hl. Antonius und Hl. Nikolaus.

Janina Wegner-Kereš

Literatur
G. Busch, Merten (Sieg) unser viel liebe Heimat, Siegburg 1978.

Info
Schoellerstraße 6
53783 Eitorf
Tel.: (Pfarrbüro) 0 22 43 / 24 12
Geöffnet: nach telefonischer Terminabsprache

Drolshagen, St. Clemens, Pfarrkirche
(ehem. Klosterkirche)

Inneres mit Blick in den Chor

Orden
im 13. Jh. Zisterzienserinnen

Erhaltene Bauten
Kirche 12. Jh., Konventsgebäude 18. Jh.

Geschichte
Der Legende nach wurde die Drolshagener St.-Clemens-Kirche von Erzbischof Anno II. von Köln (1056–1075) gestiftet. Laut Restaurierungsbefunden von 1962/66 ist der Bau jedoch ins 12. Jh. zu datieren. 1235 gründete dort das Grafenpaar von Sayn ein Frauenkloster. Es musste vom 14.–16. Jh. immer wieder reformiert werden. Im 18. Jh. prägten die Konflikte zwischen der Pfarre und den Zisterzienserinnen das Klosterleben. 1803 wurde das Kloster als eines der ersten in Südwestfalen aufgehoben.

Architektur
Es handelt sich um eine dreischiffige Basilika mit einem im 15. Jh. angebauten Westturm. Die Mauern des Chores gehören einer jüngeren Zeitperiode an und sind dem älteren Kirchenschiff angesetzt worden. Im 18. Jh. wurden an der Kirche umfangreiche Baumaßnahmen vorgenommen: Die Seitenschifffenster wurden aufs Doppelte vergrößert, das Hauptportal wurde an den heutigen Standort im Westen verlegt und die Kirche mit einer barocken Ausstattung versehen. An das südliche Seitenschiff schließt sich heute ein Kirchensaal des 20. Jh.s an.

Ausstattung
Neben der barocken Kanzel, dem Sebastianusaltar und der Kreuzigungsgruppe, die J. N. Düringer zugeschrieben und in die Mitte des 18. Jh.s datiert sind, gehören u. a. eine gotische Pietà (1450), ein Sakramentshäuschen (15. Jh.) und ein romanischer Taufstein (13. Jh.) zu der reichen Ausstattung der Kirche. Zu bewundern sind auch die mittelalterlichen Malereien, die Darstellungen der Steinigung des Hl. Stephanus (15. Jh., südliches Seitenschiff) und von Christus in der Mandorla (12. Jh., nördliches Seitenschiff) zeigen.

Besondere Bedeutung dieser Frauengemeinschaft
Dieses Kloster wurde als einziges der insgesamt 19 Zisterzienserinnenklöster dem Mutterkloster von Cîteaux unterstellt.

Janina Wegner-Kereš

Literatur
H. Hesse, Geschichte des Kirchspiels und Klosters Drolshagen, Olpe 1971.

Info
Annostraße 14–18
57489 Drolshagen
Tel.: 0 27 61 / 7 37 10
Geöffnet: Mo.–So. 9–18h

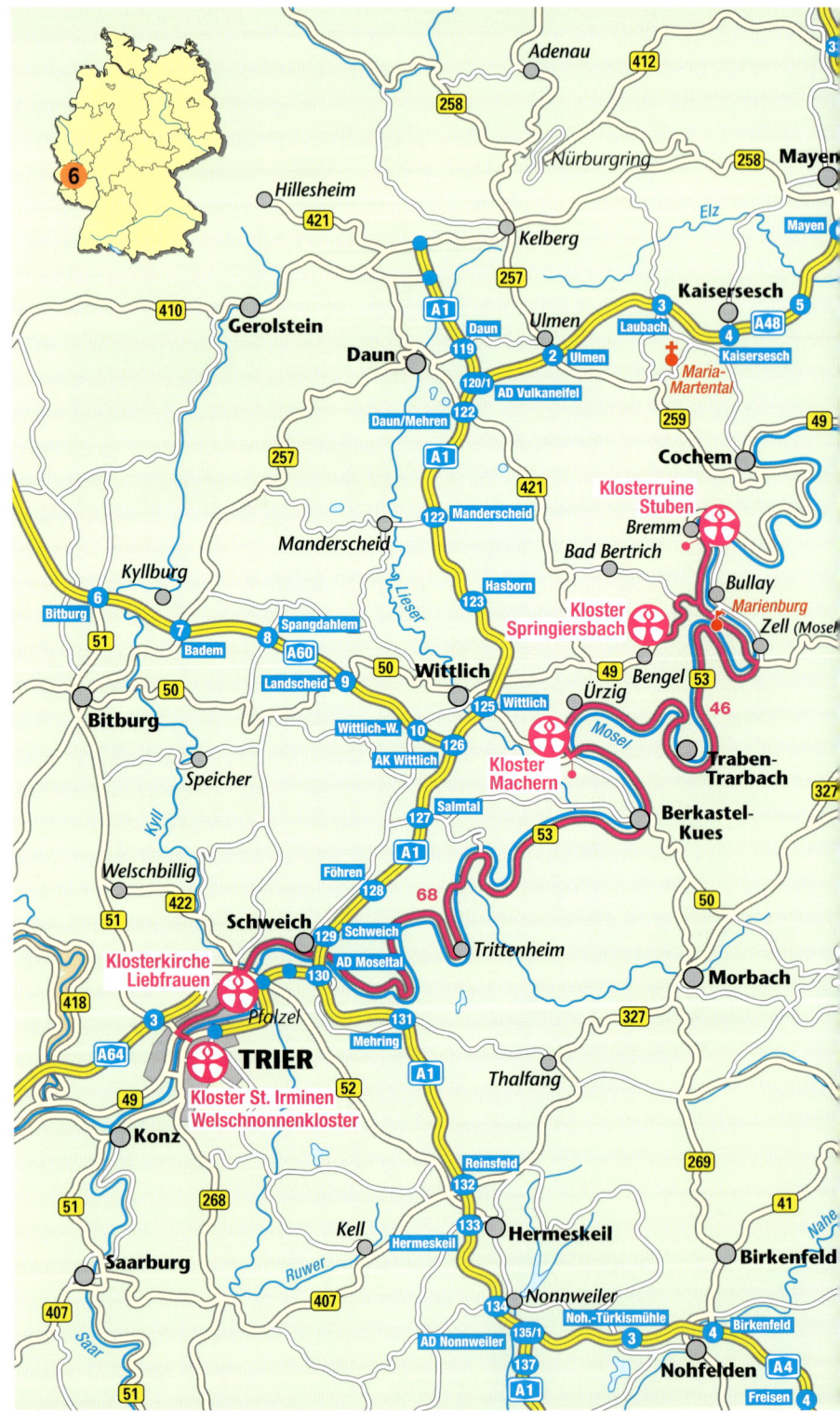

Route 6:
Trier und Moseltal

Trier
Stiftung „Vereinigte Hospitien Trier"
(ehem. Kloster St. Irminen/Oeren)
Christiane Elster

Trier
**Kirche St. Mariae Himmelfahrt
und Auguste-Viktoria-Gymnasium**
(ehem. Welschnonnenkloster)
Christiane Elster

Trier-Pfalzel
Stadtpfarrkirche Liebfrauen
(ehem. Klosterkirche)
Christiane Elster

Bernkastel-Wehlen
Weincabinett/ Hofgut Kloster Machern
Christiane Elster

Bengel
Kloster Springiersbach
Christiane Elster

Bremm
Klosterruine Stuben
Christiane Elster

Trier, Stiftung „Vereinigte Hospitien Trier"

(ehem. Kloster St. Irminen/Oeren)

Orden

Benediktinerinnen; von 1148–1495 Augustinerchorfrauen

Erhaltene Bauten

Ruinen eines römischen Wohnquartiers 1.–4. Jh. im Bereich des heutigen Hospizparkplatzes, römisches Mauerwerk des westlichen *horreum* aus dem 4. Jh. (Römersaal), Vorratsraum (sog. „ältester Weinkeller Deutschlands", wohl aber nicht älter als 12. Jh.), Immunitätsmauer um 1000 an der Windmühlenstraße, Turm der romanischen Klosterkirche 12. Jh., nach dem Zweiten Weltkrieg wiederaufgebaute Rokokokirche und Teile der Klostergebäude des 18. Jh.s.

Geschichte

In der Vita der Hl. Gertrud von Nivelles vom Ende des 7. Jh.s ist eine Modesta als Äbtissin eines Trierer Marienklosters für das Jahr 659 erwähnt. Nachfolgerin Modestas war wohl Irmina. In die zweite Hälfte des 10. Jh.s fällt der Kampf St. Irminens um seine reichsunmittelbare Stellung – diese ist seit 870 überliefert – gegen die Ansprüche des Trierer Erzstiftes, der im Jahr 1000 mit der endgültigen Unterstellung der Abtei unter den Erzbischof von Trier endete. 1148–1192 war St. Irminen dem Springiersbacher Ordensverband eingegliedert. Die hierbei eingeführte Regel der Augustinerchorfrauen wurde erst 1495 wieder durch die der Benediktinerinnen ersetzt. Bald nach der Aufhebung des Klosters 1802 wurden auf dem Gelände der Abtei durch Napoleon die „Vereinigten Hospitien" eingerichtet, die die bereits bestehenden Trierer Sozialeinrichtungen zusammenfassten. 1944 wurden Kirche und Kloster bis auf die Umfassungsmauern zerstört. Lediglich der Westflügel und die Rokokokirche wurden bis 1958 wiederaufgebaut. Alle übrigen Bauteile des ehemaligen Klosters ersetzte man durch Neubauten.

Vereinigte Hospitien, früheres Kloster St. Irminen

Stichwort: Irmina

Die 697–98 für St. Irminen bezeugte und zwischen 704 und 710 verstorbene Äbtissin entstammte jener austrasischen Führungsschicht, welche auch die frühen Karolinger hervorgebracht hat. Mit dem fränkischen Seneschall Hugobertus verheiratet, war sie wahrscheinlich Mutter der Adela von Pfalzel (Gründerin der Abtei Pfalzel 104), Plektrud (Gründerin von St. Maria im Kapitol, Köln 31) und Bertrada der Älteren (Gründerin der Abtei Prüm). Über St. Irminen hinaus ist Irmina außerdem als Mitgründerin der Benediktinerabtei Echternach bezeugt. Vor 697–98 erbaute sie dort ein Klösterchen für Pilger, das sie anschließend dem Hl. Willibrord, dem angelsächsischen Missionar und Erzbischof von Utrecht, schenkte. Irminas Grabstätte befand sich wohl zunächst in St. Irminen. Ihr Haupt wurde im 12. Jh. nach Sponheim, ihre übrigen Gebeine zu unbestimmter Zeit nach Weißenburg im Elsaß übertragen. Im Trierer Raum wurde Irmina spätestens seit dem 11. Jh. als Heilige verehrt – in diesem Zusammenhang ist auch die Einführung des Irminen-Patroziniums in der eigentlich Maria geweihten Abtei zu sehen. Im Zuge des Kampfes der Abtei um ihre Reichsunmittelbarkeit im 10. Jh. wurde Irmina außerdem zur Tochter König Dagoberts I. und Klostergründerin stilisiert.

Architektur

Das Kloster wurde im 7. Jh. in zwei spätantiken Speicherhallen (*horrea*) eingerichtet. Von den zwei parallelen, durch eine zwölf Meter breite Straße getrennten, zweigeschossigen Rechteckbauten von je 70 x 20 Meter Grundfläche ist im Bereich des heutigen Westflügels des Klosters aufgehendes Mauerwerk auf 28

Romanischer Turm der Abteikirche

Meter Länge erhalten. Sehr gut sichtbar ist die Außengliederung der Speicherbauten durch zwei Reihen rundbogiger Blenden bei der östlichen Wand des sog. „Römersaales".

Von der 1127 urkundlich bezeugten romanischen Klosterkirche steht nur noch ein Turm, der sich über dem südlichen Querhausarm befand und später als Glockenturm der Rokokokirche fungierte. In der Nordwand der Turmkapelle befindet sich der heute zugemauerte Bogen zum ehemaligen Querhaus.

Die 1768–71 im Bereich der romanischen Kirche neugebaute Rokokokirche ist im Gegensatz zum Vorgängerbau genordet. Die Saalkirche zu vier Jochen mit leicht eingezogenem, flachrund geschlossenem Chor wird durch eine Stichkappen-Tonne gewölbt. Im südlichen Joch befindet sich eine Empore auf dreiteiliger Bogenstellung, die ursprünglich um ein weiteres Joch vorgezogen war. Aufgrund der gleichzeitigen Nutzung der Kirche als Pfarrkirche seit 1778 ist anzunehmen, dass sie als Nonnenempore diente. Bemerkenswert ist außerdem eine Kryp-

Spätrömische Mauer im Römersaal

tenanlage aus der Erbauungszeit der Rokokokirche. Sie befindet sich vor dem Altarbereich und lehnt sich teils an die römischen *horrea*-Fundamente an. Wer dort ursprünglich begraben war, ist nicht bekannt.

Ausstattung

Erwähnenswert sind neben dem 1962–64 nach alten Vorlagen neu geschaffenen Rocaillestuck die Altäre des 18. Jh.s (das Altarblatt des linken Seitenaltares zeigt die Hl. Irmina) und das in die Chorwand über dem Hauptaltar eingelassene Gemälde der Himmelfahrt Mariens, eine Kopie nach Guido Reni.

In der durch Jakob Schwarzkopf 2001 neu gestalteten Turmkapelle ist in der Apsis eine antike Porträtbüste aus dem Bering von St. Irminen aufgestellt.

Besondere Bedeutung
dieser Frauengemeinschaft

Die Figur der Irmina verweist nicht nur auf die Bedeutung der Frau in der adligen Gesellschaft des frühen Mittelalters, son-

dern aufgrund ihrer freundschaftlichen Beziehungen zu Willibrord, dem „Apostel der Friesen", auch auf die Rolle der Frauen innerhalb der angelsächsischen Mission. So gründete Irmina das Kloster Echternach, die Grablege Willibrords, der im Gegenzug im Bering von St. Irminen die bis 1778 bestehende Pfarrkirche St. Paul einrichtete.

Christiane Elster

Literatur

H. und M. Pilgram (Hg.), Die Vereinigten Hospitien in Trier, Trier 1980.
Matthias Werner, Adelsfamilien im Umkreis der frühen Karolinger. Die Verwandtschaft Irminas von Oeren und Adelas von Pfalzel, Sigmaringen 1982.
Martina Knichel: „Trier (-Oeren), St. Irminen", in: Friedhelm Jürgensmeier (Hrsg.): Germania Benedictina, Bd. 9 (Rheinland-Pfalz und Saarland), München 1999, S. 938–968.

Info

Krahnenufer 19, 54290 Trier
Tel.: 06 51 / 94 50
Geöffnet: Kirche tgl. 8–18h, Römersaal und Weinkeller nur auf Anfrage
www.trier.de

Trier, Kirche St. Mariae Himmelfahrt und Auguste-Viktoria-Gymnasium
(ehem. Welschnonnenkloster)

Orden
Augustiner-Chorfrauen Beatae Mariae Virginis

Erhaltene Bauten
Klosterkirche sowie Kloster- und Pensionatsgebäude 18. Jh.

Geschichte
Ab 1653 betrieben die Welschnonnen im Bereich zwischen Flander-, Sichel- und Deworastraße eine Volksschule und eine höhere Schule mit Internat. In der ersten Hälfte des 18. Jh.s erfolgte der Neubau von Schul- und Pensionatsgebäuden, der Klosterkirche sowie der Klostergebäude. Bei der Bauleitung spielte Joseph Walter eine entscheidende Rolle.

Das Welschnonnenkloster wurde in der Säkularisation als einziges Trierer Kloster aufgrund seiner sozialen Bildungsarbeit nicht aufgelöst. Die Aufhebung erfolgte erst infolge des Kulturkampfes 1875. 1879 wurde die „Städtische Höhere Töchterschule" durch die Stadt in den Klostergebäuden eingerichtet. Seit 1896 verstaatlicht, besteht diese Schule im Prinzip noch heute als Auguste-Viktoria-Gymnasium. 1969 wurde der Kirchenbau durch die Marianische Bürgersodalität Trier erworben.

Architektur
Das Kloster ist als Vierflügelanlage um einen Innenhof mit der Kirche im Westen konzipiert. Das ursprüngliche Erscheinungsbild ist durch Umbauten im Inneren beeinträchtigt. Im Ostflügel sind das Refektorium mit barocker Stuckdecke und mit Delfter Kacheln verkleideter Nordwand, die ehemalige Küche (heute Aula) sowie die Bibliothek des Klosters erhalten.

Welsch-nonnenkirche und Klostergebäude

Nonnenempore mit Chorgestühl

Die genordete Saalkirche verkörpert einen äußerst schlichten Bautyp. Der flach schließende Chor ist vom fünfjochigen Langhaus nicht abgesetzt. Kreuzgratgewölbe sitzen auf Pilastervorlagen auf. Die Nonnenempore in den beiden südlichen Jochen der Kirche war vom Kloster durch eine kleine Durchgangstür erreichbar. Eindrucksvoll ist das erhaltene Chorgestühl mit altarähnlichen Sichtblenden aus der Mitte des 18. Jh.s, das 30 Nonnen Platz bot.

Im Obergeschoss des hinter dem Chor liegenden Anbaus befindet sich der ehemalige Kapitelsaal mit prächtig stuckierter Kölner Decke.

Ausstattung
Bedeutend ist die einzige in Trier erhaltene Stumm-Orgel, ein Werk der Brüder Johann Philipp und Johann Heinrich Stumm von 1754–57. Das Hauptaltarretabel zeigt die Himmelfahrt Mariens von Ludwig Counet (um 1720). Vier Kirchenfenster von 1716 sind mit den Wappenscheiben ihrer Stifter, Äbte der bedeutendsten Trierer Klöster sowie des Trierer Weihbischofs, geschmückt.

Besondere Bedeutung
dieser Frauengemeinschaft
Die Welschnonnen haben das im 18. Jh. in Trier kaum entwickelte öffentliche Bildungswesen entscheidend gefördert. Da die Unterrichtung von Mädchen aus

Stichwort: Welschnonnen
Die im deutschen Volksmund aufgrund ihrer Herkunft als „welsch" bezeichnete Kongregation der Augustiner-Chorfrauen Beatae Mariae Virginis wurde 1597 von Piere Fourier und Alix le Clerc gegründet. Die Welschnonnen sahen ihre Hauptaufgabe in der kostenlosen Erziehung von Mädchen. Beim Tod des 1897 heiliggesprochenen Fourier im Jahr 1640 besaß der Orden bereits 50 Niederlassungen.

Von Luxemburg ausgehend, erfolgte 1640 in Trier die Gründung der ersten Niederlassung der Welschnonnen innerhalb des Deutschen Reiches. In Deutschland bestehen noch heute Klöster der Welschnonnen in Essen und Paderborn.

allen Bevölkerungskreisen vorgesehen war, ergab sich auch für Töchter aus Familien, die nicht der Oberschicht angehörten, ein Zugang zur Schulbildung. Außerdem war der statt der gängigen Methode des Einzelunterrichtes praktizierte Klassenunterricht richtungsweisend für die Zukunft.

Christiane Elster

Literatur
Barbara Daentler, Welschnonnenkirche Mariä Himmelfahrt (Rheinische Kunststätten 472), Köln 2002.
Eduard Lichter, „Das Welschnonnenkloster zu Trier von 1640 bis 1875", in: Neues Trierisches Jahrbuch 1992, S. 13–34.

Info
Flanderstraße
54290 Trier
Tel.: (Auguste-Viktoria-Gymnasium)
06 51 / 14 61 9 10, (Küster) 06 51 / 40 48 5
Geöffnet: Welschnonnenkirche tgl. 8–18h (nur Bereich unter der Nonnenempore, Besichtigung der gesamten Kirche auf Anfrage), Klostergebäude entsprechend der Öffnungszeiten des Auguste-Viktoria-Gymnasiums
www.AVG-Trier.de

Trier–Pfalzel,
Stadtpfarrkirche Liebfrauen
(ehem. Klosterkirche)

Orden
Benediktinerinnen

Erhaltene Bauten
Klosterkirche 8.–13. Jh. und Küsterhaus (römisches Mauerwerk, 4. Jh.), Ausgrabungen im Bereich zwischen Kirche und Küsterhaus mit Resten der Boden- und Wandverkleidung der römischen Palastanlage.

Geschichte
Das Kloster wurde um 700 durch Adela gegründet und in ihrem Testament von 732/33 dem Erzbischof von Trier übertragen. Es wurde innerhalb eines römischen Palastes (lateinisch *palatiolum*, daher der spätere Name Pfalzel) aus der Mitte des 4. Jh.s eingerichtet. Bei dem Bau, der wohl dem in Trier residierenden römischen Kaiser gehörte, handelte es sich um eine vierflügelige Anlage von 56 x 65

Metern mit einem rechteckigen Innenhof. Durch Abbruch der Trennwände der Räume in der Südostecke wurde ein kreuzförmiger Kirchenraum geschaffen. Die Klosterräume lagen in den angrenzenden Gebäudeteilen der Palastanlage.

Um 1016 wurden die Nonnen von Pfalzel durch Erzbischof Poppo (1016–1047) vertrieben, nachdem sie seiner Forderung nach einer Reform nicht Folge geleistet hatten.

In den Gebäuden und mit dem noch verfügbaren Besitz des Pfalzeler Nonnenklosters gründete Poppo bald darauf ein Kanonikerstift.

1944 wurde die im Jahre 1802 säkularisierte Kirche durch Bomben beschädigt, der westliche Querhausarm wohl schwer. An seiner Stelle erhebt sich heute der dreischiffige Erweiterungsbau Otto Vogels von 1961–62, der die alte Kirche als Querhaus mit einbezieht.

Architektur
Die Kloster- bzw. Stiftskirche besitzt noch heute originales römisches Mauerwerk des 4. Jh.s bis zu einer Höhe von 12

Pfalzel mit der Stiftskirche im Vordergrund links

Inneres der Stiftskirche mit Altarraum

Metern. An das Querhaus der gesüdeten kreuzrippengewölbten Saalkirche zu zwei Jochen schließt der Chor mit frühromanischer Rundapsis an. Ausgehend von der frühmittelalterlichen Klosterkirche bis zur Einwölbung der Kirche im 13. Jh. sind fünf Bauperioden zu unterscheiden. Ende des 15. Jh.s, also bereits in der Zeit des Stiftes, wurde die an das westliche Querhaus angefügte Marienkapelle errichtet, von der heute nur noch die Apsis erhalten ist. Ebenfalls aus der Stiftszeit stammen der Kreuzgang mit Peterskapelle östlich der Kirche und die südlich der Marienkapelle gelegene Nikolauskapelle (jetzt Kriegergedächtnisstätte).

Ausstattung

Aus der Klosterzeit ist lediglich der Grabstein der Äbtissin Ruothildis aus dem späten 10. Jh. erhalten (Abguss des im Rheinischen Landesmuseum Trier befindlichen Originals an der Westwand des ehem. Stiftskreuzganges). In der achtzeiligen Inschrift in Antiqua wird die Äbtissin sowohl als Kanonisse als auch als Nonne bezeichnet, da die im hochadeligen Stift Essen (48) als Kanonisse erzogene Ruothildis bei ihrem Eintritt in Pfalzel zu einer Nonne „konvertieren" musste. Hieraus wiederum lässt sich auf den Rechtsstatus Pfalzels als Benediktinerinnenkloster schließen.

Christiane Elster

Stichwort: Frauen und angelsächsische Mission am Beipiel der Adela

Adela wird in der Forschung weitgehend der „Irmina-Sippe" zugerechnet und gilt als Tochter der Irmina von St. Irminen/Oeren (99). Seit 713 sind Beziehungen der Adela zu angelsächsischen Klöstern und Vertretern der Mission bezeugt. Aus dem Jahr 721 ist ein Besuch des berühmten Missionars Bonifatius in Pfalzel überliefert. Dabei gewann Bonifatius den damals fünfzehnjährigen Enkel der Adela, Gregor, als Missionsgehilfen. 738/39 begleitete Gregor Bonifatius auf seiner dritten Romreise, später wurde er Abt von St. Martin in Utrecht und Administrator des Bistums Utrecht.

Die Bestattung der um 735 verstorbenen Adela erfolgte wohl in der Klosterkirche. Nach mehreren Translationen befinden sich ihre Gebeine seit 1962 in einer Nische an der Westseite des Hauptaltares.

Literatur

Arbeitsgemeinschaft Pfalzeler Chronik (Hg.), Pfalzel – Geschichte und Gegenwart, Trier 1989.
Franz-Josef Heyen, in: „Pfalzel (Trier-Pfalzel)", Friedhelm Jürgensmeier (Hrsg.): Germania Benedictina, Bd. 9 (Rheinland-Pfalz und Saarland), München 1999, S. 589–597.

Info

Kirchplatz 5
54293 Trier–Pfalzel
Tel.: (Pfarrhaus) 06 51 / 60 37
Geöffnet: tgl. 9–18h

Bernkastel-Wehlen, Weincabinett/Hofgut Kloster Machern

Orden
Zisterzienserinnen

Erhaltene Bauten
Klosterkirche Ende 17. Jh., Teile der Klostergebäude 17. und 18. Jh.

Geschichte
Eine 1084 gegründete Niederlassung von Benediktinerinnen aus dem Irminenkloster zu Trier (98) hatte nicht lange Bestand. 1238 erfolgte die Gründung eines adligen Zisterzienserinnenklosters unter der Aufsicht der Abtei Himmerod, das 1802 aufgehoben wurde. Bei der Renovierung 1970 wurden Kirche und Klostergebäude durch Neu- und Einbauten verändert. Das Langhaus der Kirche wurde profaniert und durch eine Zwischendecke in zwei Geschosse geteilt, die Nonnenempore dabei entfernt.

Architektur
Der Chor der Klosterkirche mit dreiseitigem Schluss ist außen wie innen deutlich von dem siebenachsigen, barocken Langhaus abgesetzt. Seine sehr viel niedrigere Höhe und die gotisch anmutende Erscheinung lassen eine wesentlich frühere Entstehungszeit vermuten. Im Obergeschoss des Langhauses befindet sich heute der sog. Festsaal mit einem stuckierten Spiegelgewölbe. Die an der Westwand angebrachte Tafel mit dem Wappen der Äbtissin Maria Ursula von Metternich (1680-1727), umrahmt von den acht Wappen der übrigen zu ihrer Zeit im Kloster befindlichen Nonnen, befand sich ursprünglich an der Brüstung der dreiachsigen Nonnenempore.

Ausstattung
Die Madonnenstatue in der Nische über dem südlichen Chorportal (Nachbildung, Original im Rheinischen Landesmuseum Trier) ist ein Werk des 14. Jh.s. Das Hochaltarretabel im Chor stammt aus der ersten Hälfte des 18. Jh.s.

Umgebung
Hinzuweisen ist auf die Abtei Himmerod (Gem. Großlittgen, Kr. Bernkastel-Wittlich), Mutterkloster Macherns, das 1134 als eines der frühesten Zisterzienserklöster von Clairvaux aus gegründet wurde.

Christiane Elster

Literatur
Wolfgang Jacobs, Notizen zur Geschichte des Zisterzienserinnenklosters Machern mit kleiner kunstgeschichtlicher Führung, Zeltingen-Rachtig 1989.

Info
An der Zeltinger Brücke
54470 Bernkastel-Wehlen
Tel.: (Weingut Kloster Machern) 0 65 32 / 95 31 75
Geöffnet: Besichtigung von Klosterkirche und Chor auf Anfrage.

Weingut Machern mit der ehemaligen Klosterkirche

Bengel,
Kloster Springiersbach

Orden
Gegründet um 1100 als Doppelkloster, ab 1127 Augustiner-Chorherren, seit 1922 Karmeliter

Erhaltene Bauten
Kirche 18. Jh., Kapitelsaal 12.–13. Jh., Teile der Klostergebäude 17.–18. Jh.

Geschichte
Um 1100 errichtete die pfalzgräfliche Witwe Benigna auf ihrem Hofgut im Kondelwald eine Klosterzelle. 1107 wurde der bis 1127/28 als Doppelkloster bestehende Konvent offiziell der Trierer Kirche übertragen. Es ist nicht bekannt, welche Stellung Benigna als Gründerin gegenüber dem Doppelkonvent einnahm. Bereits nach wenigen Jahren erfolgte der Neubau einer Klosteranlage einige hundert Meter waldeinwärts am Springiersbach. 1127 wurde der Frauenkonvent Springiersbach „ausgelagert" und in einer Klosterruine bei Andernach (116) angesiedelt.

Die barocke Klosterkirche St. Abrunkulus

Unter dem Abbatiat Richards, des Sohnes der Benigna, bildete Springiersbach ab 1129 den Ausgangspunkt einer Reform innerhalb der Bewegung der Augustiner-Chorherren, die die Klosterlandschaft des Mosel- und Rheinraumes maßgeblich beeinflusste und sich durch strenge Askese auszeichnete. Außerdem entfaltete es als Mutterkloster einer ganzen Reihe von in der Umgebung gegründeten Frauenklöstern Bedeutung. Nach Richards Tod 1158 setzte rasch ein moralischer Verfall ein. 1791 wurde Springiersbach in ein weltliches Ritterstift umgewandelt und 1802 endgültig aufgehoben.

Architektur
Bald nach der Weihe der dreischiffigen romanischen Abteikirche 1136 entstand an ihrer Südseite eine nahezu quadratische Klosteranlage um einen Kreuzgang. Die dreischiffige Pfeilerbasilika mit doppeltürmigem Westbau war fast doppelt so groß wie die heutige Kirche, die Paul Stehling 1769–72 erbaute. Bei letzterer handelt es sich um einen einschiffigen Saalbau zu sieben Achsen mit dreiseitigem Chorschluss und eingebautem Westturm. Die stilistisch bereits dem Klassizismus verpflichtete Westfassade kontrastiert mit dem schwungvollen Stil des Rokoko im Inneren. Lediglich im Ostflügel der Klosterbauten sind bei deren Umbau im 17. Jh. romanische Bauteile erhalten geblieben, so der zweischiffige, kreuzgewölbte Kapitelsaal, der 1962–65 rekonstruiert wurde. Den die Gewölbe tragenden Pfeilern sind Doppelsäulen mit Ranken- und Stengelblattkapitellen (13. Jh.) vorgelegt. Der Saal beherbergt einige Architekturfragmente der romanischen Basilika.

Ausstattung
Bemerkenswert ist das Deckengemälde von Franz Freund aus dem Jahr 1773, das die gesamte Flachtonne bedeckt (ab 1946 erneuert). Außerdem ist das Reliquiar des Kirchenpatrons Abrunkulus am letzten

Blick in den romanischen Kapitelsaal

Pilaster der südlichen Langhauswand zu nennen. Darunter befindet sich das steinerne Ossarium des Abtes Richard.

Besondere Bedeutung dieser Frauengemeinschaft

Ungewöhnlich im Vergleich zu zeitgenössischen Frauenklöstern ist die Aufnahme auch nichtadeliger Frauen in den Konvent Benignas, was ihn zu einer begehrten religiösen Zufluchtsstätte für Frauen niederer Stände machte, wie es der Briefwechsel der Texwindis, der Schwester Richards, mit Hildegard von Bingen eindrucksvoll überliefert.

Umgebung

Hinzuweisen ist auf die Springiersbacher Tochterklöster St. Thomas in Andernach (116), Stuben (108), Marienburg bei Kaimt an der Mosel und Maria-Martental bei Kaisersesch.

Christiane Elster

Literatur

Karl-Josef Gilles u. Erwin Schaaf, Springiersbach. Von der Augustiner-Chorherrenabtei zum Karmelitenkloster 1102–2002 (Schriftenreihe Ortschroniken des Trierer Landes 36), Trier 2002.

Stichwort: Doppelkloster

Der Begriff bezeichnet die lokale, rechtliche und wirtschaftliche Einheit einer Gemeinschaft von Nonnen und Mönchen unter gleicher Leitung. Eindeutig belegt sind Doppelklöster im frühen östlichen Mönchtum, im Westen bestanden sie in reiner Form seltener und oft nur kurzzeitig, so im gallischen Mönchtum, in der angelsächsischen Kirche und in Spanien. Der Doppelkonvent in Springiersbach ist in Zusammenhang mit den Reformbewegungen des 11. Jh.s entstanden, in der sich Frauen an Reformklöster anschlossen. In Springiersbach ging die Gründung des Konvents jedoch von einer Frau aus. Im 14. Jh. bildete der neu gegründete Birgittenorden Doppelklöster aus.

Info

Karmelitenstraße 2, 54538 Bengel
Tel.: 0 65 32 / 93 95 0
Geöffnet: Klosterkirche tgl. 7–19h, Kapitelsaal auf Anfrage an der Pforte

Bremm, Klosterruine Stuben

Orden
Augustiner-Chorfrauen

Erhaltene Bauten
Ruine der Klosterkirche von 1687, ehemalige Pfarrkirche des Klosters St. Peter auf dem Petersberg 12. Jh., Reste des Kreuzweges zu St. Peter.

Geschichte
Vor 1137 stiftete der adelige Grundbesitzer Egelolf dem Richard von Springiersbach (106) sein Grundstück mit Burg und Kapelle zur Errichtung eines Frauenklosters, das so zu einem der Tochterklöster Springiersbachs wurde. 1208 schenkte Heinrich von Ulmen dem Kloster eine während des vierten Kreuzzuges in Konstantinopel geraubte Staurothek, die als Heiligtum des Klosters bis zu dessen Auflösung in einer besonderen Kapelle neben der Kirche verehrt wurde. Für das durch dieses Reliquiar mitbegründete Ansehen des Klosters spricht, dass Kaiser Maximilian 1512 dort auf der Reise zum Reichstag nach Trier übernachtete. Im 17. Jh. wurde die Klosterkirche mit Ausnahme der Reliquienkapelle abgebrochen und ein Neubau errichtet, der 1687 geweiht wurde. Nach der Umwandlung in ein freies Damenstift 1788 mussten die Stiftsdamen bereits 1794 vor den französischen Truppen fliehen, worauf die Klostergüter eingezogen und versteigert wurden. Im Verlauf des 19. Jh.s wurden Kirche und Klostergebäude teilweise als Steinbruch benutzt.

Architektur
Erhalten sind lediglich die Außenwände der Kirche von 1687 mit Ausnahme der Westwand. Bei dem geosteten Bau handelt es sich um eine gotisierende Barockanlage. Von den insgesamt neun Achsen nahm die Westempore drei ein. Der Bereich unter der Empore war wohl durch eine Mauer vom eigentlichen Langhaus abgetrennt und in zwei Räume aufgeteilt. Das Langhaus geht bruchlos in den dreiseitigen Chorschluss über. Dass die Kirche durchgehend kreuzgratgewölbt war, ist aus den hohen Profilkonsolen im Chor und den flachen Wandpilastern ersichtlich. An der Südseite des Chores ist das Mauerwerk der Kreuzkapelle noch bis auf einige Meter erhalten. Balkenlöcher an der südlichen Außenwand des Langhauses lassen einen Kreuzgang im Bereich westlich der Kreuzkapelle vermuten.

Ausstattung
Neben der Staurothek ist auf eine schmiedeeiserne Kanzel von 1663 hinzuweisen, die sich heute im Städtischen Museum Trier befindet.

Ruine der Klosterkirche St. Nikolaus

Staurothek, byzantinisches Kreuzreliquiar, um 950

Stichwort: Staurothek von Limburg

Das heute im Domschatz Limburg ausgestellte byzantinische Kreuzreliquiar aus der Mitte des 10. Jh.s stammt nach einem Bericht des Cäsarius von Heisterbach (13. Jh.) aus der Hagia Sophia. Es handelt sich um eine flache Lade mit Schiebedeckel und Bodenvertiefung für die Kreuzpartikel, die in Form eines Doppelkreuzes goldgefasst sind. Im Inneren der Lade befinden sich zu beiden Seiten des Kreuzschaftes je fünf querrechteckige Behälter für weitere Reliquien. Lade und Schiebedeckel sind mit Perlen, Edelsteinen, feinstem Filigranornament und mit Emaillen geschmückt. Während die innere Lade von Engelsdarstellungen beherrscht wird, zeigt der Deckel den von Johannes, Maria, Erzengeln sowie Evangelisten und Aposteln umgebenen Christus Pantokrator.

Besondere Bedeutung dieser Frauengemeinschaft

Wie andere Springiersbacher Tochterklöster stand Stuben ab 1500 nur noch adeligen Frauen offen, wurde also zu einer „Versorgungsstätte" für abgeschobene Töchter dieses Standes. In diesem Zusammenhang ist der moralische Verfall des Klosterlebens zu sehen. Zahlreiche Reformversuche fruchteten nichts, was letztlich zu der Umwandlung in ein Damenstift 1788 führte.

Umgebung

Weitere Springiersbacher Tochterklöster in der Umgebung sind die Marienburg bei Kaimt an der Mosel und Maria Martental bei Kaisersesch.

Christiane Elster

Literatur

Karl-Josef Gilles u. Erwin Schaaf, Springiersbach. Von der Augustiner-Chorherrenabtei zum Karmelitenkloster 1102–2002 (Schriftenreihe Ortschroniken des Trierer Landes 36), Trier 2002, S. 37–39, 89 f., 162–167.

Info

Die Ruine befindet sich bei den Gemeinden Bremm und Neef, Kreis Cochem-Zell
Geöffnet: Von außen Besichtigung jederzeit möglich, Innenbesichtigung auf Anfrage bei der Touristeninformation Neef (0 65 42 / 21 57 5)

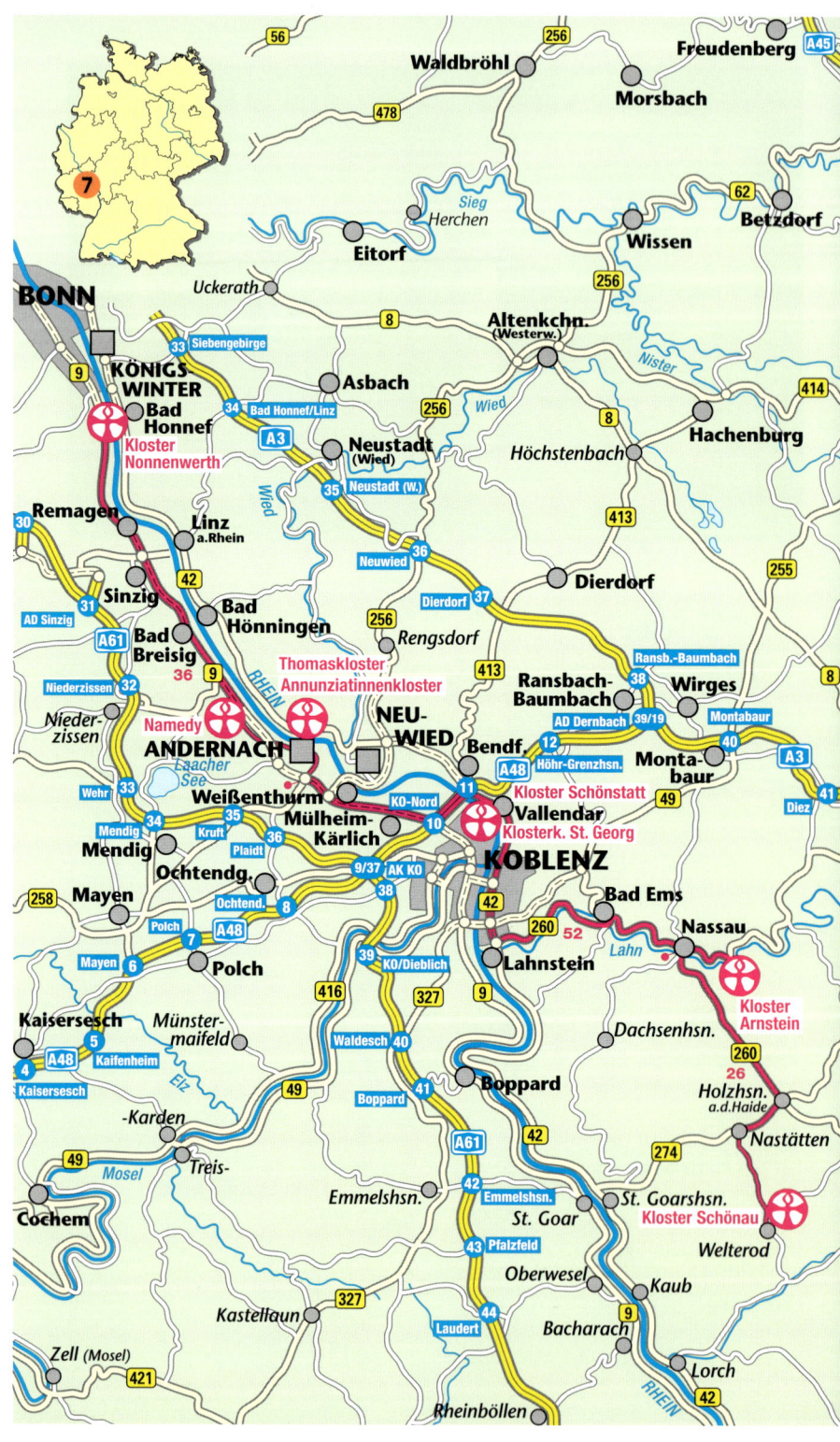

Route 7:
Rhein–Lahn

Remagen-Rolandswerth
Kloster Nonnenwerth
Roswitha Wissen

Andernach-Namedy
St. Bartholomäus, Pfarrkirche
(ehem. Klosterkirche)
Roswitha Wissen

Andernach
St. Michael, Kapelle des ehem. Thomasklosters
Roswitha Wissen

Andernach
St. Nikolaus-Stiftshospital
(ehem. Kloster)
Roswitha Wissen

Niederwerth
St. Georg, Pfarrkirche
(ehem. Klosterkirche)
Lena Weber

Vallendar-Schönstatt
Kloster
(ehem. Kloster St. Barabara, heute Schönstattbewegung)
Lena Weber

Obernhof
Kloster Arnstein
Roswitha Wissen

Strüth
St. Florin, Pfarrkirche
(ehem. Klosterkirche) und
ehem. Kloster Schönau
Roswitha Wissen

Remagen–Rolandswerth, Kloster Nonnenwerth

Orden
12. Jh. Benediktinerinnen, 19. Jh. Franziskanerinnen von der Buße und der christlichen Liebe

Erhaltene Bauten
Kirche und Klostergebäude des 18. Jh.s.

Geschichte
1126 regelte Erzbischof Friedrich I. von Köln in einer Urkunde die Rechtsverhältnisse des neugegründeten Benediktinerinnenklosters auf der Rheininsel „Ruleicheswerd" (Rolandswerth). Danach kann man vermuten, dass der Frauenkonvent ursprünglich bei der Benediktinerabtei Siegburg ansässig war und vor 1126 nach Rolandswerth, das später nur noch Nonnenwerth hieß, umgesiedelt wurde. 1465 schlossen sich die Benediktinerinnen der Bursfelder Kongregation an, und das Aufsichtsrecht ging von Siegburg an Groß St. Martin in Köln über. Die Säkularisation führte 1802 zur Auflösung. Das Inselkloster fiel an Preußen, wurde versteigert und zum Hotel umfunktioniert. Illustre Gäste weilten hier, wie Franz Liszt, der 1841 eine Platane pflanzte. Heute ist sie der höchste Baum der Insel. Mitte des 19. Jh.s erwarb Frau von Cordier das Anwesen. Ihre Tochter gründete wieder eine Frauengemeinschaft, die sich 1854 den Schwestern von Heythuysen/ NL anschloss, später Franziskanerinnen von der Buße und christlichen Liebe genannt. Die Anlage beherbergt heute Provinzialat, Kloster und Gymnasium.

Architektur
Kriege und Katastrophen haben die Klosteranlage mehrfach verwüstet. 1773 wurden die Gebäude durch einen Brand vernichtet und nach den Plänen des Architekten Nikolaus Lauxen im spätbarocken Stil neu errichtet. Die Funktion als Hotel, aber mehr die intensive Nutzung

Nordfassade mit Klosterkirche St. Klemens

*Credogang mit Gemälden
von Schwester Elma König*

für den schulischen Bereich, hatten eine
Veränderung der Baustruktur zur Folge.
Trotzdem ist der barocke Charakter der
gesamten Klosteranlage erhalten geblieben. Mit einer nördlichen und einer südlichen Flügelanlage umfassen die Klostergebäude zwei Binnenhöfe, den
Klausurhof mit Kreuzgang und den Wirtschaftshof. Die mehrgeschossigen Gebäude mit hohen Mansardendächern
sind weiß verputzt, alle Gliederungsele-
mente sind in Grau hervorgehoben.
Zwischen den palastartigen Fassaden des
Nord- und Westflügels wird die Kapelle
St. Klemens durch eine eigene Außengliederung, Volutengiebel und Dachreiter
hervorgehoben.
Im Innern erweist sich die Kapelle als
fünfjochiger Saalbau, der im Süden mit
einem flachen Chor endet, im Norden
ruht auf vier Säulen die Nonnenempore.
Von dort führt der Weg durch den über-
bauten Kreuzgang, nach der Monumen-
talmalerei „Credo-Gang" genannt, in das
westliche Obergeschoss zur Kreuzwegka-
pelle und zum Kapitelsaal.

Ausstattung

Östlich des Eingangs befindet sich das
Museum. Kunstobjekte und Alltagsge-
genstände erzählen die Geschichte des
Klosters. Die Kapelle wurde in den 1950er
Jahren rebarockisiert. Zur besonderen
Ausstattung des Klosters gehören die
einmalig in ihrer Vollkommenheit gestalteten 18 monumentalen Wandbilder im
„Credo-Gang". Dargestellt ist das Aposto-
lische Glaubensbekenntnis. In den Jahren
1924 bis 1928 wurde der Zyklus in Sec-
cotechnik von S. Elma in Anlehnung an
die Beuroner Malschule geschaffen. Weitere Kunstwerke von ihr und ihren Mit-
schwestern schmücken das Kloster.

Besondere Bedeutung
dieser Frauengemeinschaft

Der Orden legte zu allen Zeiten großen
Wert auf die berufliche und künstlerische
Weiterbildung seiner Schwestern.

Roswitha Wissen

Literatur

Claudia Euskirchen, Kloster Nonnenwerth
(Rheinische Kunststätten 447), Köln 2000.
Germania Benedictina, Nonnenwerth. Bd. IX,
1999, S. 689–722.
U. Ostermann, Gott wird sorgen, 1995.

Info

53424 Remagen
Tel.: 0 22 28 / 60 09 23 0
Anmeldung für Gäste
Messe Sa. 18.00h

Andernach–Namedy,
St. Bartholomäus, Pfarrkirche
(ehem. Klosterkirche)

Orden
13. Jh. Zisterzienserinnen

Erhaltene Bauten
Kirche des 13.–16. Jh.s mit Anbau des 20. Jh.s.

Geschichte
Über die Anfänge des Zisterzienserinnenklosters ist wenig bekannt: 1255 wird es erstmals urkundlich erwähnt. Geleitet wurde das Kloster von einer Äbtissin, die dem Abt von Himmerod unterstand. In den Jahren 1518–1559, unter der letzten Äbtissin Hildegard Hausmann, war es um den Konvent nicht gut bestellt. Nach 1560 wurde das Frauenkloster durch den Erzbischof Jakob III. von Trier aufgehoben. Die Gebäude fielen an die Stadt Andernach, die Kirche diente als Pfarrkirche.

Architektur
Die Kirche von 1264 war einschiffig und besaß ein flachgedecktes Langhaus und einen gewölbten Chor. Durch die Einwölbung des Langhauses von 1521 wurde der Saalbau zur zweischiffigen Hallenkirche. Dies hatte auch Folgen für den Außenbau. Das Schiff wurde um einen Meter erhöht, und im Süden mussten Strebepfeiler ergänzt werden.

Anfang des 20. Jh.s hob man bei Renovierungsarbeiten der Pfarrkirche innen und außen das Bodenniveau an. 1969 wurde der Westteil niedergelegt und nach den Plänen des Architekten Heinrich Otto Vogel durch einen quadratischen Anbau ersetzt, der in Breite und Höhe über die gotische Kirche hinausragt. In seinem Innern befindet sich das neue liturgische Zentrum mit dem Hochaltar.

Der frühgotische Ostchor mit einbahnigen Lanzettfenstern ohne Maßwerk zeigt unverändert die ursprüngliche Architektur. Den einzigen Bauschmuck bilden ein rundumlaufendes Kaffgesims im Sockel-

St. Bartholomäus von Osten

Glasfenster (14. Jh.) mit Kreuzigung und Stifterdarstellung

bereich sowie in kleinen Giebeln endende Strebepfeiler. Der Chor ist mit heller Farbe geschlämmt. Das steinsichtige Langhaus weist vorwiegend Tuffmauerwerk in waagerechten Steinlagen auf, die älteren Teile zeigen erhebliche Störungen durch Veränderungen in der Baustruktur. Heute betritt man die Kirche durch einen vorgesetzten Eingang an der Baunaht zum neuen Westbau. Innen gliedern je vier Joche das zweischiffige Langhaus, an das sich ohne Vorjoch der Ostchor mit polygonaler Apsis anschließt. Die Klostergebäude grenzten im Norden an die Kirche.

Ausstattung

Von der ehemaligen Ausstattung sind mehrere Holzskulpturen erhalten geblieben, die sich im Trierer Diözesanmuseum befinden. Es handelt sich um eine spätgotische Gruppe der Hl. Anna selbdritt sowie um barocke Figuren vom ehemaligen Hochaltar.

Nicht in die direkte Klostergeschichte gehörend, aber beachtenswert sind zwei in die Wand eingefügte Früh- und Spätrenaissance-Kindergrabsteine der Familie Hausmann aus den Jahren 1543 und 1580. Gemeinsam mit einer Pietà aus dem 15. Jh. schmücken sie den nicht mehr liturgisch genutzten Ostchor. Beeindruckend präsentiert sich die holzsichtige Kanzel, die nach Ausweis der Inschrift auf dem Schalldeckel 1612 für St. Pantaleon in Köln angefertigt wurde.

Roswitha Wissen

Literatur
Ruth Arera-André, 750 Jahre christliches Namedy, Andernach 2000.
Arno Sobek, Kath. Pfarrkirche Namedy, Andernach 1992.

Info
Schloßstraße
56626 Andernach
Tel.: (Küsterin) 0 26 32 / 30 23 6
Geöffnet: Nur nach vorheriger Absprache mit der Küsterin.

Andernach, St. Michael, Kapelle des ehem. Thomasklosters

Orden
12. Jh. Augustiner Chorfrauen, 18. Jh. Damenstift

Erhaltene Bauten
Kapelle 13. Jh., Turm der Klostermauer.

Geschichte
1129 belegt eine Urkunde die Weihe der Kirche im neuerbauten Augustiner Chorfrauenstift in Andernach. Es war eine Tochtergründung der reformierten Augustiner Chorherren von Springiersbach (106). Erzbischof Meginher von Trier übergab die Ruinen eines verfallenen Klosters aus dem 6. Jh. an Abt Richard von Springiersbach. Seine Schwester Texwindis wurde die erste Meisterin. 1482 ergänzten die Chorfrauen das Marienpatrozinium mit der Verehrung des Hl. Thomas Becket von Canterbury. 1700 befreiten sich die Ordensfrauen von der Führung des Sprin-

Kapelle St. Michael (13. Jh.)

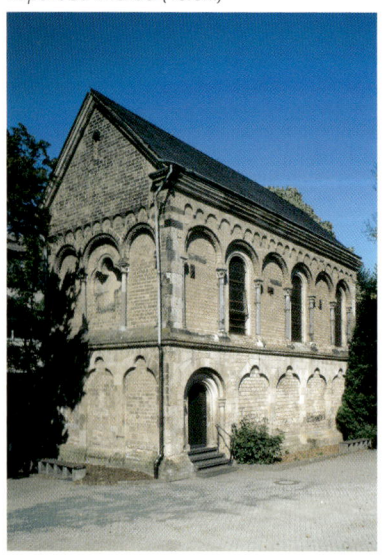

giersbacher Abtes. 1786 wurde das Kloster in ein adliges Damenstift umgewandelt. Schon bevor die Gebäude während der französischen Besatzung (1794) in Brand gerieten, waren die Stiftsdamen geflohen. Die Klosteranlage wurde säkularisiert, die viertürmige Basilika auf Abbruch versteigert.

Architektur
Anfang des 13. Jh.s wurden die im Thronfolgerstreit verwüsteten Klostergebäude mit Kirche und Kapelle im spätromanischen Stil neu errichtet. Ansichten des 18. Jh.s zeigen die Kirche als dreischiffige Basilika. Das Langhaus hatte vier Joche, der angrenzende Chor drei. Eine polygonale Apsis schloss den Bau im Osten ab. Es gab je zwei Türme im Osten und im Westen. Drei mehrgeschossige Flügelbauten umfassten den Kreuzgang, sie grenzten an das Nordschiff der Kirche. Im Westen befanden sich Wirtschaftsbauten und das Äbtissinnenhaus, die gesamte Anlage war von einer Mauer umgeben.
Die erhaltene Michaelkapelle ist rechteckig ohne vorspringenden Chor. Ein profiliertes Gesims teilt den heute steinsichtigen Bau außen in zwei Geschosse. Das untere Stockwerk wird über dem Sockel durch Lisenen und Kleeblattbögen ohne Fensteröffnungen gegliedert. Das reich geschmückte Obergeschoss verfügt über Fenster, die in die Rundbogenblendarkaden mit Säulen, Basen und Knospenkapitellen eingestellt sind. Abgeschlossen wird der Bau durch ein Satteldach mit Dachreiter. Innen war die doppelgeschossige Kapelle in je drei unterschiedliche Joche unterteilt. Heute zeigt sie sich innen eingeschossig mit weißem Anstrich. Als einziger Teil der Klostermauer ist der Mühlen- und Wehrturm erhalten geblieben, der 1912 zum Wasserturm umgebaut wurde. Kegelförmig ragt er mit vier Geschossen empor. Der Turm ist verputzt und weiß gestrichen. Portal und Zinnenkranz sind basaltgerahmt.

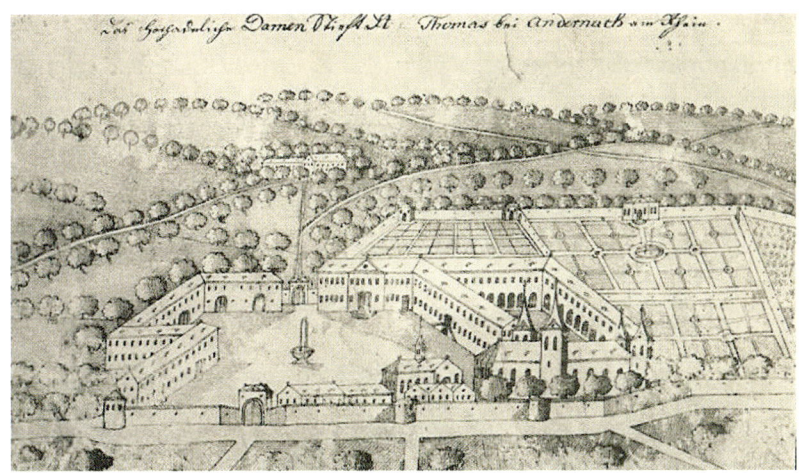

Das Thomaskloster im 18. Jh.

Stichwort: Texwindis

Texwindis (oder Tenxwind) gehörte zum niederen Adel. Berühmtheit erlangte die Meisterin aus Andernach durch den Briefwechsel mit Hildegard von Bingen. Texwindis kritisierte die große Benediktinerin, weil sie nur adligen Frauen Aufnahme gewährte. Unmittelbar damit verbunden war die Tatsache, dass die Nonnen mit wallenden Haaren, seidenen Gewändern und goldenen Kronen geschmückt an Feiertagen die Psalmen sangen. Hildegard konterte u. a.: Es gebe „maiores natu" und „minores" (höher und niedriger Geborene). Dazwischen sei eine Grenze als Zeichen der von Gott gesetzten Hierarchie im Himmel wie auf Erden. Der Geringe dürfe sich nicht über den Höheren erheben.

Ausstattung

Von der ehemaligen Ausstattung ist nichts erhalten geblieben.

Besondere Bedeutung
der Frauengemeinschaft

Isabella Maria Rosina von der Hees (1718–1757) führte als erste den Äbtis-sinnentitel. Sie machte aus dem klostereigenen Mühlenbetrieb an der Nette eine Eisenproduktionsstätte. Dafür ließ sie einen doppelten Eisenhammer anlegen und stellte eine enge Verbindung zur Lahn-Eisenindustrie her, indem sie Rohmaterial per Nachen auf der Lahn transportierte und bereits geschulte Arbeiter für ihren Betrieb anheuerte. 1731 begann die Produktion, die die Eisenindustrie in die Andernacher Gegend brachte.

Umgebung

Rudolf Schwarz (1952/54) schuf auf den Mauern des Äbtissinnengebäudes des Thomasklosters einen sehenswerten modernen Kirchenbau.

Roswitha Wissen

Literatur

Manfred Huiskes und Ottheinz Schindler, Andernach, Köln 1979.
Walter Steffens, Spurensuche 2000, Andernach 2000.

Info

Breite Straße, 56626 Andernach
Tel.: (Pfarramt) 0 26 32 / 4 23 60.
Geöffnet: Mo.–Fr. 9–17h,
Mi. geschlossen

Andernach, St.-Nikolaus-Stiftshospital
(ehem. Kloster)

Orden
17. Jh. Annunziatinnen, 19. Jh. Borromäerinnen

Erhaltene Bauten
Kapelle, Teile der südlichen Klostergebäude mit Resten des Kreuzganges.

Geschichte
Obwohl die Annunziatinnen bereits seit 1653 die Erlaubnis besaßen, ein Kloster zu bauen, fand die Grundsteinlegung erst 1667 statt, die Weihung der Kirche mit dem Patronat St. Nikolaus sogar erst 1740. Im Zuge der Säkularisation wurde das Frauenkloster 1802 aufgehoben und die Stadt richtete eine Schule darin ein.

Westfassade der Klosterkapelle

Später verlegte man im Tauschverfahren mit der Schule das 1249 gegründete Stiftshospital in das umgebaute Kloster, in das nun die Borromäerinnen einzogen, um den Dienst im Krankenhaus zu übernehmen. 1981 brachte die Hospitalstiftung ihr Vermögen in eine GmbH ein, die seit dieser Zeit das „St.-Nikolaus-Stiftshospital Andernach" betreibt. 1994 wurde die mehrmals umgebaute Klosteranlage niedergelegt. Die Kirche und Teile der südlichen Gebäude mit Resten des Kreuzganges sind erhalten geblieben und stehen inmitten der riesigen neugebauten Krankenhausanlage mit Altenheim. 1956/57 wurde die Kirche renoviert und die Malerei der Wände weiß übertüncht. Nach dem Brand im Jahre 1977 legte man bei der anschließenden Renovierung die gesamte Freskomalerei wieder frei.

Architektur
Die vier ungleichen Flügel der ehemaligen Klostergebäude bildeten ein nicht ganz geschlossenes Viereck, mit Kreuzgang und Innenhof. Im Süden wurde an die zweigeschossigen Klostergebäude die einfache Klosterkirche aus Bruchsteinen angebaut. Einziger Schmuck der Kirchenfassade im Westen ist ein basaltgerahmtes barockes Portal mit Muldennische darüber. Ein Dachreiter ragt über das Satteldach hinaus. Die unterteilten Fenster weisen auf die Nonnenempore im Inneren hin. Die einschiffige Kirche ist in fünf Joche gegliedert, die von Kappengewölben überspannt werden, und endet mit dreiseitigem Chorschluss im Osten. Im Gegensatz zur nördlichen fensterlosen Langhausseite erhellen große Rundbogenfenster den Innenraum im Süden.

Ausstattung
Das Besondere dieser Kirche ist die barocke Ausmalung. Weiterhin ist ein Gnadenbild von 1723, eine aus Buchsbaum geschnitzte, nur sieben Zentimeter große Figur der Gottesmutter mit Kind,

Stichwort: Ausmalung der St.-Nikolaus-Kapelle

Eine überörtliche Bedeutung gewann die außen schlichte Kapelle durch ihre Freskomalerei. Die vor 1750 entstandenen und durchweg in lichten Farbtönen gehaltenen Decken- und Wandmalereien zählen zu den am vollständigsten erhaltenen und qualitätvollsten am Mittelrhein. Zudem enthalten sie eine teilweise seltene Bildthematik. Die für eine Kirchenausmalung ungewöhnlich zahlreichen Landschaftsbilder weisen in den vertikalen unteren Zonen auf das irdische Leben hin. Darüber befinden sich auf der Nordseite illusionistisch gemalte Türfenster mit Balkonen, die mit den Fenstern der Südseite korrespondieren. Engelsfiguren in den gemalten Durchgängen vervollkommnen das Spiel mit der Illusion und leiten zu der Malerei der oberen Wandfelder und der Decke über, wo sich für die Betrachtenden der Himmel öffnen soll. Die Hierarchie des Himmels wird von Ost nach West vorgeführt. Höhepunkt bildet die Trinität im Chor, flankiert durch Darstellungen von Christus als Gutem Hirten und als Erlöser. Es folgen in den oberen Zonen des Langhauses und in den Gewölben die beiden Themenschwerpunkte des Annunziatinnenordens. Dargestellt werden vom Osten ausgehend die zehn Tugenden Mariens, gefolgt von Szenen aus dem Leben der Hl. Johanna von Valois, der Ordensgründerin. Die Ordensregel ist in zehn Kapitel gegliedert, gemäß den zehn Tugenden Mariens. Alle Bilder sind gerahmt von einem Fries aus hellem Flechtwerk auf rotem Grund.

Landschaft mit Wassermühle, Fresko des 18. Jh.s in der Klosterkapelle

erhalten geblieben. Sie wurde 1917 an die Borromäerinnen übergeben.

Umgebung

Südlich der Liebfrauenkirche sind Reste des ehemaligen Servitinnenklosters erhalten.

Roswitha Wissen

Literatur

Claudia Gesell, Die Hospitalkapelle des St.-Nikolausstifts in Andernach, 1999.
Walter Steffens, Spurensuche 2000, Andernach 2000

Info

56626 Andernach
Tel.: 0 26 32 / 40 4-0
Geöffnet: tgl. 7–19h
www.stiftshospital-andernach.de

Niederwerth, St. Georg, Pfarrkirche

(ehem. Klosterkirche)

Orden

1428/1429 Augustiner-Chorherren, zuvor Beginenkonvent, 1580 Zisterzienserinnenkloster

Erhaltene Bauten

Klosterkirche, 1474 St. Georg geweiht, Reste der Konventsgebäude von 1658/1752 im Süden des Kirchenbaus.

Geschichte

Um 1275 soll bereits ein Beginenkonvent bei einer dem Hl. Gangolf geweihten Kapelle bestanden haben. 1428 oder 1429 gründete der Trierer Erzbischof hier ein Augustiner-Chorherrenstift und die Beginen mussten nach Besselich umsiedeln. 1474 wurde eine neue Kirche mit dem Patrozinium des Hl. Georg geweiht. Um 1580 übernahmen Zisterzienserinnen aus dem Koblenzer Kloster „In der Leer" die Gebäude, die ein Eisgang 1657 schwer beschädigte, so dass ein Neuaufbau südlich der Kirche erforderlich wurde. Das Kloster wurde Anfang des 19. Jh.s aufgelöst.

Architektur

Bei dem 1474 geweihten Bau handelt es sich um eine Saalkirche mit Langchor. Bis zum Einbau einer Empore 1663 war der Chor den Nonnen und das Langhaus den Laien vorbehalten. Diese Trennung zeichnet sich im Äußeren durch die verschiedene Wandgestaltung, im Chor mit Strebepfeilern und im Langhaus mit glatten Flächen, ab. Angenommene Reste eines Kreuzganges schließen sich südlich an. Die schräg zur Kirchenachse stehende Sakristei wurde um 1400 erbaut und ist wahrscheinlich ein Fragment des Vorgängerbaus. Im Inneren der Kirche finden sich Gewölbemalereien aus der Erbauerzeit, in denen die vier Kirchenväter, vier Sybillen mit Spruchbändern und vier Engel mit den Leidenswerkzeugen Christi dargestellt sind.

Ausstattung

Der Hochaltar und die Kanzel gehören dem 19. Jh. an. Aus dem Besitz des Klosters stammen dagegen die Seitenaltäre mit der Himmelfahrt Mariens (1650) und der

St. Georg von Südosten

Reliquiar mit der Mütze des Hl. Bernhard von Clairvaux

Taufe Christi (1621). Erhalten sind weiter Reste der Erstverglasung im nördlichen Fenster, im westlichen über der Empore und im mittleren Chorfenster, die im 19. Jh. in die neue Verglasung integriert wurden. Der Grabstein der ersten Äbtissin von Niederwerth, Anna Meser, wurde im Hof neben der Kirche aufgestellt. Er zeigt sie im Ordenshabit mit Stab und Rosenkranz. Auf die Umstände der Neubesiedlung 1580 und auf Namen und Herkunft der Nonne verweisen lateinische Inschriften.

Besondere Bedeutung

Da die Kirche nach der Säkularisation direkt in den Besitz der Gemeinde Niederwerth überging, haben sich zahlreiche Ausstattungsstücke, wie z. B. zwei Seitenaltäre, aus Klosterzeiten erhalten.

Einen weiteren Hinweis auf das Frauenkloster gibt die heute noch gebräuchliche Bezeichnung der Region als Obst- und Gemüsegarten des Neuwieder Beckens. So begannen die Zisterzienserinnen mit dem Anbau von Früchten, der sich nach der Klosterzeit fortsetzte.

Umgebung

Im nahe bei Niederwerth gelegenen Ort Besselich befand sich ein 1440 gegründetes Franziskanerinnenkloster, von dem ein großer Teil der Gebäude noch vorhanden ist. Auch in Koblenz gab es zahlreiche Frauenkonvente, von denen jedoch keine baulichen Reste mehr erhalten sind.

Lena Weber

Literatur

Gunnar Mertens und Rüdiger Mertens, Das ehemalige Kloster in Niederwerth bei Koblenz (Rheinische Kunststätten 223), Köln 1987.

Info

Im Kloster, 56179 Niederwerth
Tel. (Küsterin) 02 61 / 60 45 8
Bei Gruppen Anmeldung erbeten.
Geöffnet: tgl. 9–18h (Sommermonate),
9–17h (Wintermonate)

Vallendar–Schönstatt, Kloster

(ehem. Kloster St. Barbara, heute Schönstattbewegung)

Orden
1143 bis 1567 Augustinerinnen, seit 1901 Pallotiner und seit 1926 Schönstätter Marienschwestern

Erhaltene Bauten
Nördlicher Turm der Kirche, um 1220 erbaut, auf dem Gelände der Schönstattbewegung, Michaelskapelle nach 1813 an alter Stelle wieder errichtet.

Geschichte
1143 siedelte der Trierer Erzbischof Albero Augustinerinnen aus Lonnig an die-

Romanischer Turm der ehemaligen Klosterkirche

sem „bellus locus" an. Aus dieser Bezeichnung entstand später der Name Schönstatt. Um 1220 wurde die Kirche vollendet, deren Größe Ausdruck der Bedeutung und des Wohlstandes des Klosters war. Um 1226 lebten an diesem Ort bis zu 100 Nonnen. Im 14. Jh. verfiel das Kloster und erreichte seinen früheren Rang nicht mehr. Ende des 15. Jh.s soll es in Schönstatt neun uneheliche Kinder gegeben haben. Solche Gerüchte waren keine Seltenheit. Die Gemeinschaft wurde 1567 aufgelöst und in den Georgenkonvent beim Vogelsang in Koblenz versetzt. 1633 wurden die Gebäude, besonders die Kirche, von den Schweden stark beschädigt. Eine Michaelskapelle wird 1318 zum ersten Mal erwähnt. Um 1901 übernahmen die Pallotiner das Gelände und sanierten die heruntergekommenen Bauten. Eine wichtige Persönlichkeit der Schönstattbewegung ist der Pallotiner Pater Josef Kentenich. Er war der erste Ausbilder der neuen Priesterschule und wurde zum geistigen Oberhaupt der Bewegung. Die Michaelskapelle ist das Urheiligtum der Schönstätter und findet sich in zahlreichen Nachbauten auf der ganzen Welt wieder. In der Kapelle werden Drucke eines Marienbildes des Malers Crosio verehrt. Die Marienschwestern leben seit 1926 in Schönstatt.

Architektur
1220 wurde die Kirche als dreischiffige Basilika mit Querhaus und drei Apsiden fertiggestellt. Die Westfassade bestand aus einem massiven, schlichten Unterbau und zwei dreigeschossigen Türmen mit Pyramidendächern. Über das Aussehen der Kirche ist ansonsten sehr wenig bekannt. Ein Teil der Klostergebäude stand westlich der Michaelskapelle, an der Stelle des heutigen Hauses St. Marien. Die neue Kirche (Anbetungskirche) wurde 1965–68 von dem Münchener Architekten Alexan-

Kapelle St. Michael

der Freiherr von Branca gebaut. In ihr befindet sich das Grab Pater Kentenichs.

Ausstattung

Bei der Umsiedlung nach Koblenz im 16. Jh. nahmen die Nonnen den gesamten beweglichen Besitz mit. Ausstattungsteile aus Schönstatt lassen sich heute nicht mehr identifizieren.

Besondere Bedeutung dieser Frauengemeinschaft

Die Schönstätter Marienschwestern sind ein Beispiel für aktuelle religiöse Frauengemeinschaften. Neben allen historischen Betrachtungen darf nicht vergessen werden, dass auch heute noch zahlreiche Frauen ein Leben in klösterlicher oder klosterähnlicher Gemeinschaft führen. Während die meisten Klöster immer kleiner werden, sind bei Gemeinschaften wie der Schönstattbewegung wachsende Mitgliederzahlen zu beobachten. Sie bieten für viele die Möglichkeit, ein religiöses Leben ohne Festlegung auf einen Orden zu führen.

Lena Weber

Literatur

Paul Clemen (Hg.), Die Kunstdenkmäler des Landkreises Koblenz, Düsseldorf 1944.
Heinrich Köster, Schönstatt heute, Zum 60jährigen Jubiläum, In: Heimatkalender für den Landkreis Koblenz, Koblenz 1981, S. 120–125.

Info

Am Marienberg 1
56179 Vallendar
Tel. 02 61 / 96 26 41
Geöffnet: 1. Mai–31. Okt.: tgl. 6–20h;
sonst tgl. 6–19h
www.schoenstatt.de

Obernhof, Kloster Arnstein

Orden
12. Jh. Prämonstratenser, 20. Jh. Ordensgemeinschaft von den Heiligsten Herzen
Jesu und Mariens

Erhaltene Bauten
Kirche des 12.–14. Jh.s, Teile der ehemaligen Klostergebäude.

Geschichte
1139 gründete der letzte Graf Ludwig
von Arnstein mit der Zustimmung seiner
Gattin Guda ein Prämonstratenserstift
innerhalb seiner Burg. Aus Magdeburg
schickte das Mutterhaus einen Gründungskonvent, dem sich Ludwig als Kon-
verse anschloss. Obwohl man sich aus
Platzgründen in Arnstein gegen ein Doppelkloster entschieden hatte, begaben
sich auch die Gräfin und sechs Ministe-
riale mit ihren Familien in die Klausur.
1139 wurde ein vorläufiger Nonnenkonvent im Kirchspiel Kördorf eingerichtet,
allerdings blieb Guda als einzige Frau in

Arnstein. 1802 wurde das Kloster säkularisiert, und seit 1813 nutzte man die
Klosterkirche als Pfarrkirche. Einige
Gebäude wurden auf Abbruch verkauft.
1919 übertrug der Bischof von Limburg
die Kirche und den Rest der Anlage an die
Ordensgemeinschaft der Heiligsten Herzen Jesu und Mariens.

Architektur
Zunächst wurde die Burg innerhalb kurzer Zeit in ein Kloster umgewandelt, um
den Gründungskonvent aufnehmen zu
können. Erst 1208 erfolgte die Weihung
der Kirche auf den Titel St. Maria und St.
Nikolaus. Sie wurde 1359 im gotischen
Stil erweitert und umgestaltet und blieb
dann fast unverändert erhalten. Die dreischiffige kreuzgratgewölbte Basilika
zeigt sich weiß verputzt mit farbiger
Blendarchitektur. Gegliedert ist der Bau
in ein vierjochiges Langhaus, an das im
Osten der polygonale Chor mit Neben-
chören und das Querhaus angrenzen. Im
Westen schließt ein runder Chor den Bau
ab. Beide Chöre werden von je zwei Türmen flankiert. Die heutigen Ordensge-

Kloster Arnstein

Mitte des 12. Jh.s begannen die Prämonstratenser mit der Gründung
separater Frauenklöster. Von Arnstein
aus entstanden innerhalb weniger
Jahrzehnte sechs neue Frauenkonvente in Marienthal, Enkenbach, Gom-
mersheim, Beselich, Oberwesel und
Keppel. Für die Nonnen galt der gleiche
Rechtsstatus wie schon in den Dop-
pelklöstern. Sie waren Bestandteil des
Mutterstifts und unterstanden dem
Abt, der durch einen Prior und eine
Meisterin vertreten wurde. Die Geistlichen kümmerten sich um wirtschaftliche und geistliche Angelegenheiten,
aber schon Ende des 13. Jh.s erreichten
viele Meisterinnen auch die wirtschaftliche Selbstständigkeit. Die Frauenklöster wurden im Zuge der Reformation in der Pfalz im 16. Jh. aufgelöst.

Gräfin Guda von Arnstein,
Gemälde von Georg Saalmüller (1661)

bäude stehen auf den Resten der alten
Anlage.

Ausstattung

Im Westen betritt man die Kirche durch
das reich geschmückte Portal mit einer
kunstvoll eisenbeschlagenen Eichentür
aus dem Mittelalter. Das Stifterpaar
wurde vor dem Hochaltar beigesetzt,
worauf die Grabplatte hinweist, die heute
in den ehemaligen Levitensitz von 1360
eingemauert ist. Aus dieser Zeit stammt
auch das Chorgestühl. Der ursprünglich
spätromanische Fußboden aus gelben,
weißen, roten und schwarzen Tontesserae
ist in Teilen erhalten. Ferner befinden
sich 15 Glasscheiben aus dem 12. Jh. im
Landesmuseum Münster. Sie zählen zu
den bedeutendsten Werken der Glas-
malerei. Prunkstücke aus dem 18. Jh.
sind Hochaltar, Kanzel und Orgel. Peter
Hecker gestaltete 1923 die Buntglasfen-
ster, und 1933 schuf er im Westchor
einen Kreuzweg in expressiver Freskomalerei.

Besondere Bedeutung
dieser Ordensgemeinschaft

Gräfin Guda lebte aufgrund einer Son-
derregelung als einzige Inklusin in einer
Klause nördlich der Kirche. Als älteste
erhaltene Handschrift der Arnsteiner
Bibliothek gilt ihr reich illustriertes
Gebetbuch. Es bezeugt den hohen Stand
der weiblichen Bildung in der Oberschicht dieser Zeit.

Umgebung

Diözesanmuseum und spätromanischer
Dom aus dem 13. Jh. in Limburg.

Roswitha Wissen

Literatur

Arnsteiner Patres, Kloster Arnstein an der
Lahn, Arnstein 1992.
Bruno Krings, Prämonstratenserstift Arnstein
an der Lahn im Mittelalter (1139–1527), Wiesbaden 1990.

Info

56379 Obernhof
Tel. 0 26 04 / 9 70 40
Geöffnet: tgl. 9–19h; Di., Mi., Do. Wallfahrtstage
www.sscc.de

Strüth, St. Florin, Pfarrkirche
**(ehem. Klosterkirche
und ehem. Kloster Schönau)**

Orden
12. Jh. Benediktinerinnen- und Benediktiner-Doppelkonvent, seit dem 16. Jh. Benediktiner

Erhaltene Bauten
Kirche des 15.–18. Jh.s, Klostergebäude des 18. Jh.s.

Geschichte
Graf Rupprecht von Laurenburg aus dem Haus der späteren Grafen von Nassau stiftete 1132 in Schönau ein Benediktinerkloster. Um 1141 wurde durch die Begründung des Nonnenkonvents die Anlage zum Doppelkloster erweitert. Im 16. Jh. führten die Nassauer Grafen die Reformation ein und lösten den Nonnenkonvent auf, die Mönche konnten bleiben. 1803 kam mit der Säkularisation die endgültige Auflösung. Später wurde die Abtei Bestandteil der Pfarrei Schönau und dem Bistum Limburg unterstellt. Im 20. Jh. lebten vorübergehend Prämonstratenser und Dernbacher Schwestern in der Klosteranlage. Heute sind hier Pastorat, Eine-Welt-Haus und Fortbildungseinrichtungen untergebracht.

Architektur
Vom Nonnenkloster ist nichts erhalten geblieben. Nach dem Brand von 1723 wurden auf den Mauerresten des Männerklosters Konventsgebäude und die Kirche im barocken Stil neu errichtet. An den unversehrten gotischen Chor baute man das einschiffige Langhaus an, das 1780 nochmals um zwei Meter erhöht wurde und anschließend ein Walmdach mit Dachreiter erhielt. Das hohe Langhaus der Saalkirche überragt innen mit seiner Voutendecke den niedrigen dreijochigen Chor mit Kreuzrippengewölbe. Eine polygonale Apsis schließt den Raum im Osten ab. Die Reste des Kreuzganges und die erhaltenen zweigeschossigen Klostergebäude mit hohen Mansardendächern grenzen im Süden an die Kirche an. Im ehemaligen Kreuzganghof wurde der Brunnen mit den erhaltenen frühgotischen Säulchen von 1230 rekonstruiert.

Ausstattung
Die frühere Sakristei dient heute als Kapelle. Wände und Decke sind mit kost-

Kloster Schönau

Elisabeth, 1129 geboren, stammte aus einer weitverzweigten adligen Familie, die im Gebiet von Köln und Bonn ansässig war. Sie kam 1141 als Zwölfjährige nach Schönau und wurde später Meisterin des Nonnenkonvents. Durch strenge Askese und Kasteiungen litt sie unter immer wiederkehrenden Krankheiten und Angstzuständen. Pfingsten 1152 befand sie sich in einer tiefen Depression. Sie konnte aus diesem Zustand befreit werden, und fortan begleiteten Visionen ihr Leben. Der Himmel öffnete sich, die Muttergottes sowie weitere Heilige erschienen und sprachen zu ihr. Elisabeths Bruder Ekbert schrieb alles nieder. Ab 1155 stand er ihr ständig als Mönch zur Seite, später sogar als Abt. Aus dieser Zeit sind drei Bücher von Elisabeth erhalten geblieben: „Buch der Gotteswege" und „Über die Auferstehung der seligen Maria"; im dritten großen Werk „Buch der Offenbarung der hl. Schar der Kölnischen Jungfrauen" ergänzte sie die Ursulalegende um weitere Begebenheiten. Ferner sind 23 Briefe von Elisabeth bekannt, darunter der Briefwechsel mit der Äbtissin Hildegard von Bingen. Elisabeth starb um 1164.

Die Hl. Elisabeth von Schönau mit ihrem Engel, aus einer Handschrift des 15. Jh.s

baren Stukkaturen aus der Zeit um 1735 ausgestattet. Die Reliefs wurden 1898 farbig gefasst und 1956 teilweise wieder in weiß ausgeführt. Ein weiteres wertvolles Stuckrelief von 1740 befindet sich in der Kirche, deren komplette Ausstattung des 18. Jh.s erhalten geblieben ist. Da die nassauische Regierung 1803 das Interieur des Klosters versteigern ließ, sind aus dem ehemaligen Doppelkloster nur zwei wertvolle gotische Holzplastiken erhalten geblieben. Sie zeigen den Typus der thronenden Madonna mit Kind. Die aus dem 14. Jh. stammende und neuge-

fasste Skulptur konnte 1920 vom Schönauer Pfarrer zurückerworben werden. Die aufklappbare Madonnenfigur aus dem 15. Jh. befindet sich im Diözesanmuseum Limburg.

Besondere Bedeutung dieser Ordensgemeinschaft

Das Grab von Elisabeth wurde zum Ziel von Wallfahrten. Obwohl sich die Schönauer gleich um die Heiligsprechung bemüht hatten, kam es erst im 16. Jh. dazu. Heute befindet sich nur noch die Schädelreliquie in Schönau.

Roswitha Wissen

Literatur

Manfred Backes, Kloster Schönau im Taunus, Köln 1976.
Germania Benedictina: Schönau, Bd. IX, 1999, S. 728–756.

Info

56357 Strüth
Tel.: 0 67 75 / 98 0 83
Geöffnet: Kirche tgl. 9-18h, Klosteranlage nach Vereinbarung
www.KlosterSchoenau.de

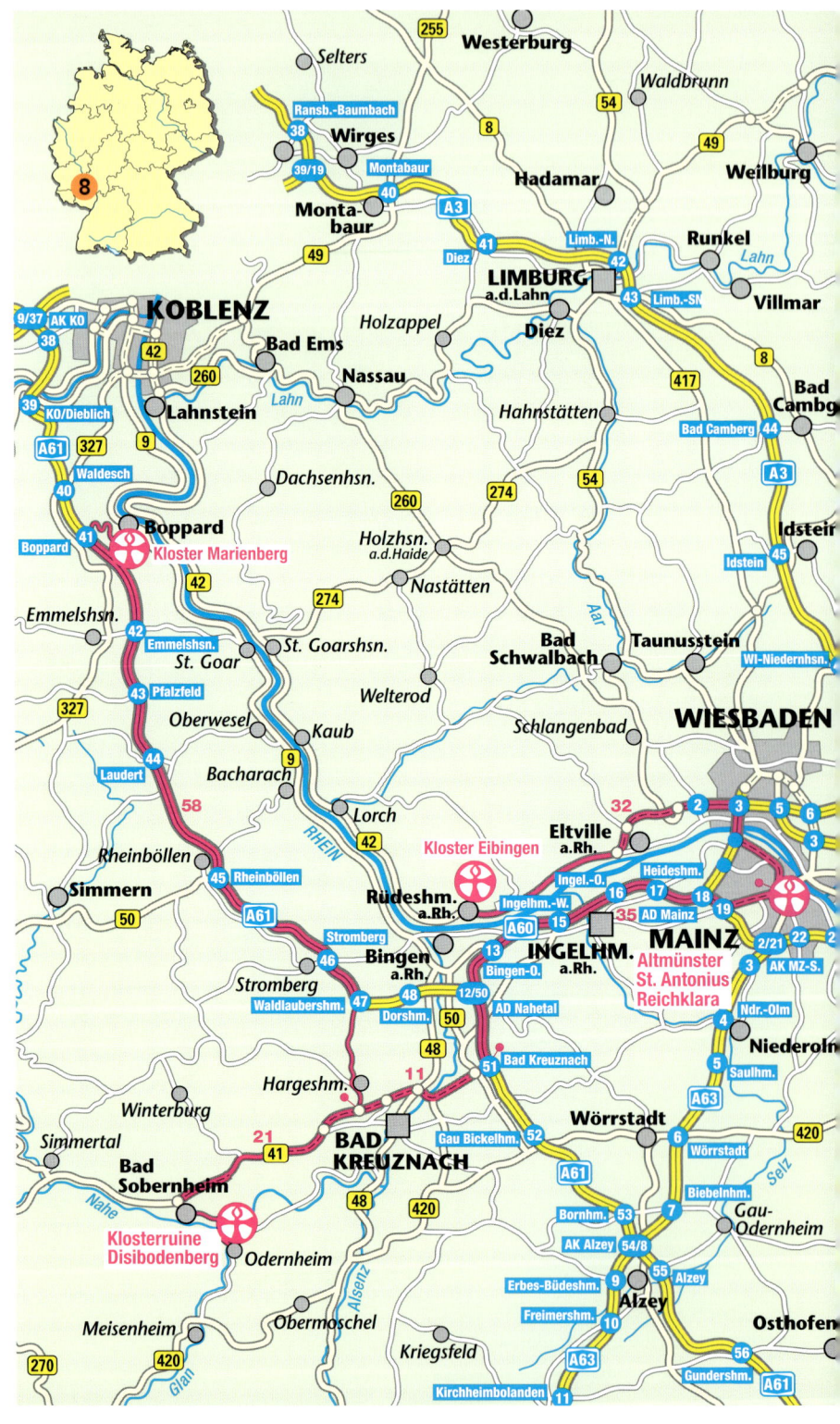

Route 8:
Mainz und Mittelrhein

Boppard
ehem. Kloster Marienberg
Lena Weber

Odernheim
ehem. Kloster Disibodenberg
Roswitha Wissen

Mainz
Altmünster, Evangelische Pfarrkirche
(ehem. Klosterkirche St. Maria)
Lena Weber

Mainz
St. Antonius
(ehem. Klosterkirche Armklara)
Lena Weber

Mainz
Naturhistorisches Museum
(ehem. Kirche des Reichklaraklosters)
Lena Weber

Rüdesheim-Eibingen
Abtei St. Hildegard
Roswitha Wissen

Boppard, ehem. Kloster Marienberg

Orden
um 1120–1802 Benediktinerinnen

Erhaltene Bauten
Teile der Konventsgebäude und des Glockenturms aus den Jahren 1739–1753.

Geschichte
Um 1120–1125 wurde das Benediktinerinnenkloster auf Initiative der wohlhabenden Bürger Boppards hin gegründet und stand unter dem Schutz Kaiser Heinrichs V. Das Kloster hatte für die Stadt eine große wirtschaftliche Bedeutung. Der noch heute bestehende Brauch der Orgelbornkirmes zeigt die enge frühere Verbindung zwischen Nonnen und Bürgern. Anfang des 13. Jh.s wurde mit dem Ausbau der Klostergebäude begonnen. Die Kirche wird spätestens 1225 fertiggestellt gewesen sein und diente als Grablege des Adels, was die hohe Stellung des Klosters unterstreicht. Nach dem Übertritt zur Bursfelder Kongregation 1437 gelangte der Marienberg erneut zu großem Wohlstand und wurde zum Vorzeigemodell für viele Konvente der Umgebung. Zu dieser Zeit lebten 150 Frauen in dem Kloster.

Nach den Beschädigungen im Dreißigjährigen Krieg und einem Brand 1738 wurden die Gebäude wieder aufgebaut, jedoch konnte sich das Kloster finanziell nicht mehr erholen. Nach der Säkularisation 1802 wurde die Kirche abgerissen.

Architektur
Die Anfang des 13. Jh.s erbaute Saalkirche schloss sich im Norden an den Kreuzgang an. Die nach dem Brand von 1738 errichtete Anlage von Thomas Neurohr nimmt den alten Grundriss wieder auf. Es handelt sich hierbei um einen vierflügeligen Bau, der sich um einen quadratischen Innenhof gruppiert. Östlich der Kirche befand sich der Äbtissinnentrakt, an den sich im rechten Winkel nach Norden der Prioratsbau anschloss. Die Hanglage wird durch die Zweigeschossigkeit des Ostflügels und die Dreigeschossigkeit des Westflügels überbrückt. Außen ist der Bau schmucklos, hat rechteckige Fenster und ein Mansardendach mit Giebellauben und Okulusöffnungen. Die Balkone am Prioratsbau stammen nicht aus der Klosterzeit. Das im Vergleich zu den anderen Zugängen reich geschmückte Hauptportal befand sich in der Mittelachse des Äbtissinnentraktes. Es wird von einem gesprengten Segmentgiebel überspannt und von einer

Kloster Marienberg

Orgelbornfest, um 1920

Stichwort: Orgelbornkirmes

Am dritten Montag nach Pfingsten findet auf dem Gelände des ehemaligen Klosters die Orgelbornkirmes statt. Zwischen den Klostergebäuden und dem Viehhaus schloss sich in südwestlicher Richtung ein Park an, durch den der Orgelbornbach floss. Der Bach speiste ein umfangreiches und ausgeklügeltes System von Rohrleitungen, Kanälen und Laufbrunnen, das das gesamte Kloster mit Wasser versorgte und schließlich in einem breiten Kanal die Abwässer wieder in den Bach zurückführte. Es war bis zur Aufhebung des Klosters in Betrieb. Am Festtag zogen die Bürger in einer Prozession zur Quelle des Baches, wo bei Dunkelheit Schauspiele aufgeführt wurden. Die Tradition, an diesem Tag zu feiern, setzt sich bis heute fort.

im Kreuzgang und im Klostergarten zum Teil nachträglich angebracht wurden. Stilistisch ähneln sich viele der Steine aus dem 14. und 15. Jh. Auf einer rechteckigen Platte sind im oberen Teil Familienwappen und im unteren Inschriftentafeln angebracht. Hervorzuheben sind die Grabsteine der Äbtissinnen Isengard von Greiffenclau (†1469) und Adelheid von Yppelborn (†1428) in der Vorhalle des Kreuzganges. Im oberen Teil steht Isengard in Ordenshabit und betender Haltung unter einem mit Krabben verzierten Baldachin. Im unteren Teil identifiziert eine Inschrift die Äbtissin Adelheid.

Umgebung

In der näheren Umgebung befand sich das Franziskanerinnenkloster St. Martin, das in Teilen noch erhalten ist (St.-Martin-Straße 4).

Lena Weber

Figur der Maria Immakulata bekrönt. Das Innere ist nach 1802 durch verschiedene Nutzungen verändert worden. Heute ist die Anlage Eigentum des Freundeskreises Marienberg Boppard e. V.

Ausstattung

Erhalten haben sich zahlreiche Grabplatten, die in der südlichen Eingangshalle,

Literatur

Die Kunstdenkmäler des Rhein-Hunsrück-Kreises, Teil 2, Ehemaliger Kreis St. Goar 1, Stadt Boppard 1, Düsseldorf 1988.

Info

Marienberger Straße, 56154 Boppard
Fax: 0 67 42 / 60 24 2
Geöffnet: nach Absprache
www.kloster-marienberg.de

Odernheim,
ehem. Kloster Disibodenberg

Orden
frühe Mönchsgemeinschaften, 12. Jh.
BenediktinerInnen

Erhaltene Bauten
Doppelklosteranlage und Kirche als
Ruine

Geschichte
Im 7. Jh. ließ sich der aus Irland kommende Mönch Disibod auf dem später nach ihm benannten Berg nieder. 975 zogen Augustiner-Chorherren in das Kloster ein. 1108 wurde es in einen Benediktinerkonvent umgewandelt.
Spätestens 1112 schloss sich eine kleine Frauengemeinschaft, zu der auch Hildegard gehörte, unter Führung Juttas von Sponheim dem Konvent an. Von 1112 bis 1136 war Jutta von Sponheim Meisterin, ihre Nachfolge trat Hildegard an. Sie begann 1147 mit einer Klosterneugründung auf dem Rupertsberg, und die räumliche wie formelle Trennung des Nonnenklosters vom Disibodenberg war 1152 abgeschlossen. 1259 wurde dort die Benediktinerabtei aufgehoben, und Zisterzienser zogen ein. 1559 wurde das Kloster infolge der Reformation säkularisiert, später dienten die ruinösen Klostergebäude als Steinbruch. 1985 begann die Denkmalpflege mit archäologischen Grabungen, Sicherungsarbeiten und Restaurierungen.

Architektur
Bei der Umwandlung von 1108 wurde der Grundstein zum Bau der neuen Klosteranlage gelegt. 1143 war die Schlussweihe der Kirche. Gemäß den Hildegard-Biografen war eine Seite der Nonnenzellen durch vergitterte Fensteröffnungen mit der Kirche verbunden. Eine weitere, ebenfalls gesicherte Öffnung ermöglichte bei Bedarf eine Verbindung nach außen. Der auffallend zellenartige Grundriss im Westen der Kirche auf dem Disibodenberg unterstützt diese Vermu

Ruine Disibodenberg 1833, kolorierte Lithographie von J. C. Scheuren

Hildegard als Visionärin, Miniatur Ende 12. Jh.

tung, wenn auch nach neuerer Auffassung eine Klause im strengen Sinn auf dem Disibodenberg nicht bestand. Nach der Übergabe an die Zisterzienser wurde die Klosteranlage mehrmals umgebaut. Die heutige Ruine gibt den Zustand um 1550 wieder.

Roswitha Wissen

Literatur

Germania Benedictina: Disibodenberg, Bd. IX, 1999, S. 126–154.
Eberhard Nikitsch, Kloster Disibodenberg (Große Kunstführer Bd. 202), Regensburg 1998.

Info

Klosterruine Disibodenberg
55571 Odernheim
Tel.: 0 67 55 / 2 85
Geöffnet: tgl. 9–18h
www.disibodenberg.de

Stichwort: Hildegard von Bingen

Geboren wurde Hildegard 1098 als zehntes Kind des hochadligen Ehepaars von Bermersheim. Als Meisterin erhielt sie 1141 den göttlichen Auftrag, alles niederzuschreiben, was ihr in den Visionen offenbart wurde. Sie vertraute sich dem Mönch Volmar an, der ihr fortan als Sekretär zur Seite stand. Kritische Einwände verstummten endgültig, nachdem Papst Eugen III. ihre Sehergabe bestätigt hatte. Der Ruhm verbreitete sich rasch, und immer mehr Frauen strebten in die Gemeinschaft auf dem Disibodenberg. Bei weiteren Visionen wurde die Meisterin nun aufgefordert, ein eigenes Frauenkloster auf dem Rupertsberg nahe Bingen zu gründen. Der Abt war natürlich dagegen. Hildegard erkrankte, und die seherischen Fähigkeiten blieben aus. Ihre einflussreichen Verwandten ermöglichten den Erwerb des Rupertsbergs. 1150/51 zog Hildegard als Äbtissin mit 18 Nonnen in das neue Frauenkloster ein. Innerhalb kurzer Zeit lebten 50 Nonnen im Konvent, und weitere Frauen baten um Aufnahme. Daraufhin gründete Hildegard 1165 das Filialkloster Eibingen (140). Von den Bauten des Rupertsberg blieben nur wenige Reste erhalten.
Hildegards wichtigste Werke sind: „Wisse die Wege" und das „Buch der Lebensverdienste" sowie „Welt und Mensch". Aus ihrer Korrespondenz sind mehr als 300 Briefe überliefert. Außerdem komponierte sie 77 Lieder und das Singspiel „Ordo virtutum".
Ein Konflikt mit dem Mainzer Erzbischof überschattete ihre letzten Jahre. Sie hatte einen Exkommunizierten auf dem Klosterfriedhof beerdigen lassen und konnte durch die Verwischung der Spuren die Exhumierung verhindern. Zwei Jahre kämpfte Hildegard gegen das Interdikt, bis sie kurz vor ihrem Tod rehabilitiert wurde. Sie starb 1179.
1223 wurde ein Antrag auf Heiligsprechung in Rom gestellt, dem bis heute nicht stattgegeben wurde. Trotzdem verehren sie unzählige Menschen als Heilige und pilgern auf ihren Spuren.

Mainz, Altmünster, Evangelische Pfarrkirche

(ehem. Klosterkirche St. Maria)

Orden

im späten 7., frühen 8. Jh. Frauenstift, später vermutlich Benediktinerinnenkloster, 1243 Übertritt zum Zisterzienserorden

Erhaltene Bauten

Reste der Immunitätsmauer aus der zweiten Hälfte des 17. Jh.s entlang der Münsterstraße.

Geschichte

Bilhildis, eine aus Thüringen stammende Nichte des Mainzer Bischofs Rigibert, stiftete im späten 7., frühen 8. Jh. das Altmünster, dem sie dann als Äbtissin vorstand. Der Name des Klosters bildete sich im Laufe der Zeit aus der Bezeichnung „alter munistar", was altes Kloster bedeutet. Von Anfang an stand das Altmünster im Einflussbereich des Hochadels, was nicht immer problemlos verlief. Um 1025 kam es zu größeren politischen Auseinandersetzungen um Sophia und Ida, Töchter des Pfalzgrafen

Altmünster

Ezzo und seiner Frau Mathilde und Enkelinnen Ottos II. Der Erziehung in dem hochadeligen Frauenstift in Gandersheim zogen sie den Aufenthalt in Mainz vor. Darüber entbrannte ein Streit zwischen dem Mainzer Erzbischof Aribo, der aus Prestigegründen die Mädchen in ihrer Wahl unterstützte, und dem Herrscherhaus. Ida wurde später Äbtissin in St. Maria im Kapitol (30) in Köln. Um 1243 nahm das Altmünster die Zisterzienserregel an. In der zweiten Hälfte des 17. Jh.s mussten die Gebäude wegen einer Befestigungsanlage auf einem benachbarten Grundstück neu errichtet werden. Das Kloster wurde 1781 aufgelöst.

Architektur

Über das Aussehen der alten Klosteranlage, die sich in der nordwestlichen Ecke der Stadtmauer befand, gibt es kaum gesicherte Angaben. Die 1895 abgebrochenen barocken Bauten des 17. Jh.s zeichnen sich in der Bebauung um die Altmünsterkirche ab. Die heutige Kirche wurde 1958 von Otto Vogel erbaut und erinnert in ihrer Form an den Bau von 1663. Die sechsjochige Saalkirche war nach Westen ausgerichtet und hatte zwei Fassadentürme, die einen großen Portikus einrahmten. Südöstlich erstreckten sich die schlichten Klostergebäude.

Ausstattung

Die bedeutendste Reliquie unter sicherlich zahlreichen in diesem wohlhabenden Kloster war das „Heilige Schweißtuch", das zu Ostern vorgezeigt wurde. Das Tuch wurde in einem Reliquiar mit Bursa in dem Schweißtuchaltar auf der Nonnenempore aufbewahrt. Nach der Säkularisation gelangte die Reliquie in den Besitz der Schweißtuchbruderschaft und wird heute in der Ostkrypta des Mainzer Doms verehrt. Ein „Wurzel-Jesse-Hl.-Sippe"-Bilderteppich von 1501 befindet sich im Dom- und Diözesanmuseum.

Kl. Eberbach, Kapitelsaal

Stichwort: Bilhildis

Die Adelige stiftete das Alt-
münsterkloster in Mainz und soll ihm
bis zu ihrem Tod 734 als Äbtissin vor-
gestanden haben. Besonders für
Frauen hat sie eine Art Vorbildfunkti-
on erfüllt. Sie war gegen ihren Willen
mit dem thüringischen Herzog Hertan
verheiratet worden und hatte sich
nach dem frühen Tod von Mann und
Kind für das Klosterleben entschieden. Sie erfüllte eine ähnliche Mutter-
rolle wie Maria, weshalb Bilhildis auch
in der Art der Schutzmantelmadonna
dargestellt wird. Sie ist nie offiziell
heilig gesprochen worden.

Besondere Bedeutung
dieser Frauengemeinschaft

Wie alle anderen Frauenkonvente in
Mainz, die dem Zisterzienserorden angehörten, war auch das Altmünster der
Paternität des Klosters Eberbach im
Rheingau unterstellt. Eberbach wurde
1136 wahrscheinlich unter Einflussnah-
me des Hl. Bernhard von Clairvaux
gegründet und entwickelte sich zu einem
der wohlhabendsten und größten Klöster
am Rhein. Insgesamt 16 Frauenklöster
waren dem Kloster unterstellt, hinzu
kamen die zahlreichen Beginenkonvente.

Umgebung

In unmittelbarer Umgebung befindet
sich der Schillerplatz, an dem bis zur
Säkularisation das Weißfrauenkloster
und das Kloster St. Agnes standen.

Lena Weber

Literatur

Ingrid Adam (Hg.), 1300 Jahre Altmüns-
terkloster in Mainz, Mainz 1993.

Info

Münsterstraße 25, 55116 Mainz
Tel.: 06131/228996
Geöffnet: nach Absprache
www.altmuenster.de

Mainz, St. Antonius
(ehem. Klosterkirche Armklara)

Orden
ab 1620 bis 1802 Klarissen, zuvor erstmals 1334 Erwähnung von Antonitern

Erhaltene Bauten
Kirche aus der ersten Hälfte des 14. Jh.s,
nach Beschädigungen im Krieg 1949
wiederhergestellt, Portal von 1726.

Geschichte
1620 wurde das 1324 von Antonitern
gegründete und 1528 verlassene Kloster
St. Antonius von Klarissen aus Köln neu
besiedelt. Der Konvent wurde im Zuge
der Säkularisation 1802 aufgelöst. Der
um 1330 begonnene Bau der heute noch
erhaltenen Kirche erfuhr nach dem Einzug der Nonnen u. a. durch den Einbau
einer Nonnenempore starke Veränderungen. Die Klostergebäude wurden nach
den Beschädigungen im Zweiten Weltkrieg abgerissen und nur in Teilen entlang der Klarastraße auf altem Grundriss
wieder errichtet. Heute befindet sich in
ihnen das Institut für Kirchenmusik.

Architektur
Bei der Kirche handelt es sich um eine
Saalkirche, deren einfacher Stil dem Ideal
der Bettelordenarchitektur entspricht. Das
Langhaus ist annähernd quadratisch und
etwas breiter als der Chor. Dieser wird aus
zwei querrechteckigen Jochen mit einem
5/8-Schluss gebildet und durch zwei- und
dreiteilige Maßwerkfenster sowie Strebepfeiler gegliedert. Das Kreuzrippengewölbe ruht auf kapitellosen Diensten.
Ursprünglich war sicherlich auch das
heute flachgedeckte Langhaus eingewölbt. Die 1625 eingezogene Empore ist
über eine Treppe im Norden erreichbar.
Südlich an den Chor schließt sich die
Kapitelkapelle an, welche die Form der
Kirche aufnimmt. Der Name leitet sich

Gewölbemalereien (14. Jh.)

vermutlich von dem hier angrenzenden
Kreuzgang mit Kapitelsaal ab.
1948 legte man beim Wiederaufbau
Gewölbemalereien aus der Erbauerzeit
frei. Die stehenden und thronenden Figuren stellen neben Christus und Maria 27
Heilige dar. Dieses sich auf das Jüngste
Gericht beziehende Programm ist jedoch
unvollständig. Weitere Figuren haben
sich vermutlich oberhalb der Empore
befunden, die bei ihrem Einbau zerstört
wurden. Die 1724–1727 neu errichteten
Gebäude an der Klarastraße waren zweigeschossig und wurden von dreigeschossigen Eckpavillons gerahmt. Durch ein
Eingangsportal erreichte man einen Hof
südlich des Chores. Weitere Gebäude
erstreckten sich parallel zur Kirche in
westlicher Richtung. Lage und Gestalt des
alten Portals wurden beim Neubau nach
dem Krieg berücksichtigt. Dieses enthält
in einer darüberliegenden Nische die
Figur der Hl. Klara von Burckhard Zamels.

Stichwort: Untergegangene Klöster in Mainz

Neben den drei Klöstern Altmünster (134), Reichklara (138) und Armklara gab es bis zur Säkularisation in Mainz und Umgebung weitere Frauenkonvente, von denen keine oder wenige bauliche Zeugnisse erhalten sind. Reste von Konventsgebäuden des ehemaligen Weißfrauenklosters am heutigen Schillerplatz lassen Größe und Bedeutung des Konvents erahnen. Ebenfalls am Schillerplatz, im Bereich der heutigen Ludwigstraße, befand sich das Kloster St. Agnes. Wie das Weißfrauenkloster gehörte es dem Zisterzienserorden an.

Engel aus dem Welschnonnenkloster (18. Jh.)

Ausstattung

Über der Tür mit einem Antoniterkreuz im Norden steht die Figur eines Engels mit einem Betenden aus rotem Sandstein aus dem 18. Jh., die nach dem Abriss des Welschnonnenklosters in Mainz 1948 hier aufgestellt wurde. Erhalten haben sich weiter einige Grabsteine von Äbtissinnen im Chor. Die Kirchenfenster wurden 1971/72 von Wilhelm Geyer aus Ulm angefertigt.

Besondere Bedeutung dieser Frauengemeinschaft

Die Gemeinschaft der „Armen Klaren" wurde 1620 bewusst in Mainz angesiedelt. Sie sollte im Unterschied zu den sich seit 1272 in der Stadt befindlichen „Reichen Klaren" eine strengere Form der Regel der Hl. Klara ausüben (138).

Lena Weber

Literatur

Fritz Arens, Mainz St. Antonius (Kunstführer 1416), München 1984.
Ewald Wegner (Hg.), Kulturdenkmäler in Rheinland-Pfalz, Band 2.2, Stadt Mainz, Altstadt, Düsseldorf 1988.

Info

Adolf-Kolping-Straße 10
55116 Mainz
Tel.: 0 61 31 / 23 40 32
Geöffnet: nach Absprache

Mainz, Naturhistorisches Museum

(ehem. Kirche des Reichklaraklosters)

Orden
ab 1272 Reiche Klarissen

Erhaltene Bauten
Klosterkirche erbaut um 1300, heute in veränderter Form Teil des Naturhistorischen Museums.

Geschichte
Am 1. November 1272 wurde der Grundstein für das Reichklarakloster gelegt. Stifter der Neugründung waren der Frankfurter Patrizier Humbert zum Widder und seine Frau Elisabeth, die das Kloster zu ihrer Grablege bestimmten. Auch die Grafen von Katzenelnbogen und andere reiche Familien sicherten sich hier ihre letzte Ruhestätte. Auf diesem Wege wurde das Reichklarakloster zu einem der wohlhabendsten und vornehmsten Frauenkonvente in Mainz und

Chor und Langhaus
der ehem. Reichklarakirche

stand seit 1294 unter dem Schutz des Königs. Die Auflage, nur Töchter aus gutem Hause aufzunehmen, wurde im 15. Jh. gelockert. Das Kloster wurde 1781 zu Gunsten des Universitätsfonds aufgelöst. Seit 1910 ist die ehemalige Kirche Teil des Naturhistorischen Museums.

Architektur
Um 1300 wurde die dreischiffige Kirche mit 5/8-Chorschluss nach dem Ideal der Bettelordenarchitektur erbaut. Der Bau ist in seiner ursprünglichen Form heute nicht mehr nachvollziehbar. So haben der Abbruch des südöstlichen Schiffs und der Einbau von fünf Geschossen 1831 den Raumeindruck stark verfälscht. Als ursprünglich können die zweibahnigen Maßwerkfenster im Langhaus, ein dreibahniges Maßwerkfenster im Chor und die Gliederung der Außenmauer durch Strebepfeiler angesehen werden. Die Annahme einer im südwestlichen Teil der ehemaligen Kirche gelegenen, von Rundpfeilern getragenen Empore bleibt auf Grund der nachträglichen Umbaumaßnahmen spekulativ.
Die Straßen Flachsmarkt-, Peters-, Reichklarastraße und Mitternacht grenzen den alten Immunitätsbereich ein, über den wenig bekannt ist. Nordwestlich an die Kirche schlossen sich der 1904 abgebrochene Kreuzgang mit den Klostergebäuden an. Die Räumlichkeiten des Museums und der daran angrenzenden Schule nehmen nicht ganz den alten Grundriss auf, bilden aber heute einen neuen, geschlossenen Komplex.

Ausstattung
Über die Ausstattung des Klosters ist nichts bekannt. Die Holztüren im Inneren der ehemaligen Kirche mit einer Figur der Hl. Klara stammen aus der Zeit des Umbaus zum Museum. Ob eine weitere Statue der Hl. Klara an einer Wand im Museum aus Klosterbesitz stammt, ist nicht sicher.

Hl. Klara, Klarenaltar(um 1360) aus dem ehem. Kölner Klarissenkloster (Köln, Dom)

Besondere Bedeutung dieser Frauengemeinschaft

Wie viele andere Klöster auch, gelangte das Reichklarenkloster durch Stiftungen schnell zu großem Wohlstand. Reiche und Adelige erwarben so nicht nur eine Grablege, sondern auch die Garantie, dass das Andenken ihrer Familie in Gebeten und Jahrgedächtnissen erhalten blieb.

Lena Weber

Literatur

Ludwig Falck, Mainz in seiner Blütezeit als freie Stadt, Düsseldorf 1973.
Ewald Wegner (Hg.), Kulturdenkmäler in Rheinland-Pfalz, Band 2.2, Stadt Mainz, Altstadt, Düsseldorf 1988.

Info

Mitternacht/Reichklarastraße 10, 55116 Mainz
Tel.: 0 61 31 / 12 26 46 0
Geöffnet: Di. 10–20h, Mi. 10–14h,
Do.–So. 10–17h

Rüdesheim-Eibingen, Abtei St. Hildegard

Orden
12./20. Jh. Benediktinerinnen

Erhaltene Bauten
Neoromanische Klosteranlage.

Geschichte
Nachdem Hildegard von Bingen in der Mitte des 12. Jh.s die Abtei auf dem Rupertsberg ins Leben gerufen hatte, gründete sie wegen des starken Zustroms von Frauen bereits 1165 ein Tochterkloster in Eibingen. Nach der Zerstörung der Anlage auf dem Rupertsberg zogen die Nonnen nach Eibingen Dieser Konvent bestand bis zur Säkularisation. Danach wurden Klostergebäude abgetragen, und die Kirche wurde bis zum Brand von 1932 als Pfarrkirche genutzt. Karl Fürst zu Löwenstein stellte das säkularisierte Kirchengut der Stiftung zur Wiederbelebung der Eibinger Abtei zur Verfügung. 1904 zogen 14 Bene-

Benediktinerinnenabtei St. Hildegard

diktinerinnen aus der Prager Abtei St. Gabriel ein.

Architektur
Der Ordensarchitekt Pater Ludgar Rincklage aus Maria Laach leitete das Neubauprojekt. 1900 wurde der Grundstein gelegt, und 1904 zogen die Nonnen in den fertigen Westflügel ein. 1908 weihte der Limburger Bischof die Kirche. Mit einer westlichen und einer östlichen Vierflügelanlage umfassen die Klostergebäude zwei Binnenhöfe. Im Westen beeindruckt die Basilika durch eine Zweiturmfassade mit 48 Meter hohen Türmen. Das nördliche Seitenschiff der Kirche dient als Teil des Kreuzgangs und führt zum Nonnenchor im Querhaus. Innen ist das breite und hohe Hauptschiff mit Flachdecke durch fünf Pfeilerarkaden mit dem südlichen Seitenschiff verbunden.

Ausstattung
Beherrscht wird der Innenraum durch die Malerei der Beuroner Schule, die in den Jahren 1904 bis 1908 unter der Leitung von Pater Paulus Krebs ausgeführt wurde. Über dem Hauptaltar in der Apsis sind acht ganzfigurige Engel dargestellt. Darüber leitet ein Lämmerfries mit dem Lamm Gottes im Zenit zur monumentalen Christusfigur in einer Pantokratorähnlichen Darstellung über. Ausgehend von Moses und Petrus wird in exemplarischen Bildern das alt- und neutestamentliche Heilsgeschehen gezeigt. Mit dem himmlischen Jerusalem und dem Schriftzug „Tabernaculum Dei cum hominibus" (Gottes Wohnung unter den Menschen) wird der Grundgedanke des gemalten Programms deutlich. Der Hl. Benedikt und die Hl. Scholastika führen einen Heiligenzug an und sind dem Bild des himmlischen Jerusalem ganz nah. In den Bogenfeldern der Nordseite wird das Leben der Hildegard von Bingen erzählt.

Klosterkirche,
Ausmalung nördl.
Seitenwand:
Heiligenprozession,
Christus und Kirche,
Hildegard
von Bingen

Stichwort: Beuroner Malschule

Die Beuroner Kunst ist eine christliche Kunstrichtung, deren Beginn auf das Jahr 1868 zurückgeht und die bis zum Ende des Ersten Weltkrieges reicht. Zur Entstehung der Malschule führten die Intentionen und das Wirken von Peter Lenz (1832–1928) und Paul Wüger (1829–1892): Sie traten in das Kloster Beuron ein, und es bildete sich eine kleine Gruppe von Malermönchen, die mit gleicher Zielsetzung arbeiteten. Obwohl es stilistisch eine klar fassbare und auch anhand bevorzugter Bildmotive leicht erkennbare Kunst ist, hat sie dennoch keine einheitliche Ausprägung, da auch andere Abteien, die der Beuroner Kongregation angehören, Anteil an der Entwicklung hatten, wie Maria Laach, St. Gabriel/Prag und St. Hildegard in Rüdesheim. Die Eibinger Klosterkirche gilt als Hauptwerk von Paulus Krebs, der Schüler von Lenz war.

Besondere Bedeutung dieser Ordensgemeinschaft

1988 besiedelten zehn Nonnen aus Eibingen die leer stehende Zisterzienserabtei Marienrode bei Hildesheim und gründeten ein Tochterkloster. Die Gemeinschaft in Eibingen zählt heute 60 Benediktinerinnen. Siebenmal am Tag werden die gemeinsamen Stundengebete in den Formen des Gregorianischen Chorals im Chor der Kirche gesungen.

Roswitha Wissen

Literatur
Benediktinerinnen-Abtei St. Hildegard Rüdesheim-Eibingen (Kleine Kunstführer 11895), Regensburg 1999.
Hildegard von Bingen, Wirkungsstätten (kleine Kunstführer 40121), Regensburg 1996.

Info
Klosterweg
65385 Rüdesheim-Eibingen
Tel.: 0 67 22 / 49 90
Geöffnet: tgl. Sommer 6.30–20.30h, sonst 7–18h
www.abtei-st-hildegard.de

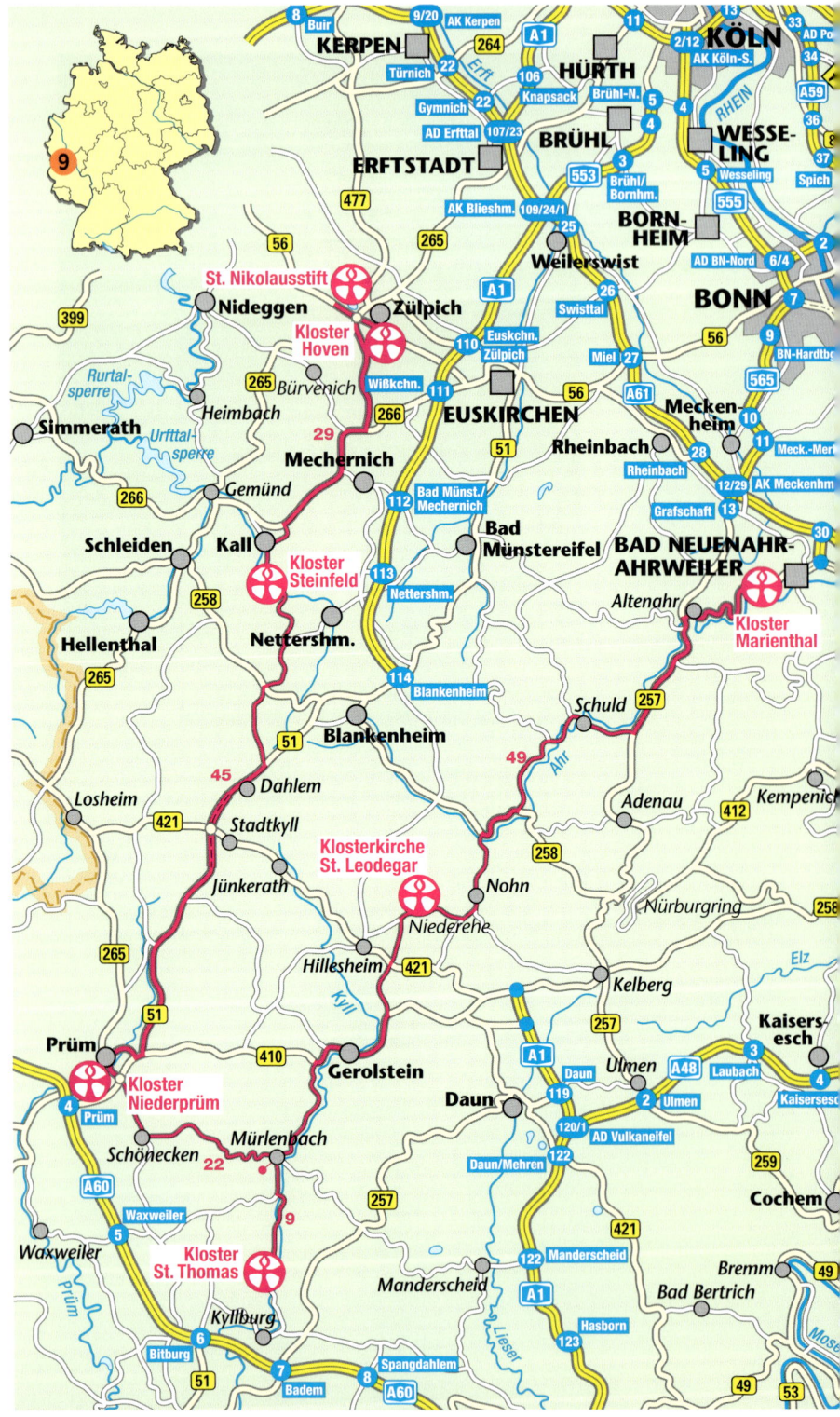

Route 9: Eifel

Zülpich-Füssenich
St. Nikolaus, Pfarrkirche
(ehem. Klosterkirche) und
St.-Nikolaus-Stift
Andrea Raffauf-Schäfer

Zülpich-Hoven
**Kloster Marienborn und
Klosterkirche St. Maria und St. Maximin**
Andrea Raffauf-Schäfer

Kall-Steinfeld
Kloster Steinfeld
Andrea Raffauf-Schäfer

Niederprüm
**St. Gordian und St. Epimachus,
Pfarrkirche und Vinzenz-von-Paul-Gymnasium**
Andrea Raffauf-Schäfer

St.Thomas an der Kyll, Bischöfliches Priesterhaus
(ehem. Kloster)
Andrea Raffauf-Schäfer

Niederehe
St. Leodegar, Pfarrkirche
(ehem. Klosterkirche)
Andrea Raffauf-Schäfer

Marienthal
Staatliche Weinbaudömäne
(ehem. Kloster)
Andrea Raffauf-Schäfer

Zülpich-Füssenich,
St. Nikolaus, Pfarrkirche

(ehem. Klosterkirche
und St.-Nikolaus-Stift)

Orden
Prämonstratenserinnen

Erhaltene Bauten
Klosterkirche (Anfang 18. Jh.) mit einheitlicher barocker Ausstattung, Klostergebäude (Mitte 18. Jh.) sowie fast vollständig erhaltene Immunitätsmauer.

Geschichte
Patrissa und Hermann von Heimbach stifteten ein Kloster, das Abt Lambert von Hamborn in Ramersdorf an der Lippe errichtete. Nonnen aus Dünnwald besiedelten das Stift, in dem die Tochter des Stifterpaares, Maria, erste Meisterin war. Da in Ramersdorf weder Wein noch Weizen gediehen, verlegte Erzbischof Arnold I. von Köln das Kloster auf Bitten der Stifter 1147 an die bereits bestehende Nikolauskapelle in Füssenich. Das Prämonstratenserstift, welches dem Abt von

Klosterhof

Hamborn unterstellt war, wurde (bis etwa zum 15. Jh.) als Doppelstift geführt. Zwischen 1167 und 1191 brannte das Kloster ab und wurde 1228 wieder aufgebaut. Anfang des 13. Jh.s lebte der sel. Aldericus als Converse hier.
1599 plünderten und brandschatzten holländische Truppen das Kloster.
Im Dreißigjährigen Krieg (1642) flohen die Nonnen nach Köln und kehrten erst nach Abschluss des Westfälischen Friedens zurück.
1711–1716 erfolgte der Neubau der Kirche und bis Mitte des 18. Jh.s auch die Erneuerung der Klostergebäude.
Infolge der Säkularisation 1802 kam die Kirche in den Besitz der Pfarrei; die Klostergebäude wurden versteigert. 1896 gründeten Augustinerinnen das Nikolausstift als landwirtschaftliche Schule für Mädchen. Nach einer Nutzung der Gebäude als Lazarett wurde die noch heute bestehende Schule 1946 wiedereröffnet. Sie stand von 1950–1999 unter Leitung der Schwestern vom göttlichen Herzen Jesu.

Architektur
Die Kirche St. Nikolaus ist ein einschiffiger Ziegelbau mit dreiseitigem Chorschluss und einem sechseckigen Dachreiter, der sich über dem Westende des Satteldaches erhebt. An der Südseite, die durch kräftige Strebepfeiler gegliedert ist, befindet sich ein Haustürportal mit einer Bildnische (Hl. Nikolaus) und der Jahreszahl 1711. Die beiden westlichen Achsen sind wegen der dahinter liegenden Nonnenempore zweigeschossig mit Korbbogenfenstern ausgebildet. Die westliche Giebelwand ist abgetreppt.
Der siebenjochige Saalbau ist im Innern mit sechsteiligen Schienenrippengewölben strukturiert, die wie die Quergurte auf Pilastern enden. Der ehemalige Kreuzgang an der Nordseite wurde durch rundbogige Öffnungen als Seitenschiff mit der Kirche verbunden.

Blick zum Hochaltar

Stichwort: Altarexpositorium

Ein Altarexpositorium ist eine Besonderheit der Tabernakelkonstruktion, die dazu dient, die Präsentation der geweihten Hostie in einer Monstranz zu inszenieren. Das Expositorium zeigt sich als zweitüriges Gehäuse, das sich öffnet, wenn im Inneren des Altares eine Mechanik in Gang gesetzt wird. Die Türflügel schwingen auf und die Monstranz wird auf einem Podest, begleitet durch ein Glockenspiel, nach vorne geschoben. Das Expositorium in Füssenich ist das Einzige im Rheinland mit einer original erhaltenen Mechanik.

Ausstattung

Aus der Erbauungszeit stammt die einheitliche barocke Ausstattung: Hochaltar mit zweigeschossiger Predella, Reliquienschrein und Expositorium. Die Seitenaltäre enthalten verglaste Reliquiennischen.

Erwähnenswert ist weiterhin der Sarkophag des sel. Aldericus von 1655. Aldericus, der im 13. Jh. im Kloster lebte, soll der Legende nach französischer Königssohn gewesen sein.

Auf der Nonnenempore sind das Chorgestühl und besonders der Äbtissinnenstuhl der Elisabeth von Fremersdorf mit einem Wappen aus dem Jahre 1718 beachtenswert.

Andrea Raffauf-Schäfer

Literatur

Harald Herzog und Norbert Nussbaum, Stadt Zülpich (Denkmaltopographie der Bundesrepublik Deutschland, Denkmäler im Rheinland, Bd. 9.5), Köln 1988, S.143–150.

Info

St.-Nikolaus-Straße, 53909 Zülpich
Tel.: 0 22 52 / 33 26
Geöffnet: Nur während der Gottesdienste oder nach Terminvereinbarung mit dem Pfarramt.
www.st-nikolaus-stift.de

Zülpich-Hoven,
Kloster Marienborn und
Klosterkirche St. Maria
und St. Maximin

Orden
Zisterzienserinnen, seit 1888 Augustiner-Cellitinnen

Erhaltene Bauten
Romanische Klosterkirche; ehemaliges Klausurgebäude (heute Verwaltungstrakt); Teile der Immunitätsmauer.

Geschichte
Im Jahr 1188 entsandte Domdechant Johann von Trier Zisterzienserinnen aus dem Konvent St. Thomas an der Kyll (152) nach Hoven, um dort ein Kloster zu gründen. 1190 übertrug Edelfrau Ida von Hengebach das Patronat der ihr gehörenden Kirche zu Hoven der Heiliggeistbruderschaft, die es mit weiteren Gütern dem Kloster übereignete. 1190/91 wurde das Kloster von Papst Cölestin III. mit einer Bulle unter seinen Schutz gestellt.

1197 gründete eine Anzahl Nonnen aus Hoven auf Bitten des Erzbischofs Adolf I. von Köln ein Kloster in Walberberg (84). Gegen 1218 unterstellte man Hoven der Leitung des Abtes von Heisterbach, später dann dem Abt von Altenberg. Um 1241 verstarb der Hl. Hermann-Josef im Kloster Hoven. Er wurde dort beigesetzt, seine Gebeine wurden jedoch wenige Wochen später nach Steinfeld (148) überführt.

1802 erfolgte die Aufhebung des Klosters. 1888 erwarben Augustiner-Cellitinnen aus der Severinstraße in Köln den Komplex, um dort ein Krankenhaus zu errichten.

Architektur
Schon in der ersten Hälfte des 11. Jh.s bestand in Hoven eine stattliche Kirche, deren Turm noch heute erhalten ist.

Nach der Klostergründung im 12. Jh. wurde das Langhaus umgebaut und der Chor Anfang des 13. Jh.s außergewöhnlich stark erhöht. Um 1591 erfolgte der Anbau eines Kreuzgangflügels, der heute als südliches Seitenschiff in die Kirche einbezogen ist.

Klosterkirche von Norden

Stichwort: Hovener Madonna

Die „Hovener Madonna" ist eine der bedeutendsten romanischen Skulpturen des Rheinlandes. Die Holzskulptur einer thronenden Muttergottes stammt aus einer Kapelle in Köln-Marsdorf und wurde im dritten Viertel des 12. Jh.s von einem Kölner Künstler geschaffen. Die Madonna ist steif aufrecht auf einem Holzthron mit gerader Rückenlehne und geraden Seitenwänden sitzend dargestellt. Sie hält mit ihrer Linken das gekrönte Kind, das seine rechte Hand zum Segensgestus erhoben hat. Die Figuren, deren Stil an die französische Monumentalplastik des frühen 12. Jh.s anknüpft, waren ursprünglich polychrom gefasst.

Hovener Madonna (12. Jh.)

Nach 1881 wurde die Kirche restauriert und eine Hermann-Josef-Kapelle sowie eine Kapelle an der Nordwand angefügt. Die Klosterkirche St. Maria und St. Maximin zeigt sich heute als ein einschiffiger, flachgedeckter Saalbau mit eingezogenem quadratischem Chor und halbrunder Apsis, dem ein achteckiger Westturm auf quadratischem Grundriss vorgelagert ist. Der Turm weist im Obergeschoss romanische Doppelfenster mit eingestellten Säulen auf und ist von einer geschweiften Haube bekrönt. Chor und Schiff haben einen wulstförmigen Sockel und sind mit Lisenen und Konsolgesims gegliedert. Die Konsolen sind z. T. mit Tierköpfen und Pflanzen geschmückt.

Westlich an die Kirche schließen sich die ehemaligen Klausurgebäude an, die heute in den Verwaltungstrakt einbezogen sind. Des weiteren sind noch Teile der Immunitätsmauer aus dem 17. Jh. erhalten.

Ausstattung

Im westlichen Teil des Langhauses befindet sich eine zweischiffige steinerne Nonnenempore, deren zwei kreuzrippengewölbte Joche auf achteckigen Pfeilern ruhen (spätgotisch). Die Raumausmalung stammt von Matthias Göbbels (Ende 19. Jh.). Herausragendstes Stück der Ausstattung ist die sog. „Hovener Madonna".

Umgebung

In Zülpich-Bürvenich ist die ehemalige Zisterzienserinnenklosterkirche St. Stefani Auffindung sehenswert.

Andrea Raffauf-Schäfer

Literatur

Harald Herzog und Norbert Nussbaum, Stadt Zülpich (Denkmaltopographie der Bundesrepublik Deutschland, Denkmäler im Rheinland, Bd. 9.5), Köln 1988, S. 161–166.

Info

Luxemburger Straße, 53909 Zülpich-Hoven
Tel.: 0 22 52/53 11 7
Geöffnet: Klosterkirche tagsüber während der Öffnungszeiten des Krankenhauses zugänglich.

Kall–Steinfeld,
Kloster Steinfeld

Orden
im 11./12. Jh. Benediktinerinnen, ab 1126 Prämonstratenser, seit 1926 Salvatorianer

Erhaltene Bauten
Frühromanische Basilika mit romanischer und barocker Ausstattung und Barockorgel, Kreuzgang 15. Jh., Klostergebäude 15.–18. Jh.

Geschichte
Nach der Überlieferung erbaute Graf Sibodo aus dem Ahrgau im Jahr 920 eine Kirche in Steinfeld und übertrug die Gebeine des Hl. Potentinus und seiner Söhne Felicius und Simplicius aus Karden/Mosel dorthin. Die Gründungsgeschichte des Klosters Steinfeld berichtet von einer gleichzeitigen Stiftung eines Benediktinerinnenkonvents. Gesichert ist, dass es vor 1121 in Steinfeld bereits eine religiöse Gemeinschaft gegeben hat. In diesem Jahr erwarb der Kölner Erzbischof Friedrich I. das „monasterium Steinveldense", um dort eine Kanonikerkongregation aus Springiersbach (106) anzusiedeln. Diese nahm im Jahre 1126 die Prämonstratenserregel an. Wahrscheinlich wurde auch dieses Stift zunächst als Doppelkonvent geführt, bis die Frauen vor 1143 nach Köln-Dünnwald umgesiedelt wurden.

1162 trat der Hl. Hermann-Josef in das Kloster ein. Der Heilige, der bis zu seinem Tod (um 1241) in Steinfeld lebte, verfasste ein umfangreiches Schriftwerk. Es enthält besonders Hymnen an die Muttergottes, die ihm in Visionen erschien, sowie an das Herz Jesu und die Hl. Ursula.

1184 wurde Steinfeld zur Abtei erhoben. Von hier aus wurden auch mehrere Frauenstifte betreut, so z. B. Dünnwald und Meer (77). 1142–1160 wurde die bis heute bestehende Kirche im romanischen Stil errichtet. 1802 erfolgte die Aufhebung des Klosters, die Abteikirche wurde Pfarrkirche. Seit 1923 betreibt der Salvatorianerorden dort ein Gymnasium mit Bildungshaus.

Außenansicht der romanischen Basilika

Blick durch das Langhaus auf den Hochaltar

Architektur

Die Klosteranlage von Steinfeld zählt auch heute noch zu den besterhaltenen klösterlichen Baudenkmälern des Rheinlandes. Aus der Zeit des Frauenkonvents sind allerdings keine Reste erhalten.

Die Kirche wurde in den Jahren 1142–1160 im romanischen Stil errichtet. Es ist eine kreuzförmige Pfeilerbasilika im gebundenen System mit vier Jochen, gestrecktem Langhaus, Vierungsturm, Chorjoch mit halbrunder Apsis und gerade geschlossenen Seitenkapellen. Die Türme des Westwerks wurden 1873 nach dem Vorbild einer Ritzzeichnung des 16. Jh.s durch den Kölner Architekten Heinrich Wiethase geschaffen.

Ausstattung

Die spätgotische Gewölbeausmalung wurde von Hubert von Aachen 1509–1517 vorgenommen. Sie verbindet sich sehr harmonisch mit der reichen Barockausstattung (Hochaltar, Kommunionbank, Seitenaltäre, Kanzel und Beicht-

stühle), die 1680–1742 geschaffen wurde.

Ein besonderes Meisterwerk ist die barocke Orgel. Sie wurde um 1600 gebaut, zwischen 1680 und 1725 mehrfach erweitert und gehört zu den herausragenden Instrumenten im Rheinland.

Weiterhin erwähnenswert sind neben vielen anderen Kunstschätzen gotische Holzstatuen des Hl. Hermann-Josef und des Hl. Potentinus, eine spätgotische Maria mit Kind (um 1500) und der Marmorsarkophag des Hl. Hermann-Josef (1732).

Andrea Raffauf-Schäfer

Literatur

Bernward Meisterjahn, Kloster Steinfeld (Kunstführer Nr. 1440), 5. Aufl. Regensburg 1999.

Info

Hermann-Josef-Straße
53925 Kall-Steinfeld
Tel.: 0 24 41 / 88 9-0
Geöffnet: tgl. 9–18h; Besichtigung des Kreuzgangs von 9–11.30h und 14.30–17.30h möglich
www.kloster-steinfeld.de

Niederprüm, St. Gordian und St. Epimachus, Pfarrkirche und Vinzenz-von-Paul-Gymnasium

Orden
Benediktinerinnen

Erhaltene Bauten
Klosterkirche (1677) und Klostergebäude mit zweigeschossigem Kreuzgang von 1676 sowie barockem Westflügel.

Geschichte
Im 9. Jh. wurden im Waldgebiet von Niederprüm erste Höfe und eine Kapelle errichtet. Um 1180 suchte Äbtissin Sophia von Vianden, die mit drei Nonnen aus ihrem Kloster Susteren (66) vertrieben worden war, Zuflucht bei ihrem Verwandten Gerhard von Vianden, Abt von Prüm. Er schenkte ihr Kapelle und Hof zu Niederprüm und stiftete dort im Jahr 1190 ein Benediktinerinnenkloster, dem die Reliquien der Märtyrer Gordian und Epimachus übergeben wurden. Das Kloster wurde 1220 von Papst Honorius II. unter seinen Schutz gestellt. Ende des 15. Jh. wurden die Bursfelder Reformstatuten angenommen, ohne jedoch dem Ordensverband beizutreten. 1802 erfolgte die Aufhebung des Klosters. Die Klosterkirche wurde Pfarrkirche, die Klostergebäude wurden verkauft und als Wohngebäude und Ziegelei genutzt. 1925 eröffnete der Orden des Hl. Vinzenz von Paul in den Gebäuden eine Schule (heute Vinzenz-von-Paul-Gymnasium).

Architektur
Spätestens 1330 wurde die Kapelle durch eine große Kirche ersetzt. Nach einem Visitationsbericht von 1658 drohte sie einzustürzen und der Trierer Erzbischof Karl Kaspar von der Leyen befahl 1668 die Wiederherstellung. Unter der Äbtissin

Klosteranlage und Ort Niederprüm

Kirche und Klostergebäude um 1920

Magdalena de Montplainchamp wurde die neue Kirche 1677 geweiht.

An den rechteckigen Saalbau der Kirche schließen sich im Osten nebeneinanderliegend die Sakristei und der mittelalterliche Turm an. Der dreigeschossige Turm trägt eine unten geschweifte, oben würfelförmige Schieferhaube.

In der Mitte der südlichen Kirchenfront befindet sich eine kreuzgewölbte Vorhalle mit älterem Pilasterportal und der Jahreszahl 1678. Das dahinter liegende Kirchenportal ist mit Beschlagmuster gestaltet.

Die Klostergebäude (1676), die sich an die Nordseite der Kirche anschließen, umgeben einen zweigeschossigen rechteckigen Kreuzgang. Der Westflügel ist ein neunachsiger Barockbau, der mit einem reichprofilierten Hauptportal versehen ist und im Untergeschoss einen Festsaal mit Täfelungen des 18. Jh.s birgt.

Ausstattung

Aus der Zeit um 1700 stammen der hölzerne Hochaltar, eine Kanzel mit Säulenfuß und Figur des Hl. Michael sowie die Nebenaltäre. An der Kirchennordwand befindet sich die hölzerne Brüstung einer Äbtissinnenempore, deren Zugang zum Kreuzgang heute vermauert ist. Unter der Orgelempore ist der Grabstein der Äbtissin Magdalena de Montplainchamp aufgestellt.

Besondere Bedeutung dieser Frauengemeinschaft

Obwohl sich das Kloster nie mit seiner großen Nachbarabtei Prüm messen konnte, erfreute es sich beim Adel des Eifel-Ardennen-Raumes großer Beliebtheit und war dank zahlreicher Stiftungen ein nicht unbedeutender geistiger und wirtschaftlicher Mittelpunkt in der Westeifel.

Umgebung

Es bietet sich an, den Besuch des Frauenklosters Niederprüm mit einer Visite der Benediktinerabtei Prüm zu verbinden. Sehenswert sind die 1721–30 errichtete Pfeilerbasilika mit monumentaler Doppelturmfassade (ehemalige Klosterkirche) und der schlossartige Klosterkomplex.

Andrea Raffauf-Schäfer

Literatur

Bernd Brauksiepe und Anton Neugebauer, Klosterlandschaft Eifel, 2. Aufl., Regensburg 1994, S. 108.

Info

St.-Vither-Straße
54595 Niederprüm
Tel. 0 65 51 / 85 2
Geöffnet: tgl. 9–18h

St. Thomas an der Kyll, Bischöfliches Priesterhaus
(ehemaliges Kloster)

Orden
Zisterzienserinnen

Erhaltene Bauten
Zisterzienserinnenkirche Anfang 13. Jh., die mit den barocken Klosterbauten von 1744 einen quadratischen Hof bildet; Teile der Immunitätsmauer mit barocken Torhäuschen.

Geschichte
Erzbischof Arnold I. von Trier errichtete um 1173 in Erlesbüren an der Kyll eine Kapelle zu Ehren des 1170 ermordeten Erzbischofs von Canterbury, Thomas Becket. Aus Berichten des Himmeroder Oblaten Matthias Agritius (1579) wissen wir, dass dort zu dieser Zeit schon Eremitinnen lebten, die 1170 die Regel von Cîteaux annahmen. Ludwig von Deudesfeld und seine Frau Ida stifteten hier 1185 ein adliges Zisterzienserfrauenkloster, in das ihre beiden Töchter eintraten. Es wurde dem Abt von Himmerod unterstellt. Die Gründung war sehr erfolgreich

Blick in den Chor

und schon 1188 mussten viele Nonnen wegen Überfüllung des Klosters in das neugegründete Kloster Hoven (146) bei Zülpich übersiedeln.

1236 war der Konvent in eine Auseinandersetzung mit Rudolf von Mahlberg verstrickt. Die Nonnen flohen nach Trier und erbaten mit einer täglichen Prozession die Hilfe Erzbischof Theoderichs, sie konnten 1240 zurückkehren. 1802 wurde das Kloster aufgehoben, die Kirche wurde Pfarrkirche; seit 1946 dient St. Thomas als Bischöfliches Priesterhaus.

Architektur
Die 1222 geweihte Kirche bietet sich äußerlich in der für den Zisterzienserorden typischen schlichten Form mit Satteldach und Dachreiter dar. Die Außenmauern des Schiffs sind durch Strebepfeiler und die Rundfenster des Obergadens klar gegliedert. An das Langhaus schließt sich im Osten eine niedrigere polygonale Apsis an. Durch das Seitenschiff, das 1958 an die Nordseite der Kirche angefügt wurde, gelangt man in die zweischiffige Laienkirche („Krypta"), sie nimmt mit der darüber liegenden Nonnenempore die vier schmaleren westlichen Joche des Langhauses ein. Die drei breiteren Ostjoche werden durch spitze Gurtbögen, die auf mächtigen Wandpfeilern ruhen, voneinander getrennt.

Die barocken Umbauten der Kirche, die nach einer Feuersbrunst 1744 mit dem Neubau der Klostergebäude erfolgten, wurden bei der Renovierung der Kirche in der zweiten Hälfte des 19. Jh.s entfernt und die romanischen Formen rekonstruiert.

Ausstattung
Besonders bemerkenswert sind die zahlreichen aus Kyllsandstein gearbeiteten Grabplatten, die den Boden der Laienkirche bedecken; sie legen Zeugnis ab von der Jahrhunderte langen Klostergeschichte. Weiterhin gehören der romani-

*Langhaus
mit Nonnen-
empore*

sche Altarstipes von 1200, das gotische Hängekreuz über dem Hochaltar (erste Hälfte 14. Jh.) und eine Steinkanzel mit Wappenreliefs (1634) zu den besonderen Ausstattungsstücken.

Besondere Bedeutung
dieser Frauengemeinschaft

St. Thomas als ältestes Zisterzienserinnenkloster in Deutschland bildet eine Ausnahme unter den Frauenkonventen, die nach der Zisterzienserregel lebten, da es trotz der ablehnenden Haltung des Ordens gegenüber Frauengemeinschaften sehr früh in den Ordensverband aufgenommen wurde. Es verfügte über eine wirtschaftliche Macht, die für ein Frauenkloster groß zu nennen ist, mit bedeutendem Besitz in der Eifel, in Luxemburg und im Moselland sowie in Trier und Köln.

Umgebung

In der Stiftskirche St. Maria in Kyllburg kann u. a. das aus St. Thomas stammende hochgotische Chorgestühl besichtigt werden.

Andrea Raffauf-Schäfer

Literatur

Bischöfliches Priesterhaus St. Thomas (Hg.), St. Thomas an der Kyll: Zeit und Geist, Trier 1980.

Info

54655 St. Thomas
Tel.: 0 65 63 / 96 07-00
Geöffnet: tgl. 10–17h

Niederehe,
St. Leodegar, Pfarrkirche
(ehemalige Klosterkirche)

Orden
im 12. Jh. Augustinerinnen, ab 1226 Prämonstratenserinnen

Erhaltene Bauten
Romanische Kirche und Klostergebäude vom Ende des 18. Jh.s.

Geschichte
Die Herren von Kerpen erbauten um 1175 auf ihrem Allod in Yee (Niederehe) ein Augustinerinnenkloster für adlige Jungfrauen. 1226 unterstellte Erzbischof Heinrich I. von Köln Niederehe der Abtei von Steinfeld (148) und das Kloster wurde dem Prämonstratenserorden angeschlossen. Papst Innozenz IV. nahm das Kloster 1246 durch eine Bulle unter seinen Schutz.
Von 1322 an war besonders der Antoniusaltar das Ziel vieler Wallfahrer, da das Kloster zahlreiche Ablässe gewährte. Ab 1414 wurden wiederholt Verhandlungen wegen einer Reform der Klosterzucht geführt. Nach der Zerstörung der Klostergebäude durch einen Brand im Jahr 1475 entschied Graf Dietrich IV. von Manderscheid-Schleiden 1505 in Abstimmung mit dem Abt von Steinfeld, das Kloster neu zu errichten

und in ein Mönchskloster umzuwandeln. Graf Dietrich VI. von Manderscheid-Schleiden führte in seinem Territorium die Reformation ein und zwang die Mönche trotz ihres Widerstandes, 1569 einen protestantischen Prediger aufzunehmen. Den Protestanten wurde das Kirchenschiff, den Katholiken der Chor der Kirche zugeteilt. Nach dem Tod Dietrichs 1593 ließ der Erbe Graf Philipp von der Mark die Rekatholisierung durchführen.
Infolge der Säkularisation wurde das Kloster 1803 aufgelöst. Die Kirche und einen Teil der Klostergebäude erhielt die Pfarrgemeinde, die anderen Güter wurden versteigert.

Architektur
Die Klosterkirche aus dem späten 12. Jh. zeigt sich als ein einschiffiger, lang gestreckter Bau von vier Jochen und polygonalem Chorschluss. An ihrer Südseite lehnt sich ein Anbau an, die sog. „ahle Kirch" (1162–1175). Diese diente als Grablege der Herren von Kerpen und wurde beim Bau der Hauptkirche zum Seitenschiff.
Über dem zweiten Joch des Seitenschiffes erhebt sich der viergeschossige Glockenturm.
Die Klostergebäude bestehen aus einem Nordflügel aus der Zeit um 1650 und einem Westflügel, der südlich an die Kirche anschließt (1776–82).

*Kloster-
kirche
und Ort
Niederehe*

Hochgrab des Grafen Philipp von der Mark und seiner Gemahlin Katharina von Manderscheid-Schleiden (17. Jh.)

Stichwort: Grabmal von der Mark-Manderscheid

Am westlichen Ende des Seitenschiffes befindet sich das Hochgrab des im Jahr 1613 verstorbenen Grafen Philipp von der Mark und seiner 1593 verstorbenen Gattin Katharina von Manderscheid-Schleiden. Die Tumba aus schwarzem Marmor wurde 1625 aufgestellt und zeigt die lebensgroßen Figuren der Verstorbenen in fast vollplastischer Form. Der Graf ist in eleganter Pose, mit Rüstung und hermelinbesetztem Mantel dargestellt. Die Gräfin wirkt mit einer Haube, gerüschtem Kragen und fast unbewegtem Mantel sehr streng.

Ausstattung

Der Chor ist mit einer Ausmalung des 13. Jh.s geschmückt, die Apsisfenster und die Fenster des Hautschiffes zeigen eine schöne Verglasung der 60er Jahre des 20. Jh.s mit den für diese Zeit typischen Schlingformen.

Auf der Nonnenempore befinden sich das spätgotische Chorgestühl (1530) sowie Teile des kunstvollen schmiedeeisernen Chorgitters (1643). Hervorzuheben sind ebenfalls ein lebensgroßes Triumphkreuz aus dem 16./17. Jh. sowie Skulpturen der Hl. Christophorus, Leodegarius und Hermann-Josef und das

Hochgrab des Grafen von der Mark und seiner Gattin.

Besondere Bedeutung dieser Frauengemeinschaft

Auch in Niederehe sind Auseinandersetzungen um die Einhaltung einer strengen Klausur und Auswirkungen von Ablasshandel und reichen Stiftungen auf das Klosterleben dokumentiert. Da man jedoch davon ausgehen kann, dass viele Frauen nicht freiwillig im Kloster waren, erstaunt es nicht, dass es gegen Verfechter einer strengen Klosterzucht immer auch eine starke Gegenbewegung gab. Allerdings zeigt gerade Niederehe, dass die Auseinandersetzung um die Klosterzucht gern zum Anlass genommen wurde, wohlhabende Frauenklöster in Männerklöster umzuwandeln.

Andrea Raffauf-Schäfer

Literatur

Peter Kees, Kloster Niederehe in der Gemeinde Üxheim (Rheinische Kunststätten Heft 144), 2. Aufl. Köln 1992.

Bernd Brauksiepe und Anton Neugebauer, Klosterlandschaft Eifel, 2. Aufl. Regensburg 1994, S. 106–108.

Info

Klosterhof, 54579 Niederehe
Tel.: 02696/1307
Geöffnet: Sommer tgl. 9–18h,
Winter tgl. 9–17h

Marienthal, Staatliche Weinbaudomäne
(ehemaliges Kloster)

Orden
Augustinerinnen

Erhaltene Bauten
Klostergebäude; Kreuzgang und Kirchen-ruine.

Geschichte
Die Gründung des Augustinerinnenklos-ters Marienthal erfolgte von der Abtei Klosterrath (Rolduc, niederländische Pro-vinz Limburg) aus. 1140 wurden von Abt Johannes 37 Schwestern aus Klosterrath nach Marienthal übergesiedelt.
Die Kirche, bereits seit 1138 in Benut-zung, wurde 1141 durch den Kölner Erz-bischof Arnold I. zu Ehren der Mutter-gottes und des Hl. Johannes des Evangelisten geweiht.
Seit dem Tode des Burggrafen Gerhard IV. (1370) hatten die Burggrafen von Landskrone in der Klosterkirche ihr Erb-begräbnis und einen eigenen Altar.
1486 erfolgte die Reformierung des Klos-ters durch Erzbischof Hermann von Köln,

der Schwestern aus dem Kloster Engel-thal in Bonn hier einsetzte.
Nach Zerstörungen durch schwedische (1632) und französische Truppen (1646), bei denen das Kloster niedergebrannt wurde, begann 1699 der Wiederaufbau, der die mittelalterliche Anlage endgültig beseitigte und Mitte des 18. Jh.s mit dem Bau eines Rokokopavillons in den terras-sierten Gärten seinen Abschluss fand.
Im Zuge der Säkularisation erfolgte die Aufhebung des Klosters 1802. Die Klos-tergebäude wurden verkauft und bis auf den Ostflügel und den Pavillon als Stein-bruch genutzt. Seit 1925 befindet sich auf dem Gelände eine staatliche Wein-baudomäne.

Architektur
Die Klostergebäude umschließen einen unregelmäßig viereckigen Kreuzgang, der an drei Seiten als Flur in die Gebäude ein-bezogen und an der Südseite der Kirche vorgelagert ist. Beim Ostflügel handelt es sich um einen zweigeschossigen Bau mit Mansarddach. Der Nordflügel wird durch das Kelterhaus gebildet, welches 1933/34 über dem alten Klosterkeller aus dem 12. Jh. errichtet wurde. Vom Westflügel, der den Kirchengiebel mit einschloss, ist nur

Ehemalige Konventsgebäude und Ruine der Klosterkirche

Weinlese und Keltern, aus einer Handschrift des 14. Jh.s

Stichwort: Weinbau

Wie in vielen anderen Gebieten gehörte auch an der Ahr der Weinbau zu den wichtigen Einnahmequellen der Klöster. Für das 10.–12. Jh. sind 27 verschiedene geistliche Besitzer nachgewiesen, die Weingüter an der Ahr besaßen, darunter auch die Frauenklöster Marienthal, Schillingskapellen, Niederehe (154) und Rolandswerth (112). Die Klöster erhielten den Besitz durch Schenkungen oder führten selbst ausgedehnte Rodungen durch.

noch eine Außenmauer mit rundbogigen Öffnungen erhalten.

An der Südseite befindet sich die Kirchenruine, ein einschiffiger, fünfjochiger Bau mit Westempore und dreiseitigem Schluss. Von den ehemaligen Kreuzgewölben sind nur die Rippenansätze und die Wandkonsolen erhalten, die mit Blattwerk, Früchten und Engelsköpfen gestaltet sind.

Südlich der Klostergebäude liegt der Terrassengarten, auf dessen unterer Terrasse sich der Rokokopavillon, ein zweigeschossiger Bruchsteinbau mit Mansardendach, befindet, welcher dem Prior des Klosters als Wohnraum gedient haben soll.

Ausstattung

Die reiche Ausstattung der Kirche, u. a. Altäre, Kanzel, Orgel und Kommunionbank, wurde nach der Aufhebung des Klosters in die Kirchen der Umgebung verstreut. Es befinden sich Teile in den Pfarrkirchen von Aremberg, Dernau und Mayschoß.

Besondere Bedeutung dieser Frauengemeinschaft

Marienthal war eine der ältesten geistlichen Niederlassungen, die das Ahrtal aufzuweisen hat. Es erwarb sich so großes Ansehen und erhielt so starken Zustrom, dass Erzbischof Walram von Köln 1336 die Zahl der Schwestern auf 40 beschränkte. Das Kloster widmete sich in besonderer Weise der Kultivierung der Weinrebe. Schon für das Jahr 1152 kann für Marienthal Weinbau urkundlich nachgewiesen werden.

Andrea Raffauf-Schäfer

Literatur

Bernd Brauksiepe und Anton Neugebauer, Klosterlandschaft Eifel, 2. Aufl. Regensburg 1994, S. 94–95.

Info

Klosterstraße, 53507 Marienthal
Tel.: 0 26 41 / 98 06-0
Geöffnet: Besichtigung nur von außen oder in Verbindung mit einer vereinbarten Weinprobe (Büroöffnungszeiten: Mo–Fr. 8–12h und 13–16h).

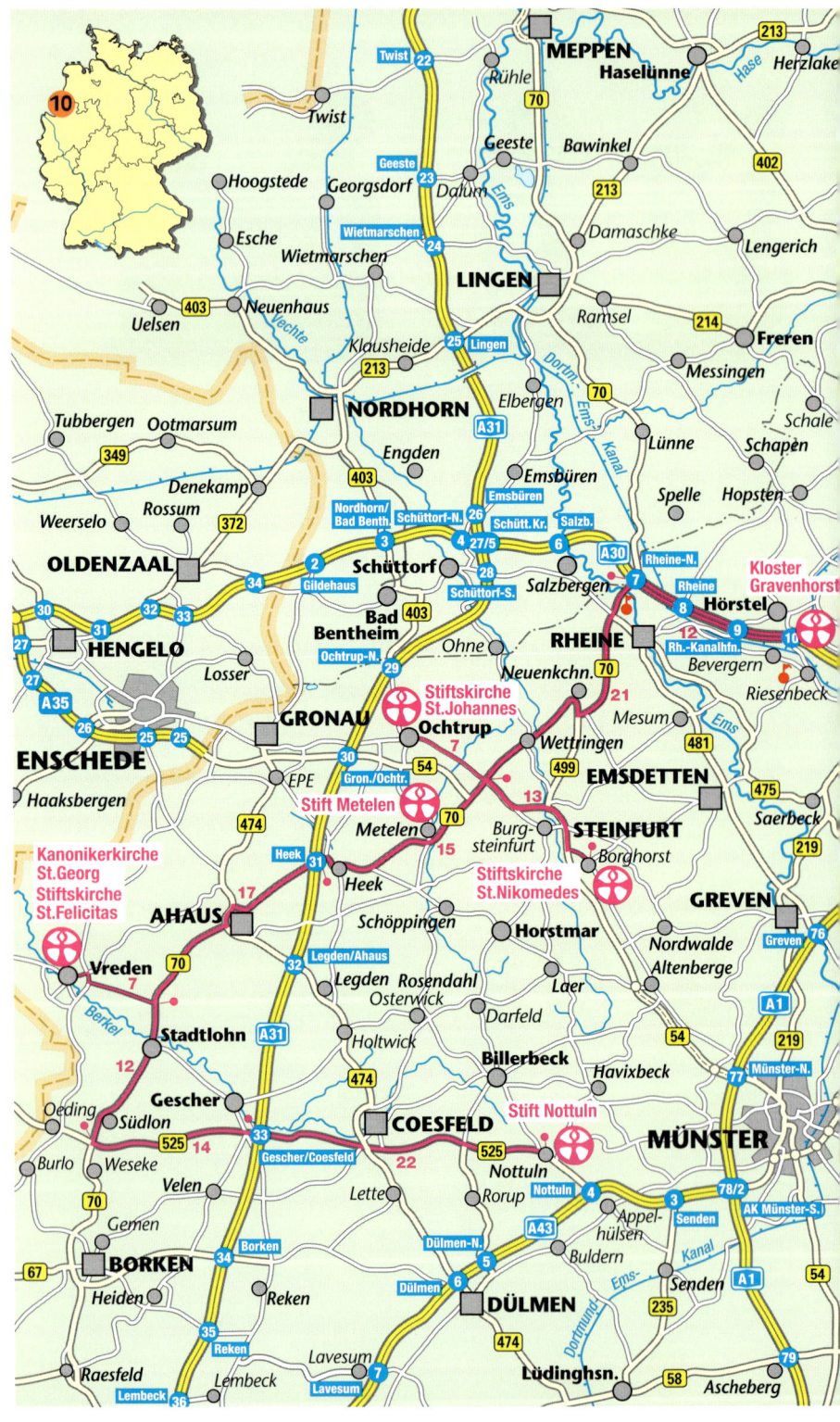

Route 10:
Nordwestliches Westfalen

Nottuln
St. Martinus, Pfarrkirche
(ehem. Stiftskirche und ehem. Stiftsgebäude)
Susan Marti

Vreden
St. Felicitas, Pfarrkirche
(ehem. Stiftskirche) und
St. Maria und St. Georg, Pfarrkirche
(ehem. Kanonikerkirche des Frauenstifts)
Petra Marx

Metelen
St. Cornelius und St. Cyprianus, Pfarrkirche
(ehem. Stiftskirche und ehem. Stiftsgebäude)
Petra Marx

Steinfurt-Borghorst
St. Nikomedes, Pfarrkirche mit Schatzkammer
(ehem. Kanonissenstift)
Petra Marx

Ochtrup-Langenhorst
St. Johannes der Täufer, Pfarrkirche
(ehem. Frauenstift)
Susan Marti

Hörstel-Gravenhorst
St. Bernhard, Rektoratskirche
(ehem. Klosterkirche) und
Kunsthaus Kloster Gravenhorst
Susan Marti

Nottuln, St. Martinus, Pfarrkirche
(ehem. Stiftskirche und ehemalige Stiftsgebäude)

Orden
Kanonissen, ab 1493 adliges Damenstift, 1811 aufgehoben

Erhaltene Bauten
Kirche (15. Jh.) mit barocker und historistischer Ausstattung, südlich der Kirche Stiftsbezirk mit prachtvoller barocker Platzgestaltung (nach Brand 1748), verschiedene Kurien (nach 1748), nördlich der Kirche ehemals Wirtschaftshöfe (Dekanat erhalten).

Inneres der Kirche nach Osten

Geschichte
Die Rückführung der Stiftsgründung auf den ersten Bischof von Münster, Liudger (749–804), und seine Schwester Heriburg muss aufgrund von neuen Urkundenforschungen und Ausgrabungen revidiert werden. Das Stift dürfte erst um 860 von Graf Liutbert gegründet und dem Hl. Magnus geweiht worden sein, am Ort der älteren Pfarrkirche St. Martin. 1195 erhielt die Äbtissin das Recht, den Vorsteher des Kirchsprengels selbst zu bestimmen, ihre Nachfolgerin wurde 1215 mit der Vogtei belehnt. Im Spätmittelalter verstärkte sich der adlige Charakter des Stifts. Die Frauen durften statt schwarzer weiße Gewänder tragen, nur noch ritterbürtige Personen konnten in den Konvent aufgenommen werden, die „vita communis" (gemeinsamer Tisch und gemeinsames Schlafhaus) wurde aufgegeben und das Stiftseinkommen in einzelne Präbenden aufgeteilt. Dem Brand von 1748 fielen sämtliche südlich der Kirche gelegenen Klosterbauten zum Opfer.

Architektur
Die Kirche ist eine der schönsten spätgotischen Hallenkirchen Westfalens, sie entstand im letzten Jahrzehnt des 15. Jh.s. Einzig der Westturm gehört bis ins Obergeschoss noch zum romanischen Vorgängerbau. Die dreischiffige, siebenjochige Halle mit polygonalem Chor (5/8-Schluss) mit Sterngewölbe macht dank der schlanken Rundpfeiler und der hohen Gewölbe einen leichten, weiträumigen Eindruck. Als architektonische Vorbilder sind die Überwasserkirche (172) und St. Lamberti, die Marktkirche, in Münster zu nennen. Die gleichartigen Fenster mit Fischblasenmaßwerk, regelmäßige Strebepfeiler und das mächtige, durchlaufende Dach bestimmen die Ansicht von außen.
Ein Sichtfenster im Boden des Westturmes sowie Markierungen im Pflaster auf

dem Platz südlich der Kirche zeugen von den Grabungen in diesen Bereichen (1977–79). Damals deckte man einen Baumsargfriedhof auf und konnte die Anlage und zeitliche Abfolge der bis zum Brand von 1748 unmittelbar südlich an die Kirche anschließenden Konventgebäude klären.

Ausstattung

Der Taufstein wie der Osterleuchter stammen aus dem 15. Jh. Qualitätvoll ist das Epitaph der Stiftsdame Anna Mechtildis von Galen-Assen im nördlichen Seitenschiff neben dem Altar (Bildhauer: J. M. Gröninger aus Münster, kurz nach 1693): Im Zentrum steht das Allianzwappen der Eltern, kranzförmig umschlossen von den Wappen der 16 Ahnen. Putti, Sanduhr, Totenschädel und Fruchtgehänge verweisen auf das barocke Memento mori. Adlige Herkunft über vier Generationen war beim Eintritt ins Stift seit der frühen Neuzeit nachzuweisen.

Epitaph der Stiftsdame Anna Mechtildis von Galen-Assen (Ende 17. Jh.)

Stichwort: Kurien

Als Kurien bezeichnet man die oft stattlichen Wohnhäuser der Stiftsdamen, in denen diese mit ihrer Dienerschaft wohnten und wirtschafteten. Die gemeinschaftlichen Handlungen der Konventualinnen beschränkten sich seit der frühen Neuzeit auf das Chorgebet und liturgische Aktivitäten. Der bekannte Barockbaumeister J. C. Schlaun konzipierte nach dem Brand 1748 in Nottuln eine neue Bebauung: Die Kurien kamen hinter den Nonnenbach an den Rand des Stiftsplatzes zu liegen, der seinerseits durch eine große Allee zweigeteilt wurde. Im heutigen Ortsbild nördlich wie südlich der Kirche lassen sich die älteren Siedlungsstrukturen noch sehr gut nachvollziehen.

Der Chorbereich besticht durch seine gut erhaltene historistische Ausstattung: Die Kirchenfenster, der Hochaltar aus Sandstein sowie die beiden Seitenaltäre bilden eine Einheit. Das bedeutendste erhaltene Stück der mittelalterlichen Stiftsausstattung befindet sich heute in Berlin (SMPK Antikensammlung), ein antikes Sardonyx-Gefäss aus dem 1. Jh.

Susan Marti

Literatur

Hans-Peter Boer, St. Martinus Nottuln (Kunstführer Nr. 2264), Regensburg 2003.
Hans Jürgen Warnecke, Nottuln – Damenstift, in: Westfälisches Klosterbuch, Bd. 2, Münster 1994, S. 150–158.

Info

Kirchplatz
48301 Nottuln
Tel.: 0 25 02 / 92 96
Geöffnet: tgl. 8–19h
www.nottuln-st-martinus.de

Vreden, St. Felicitas, Pfarrkirche
(ehem. Stiftskirche)
und St. Maria
und St. Georg, Pfarrkirche
(ehem. Kanonikerkirche des Frauenstifts)

Orden
Frauenstift, Aufhebung 1803/11

Erhaltene Bauten
Oberhalb des Flusses Berkel an der Stelle der ersten Pfarr- und Stiftskirche die 1952–57 errichtete Pfarrkirche St. Maria und Georg; im Südwesten die zweite Stiftskirche St. Felicitas aus der Zeit um 1100.

Geschichte
Vreden wird erstmals 839 anlässlich der Überführung von Reliquien der römischen Märtyrer Agapitus, Felicissimus

Nordportal (12./13. Jh.) der Stiftskirche St. Felicitas, versetzt aus St. Maria und Georg

Stichwort: Kanonikerkirche
Mit dem Bau der Stiftskirche wurde die ältere Georgskirche zur Pfarr- und Kanonikerkirche umgewandelt, d. h. sie diente den Messfeiern und dem Chordienst der das Stift betreuenden Geistlichen. Die Quellen unterscheiden die *ecclesia dominarum, domicellarum oder virginum* (Damen-, Jungfrauenkirche) bzw. *grafinnenkerke* von der *ecclesia dominorum* (Herrenkirche) bzw. *herenkerke*. Dies bedeutete jedoch nicht, daß die Liturgie der Kanonissen auf „ihre" Kirche beschränkt war: An Sonntagen und zu bestimmten Festen fanden wiederholt Ortswechsel in Form von Prozessionen statt. Offenbar führte diese räumliche Verunklärung am Ende des 15. Jh.s zu einem erbitterten Streit zwischen Stadt und Stift um die Pfarrrechte an St. Georg, aus dem die Äbtissin siegreich hervorging.

und Felicitas an eine Eigenkirche der Familie des Sachsenherzogs Widukind erwähnt. Als eigentlicher Begründer des Stifts um das Jahr 839 gilt Graf Walbert, ein Verwandter Widukinds. In ottonisch-salischer Zeit kam Vreden zu großem Ansehen. Mit der ersten Äbtissin Hathui (†1014), der Gründungsäbtissin des im Ostharz gelegenen Stifts Gernrode, begann eine lange Reihe von Doppel- oder Mehrfach-Abbatiaten. So vereinte Adelheid I., Tochter Kaiser Ottos II. und Kaiserin Theophanus, von 1039–1043 mit Essen (48), Quedlinburg, Gandersheim und Vreden vier der bedeutendsten Stifte auf sich.

1085 durch kaiserliche Schenkung in den Besitz des Erzbischofs Liemar von Bremen gelangt, kehrte Vreden nach dessen Tod 1101 wieder in den Stand der Reichsunmittelbarkeit zurück, die mit der Übergabe durch Kaiser Friedrich Barbarossa an das Kölner Erzbistum 1180 erlosch.

St. Felicitas, Hallenkrypta (Mitte 11. Jh)

Architektur

Wie Grabungen an der Georgskirche ergaben, befand sich hier wohl der Gründungsbau des Stifts: eine große Querhausbasilika aus der ersten Hälfte des 9. Jh.s. Um das Jahr 1000 entstand ein Neubau mit einer Hallenkrypta.

Nahe bei St. Georg lag eine zweite Kirche, St. Felicitas, die ebenfalls in die Karolingerzeit zurückreicht. Wahrscheinlich ließ Äbtissin Adelheid hier ebenfalls eine aufwändige Krypta errichten und nutzte St. Felicitas dann als Stiftskirche. Die Georgskirche, die im Folgenden noch mehrfach umgebaut wurde, diente fortan als Pfarr- und Kanonikerkirche.

Erzbischof Liemar von Bremen veranlasste nach 1085 einen Neubau von St. Felicitas, der mit Veränderungen des 15. Jh.s

und der Wiederherstellung nach dem Zweiten Weltkrieg auf uns gekommen ist: ein einschiffiger, kreuzförmiger Bau mit vier ehemals kreuzgratgewölbten Langhausjochen. Das Westjoch des Langhauses war durch steinerne Schranken (Fragmente der hier angebrachten Widmungsinschrift für Liemar im Hamaland-Museum) als zweigeschossige Michaeliskapelle abgetrennt. Von den angrenzenden Konventsgebäuden gelangten die Äbtissin zu ihrem Thronsitz im Erdgeschoss und die Kanonissen auf den darüberliegenden Nonnenchor. Für das 12. Jh. ist eine Frauenempore im südlichen Querhausarm nachgewiesen.

Die dreischiffige, vierjochige Hallenkrypta zählt zu den schönsten ihrer Art, unverkennbar sind die Bezüge zur

Perlenkasel mit Tugendkreuzigung, frühes 15. Jh. (Hamaland-Museum)

Krypta der Essener Stiftskirche (48). Die sechs Pfeiler und Säulen zeigen an Schäften und Kapitellen ungewöhnlichen und abwechslungsreichen Ornamentschmuck. Der hochmittelalterliche Raumeindruck des Langhauses ist durch die späteren Eingriffe kaum beeinträchtigt. In der Nordwand des Schiffes ist eine Inschriftenplatte vom Grab des Gründers Walbert (Ende 11. oder Anfang 12. Jh.) angebracht, zu dem vielleicht auch ein heute in der Krypta befindliches Porträtrelief gehörte.

Der spätgotische Chor ist komplett rekonstruiert, die Kopfkonsolen dort stammen wie das reich ornamentierte, wohl aus zwei Portalen zusammengesetzte Nordportal des 12./13. Jh.s von der Georgskirche.

Ausstattung

Vreden zählte zu den bedeutendsten und reichsten Frauenstiften im heutigen Westfalen, worauf die noch heute beträchtliche Anzahl von Kunstwerken schließen läßt, die sich z. T. in der Kirche, vor allem aber im benachbarten Hama-

land-Museum und in anderen Sammlungen erhalten haben. In der ehemaligen Stiftskirche sind u. a. eine thronende Madonna (Ende 13. Jh.), eine Chorgestühl-Wange mit der heiligen Felicitas und ihren sieben Kindern (weitere Fragmente im Hamaland-Museum) sowie der vergoldete Kronleuchter von 1498 (aus der Georgskirche) zu sehen. Vom barocken Glanz des Stifts zeugen Grabmäler, von denen das der Gräfin Maria Franziska I. von Manderscheid-Blankenheim (†1708) mit der lebensgroßen Figur der Äbtissin das prunkvollste ist. Vor der Westwand des Langhauses hängt heute das 1619 von den Stiftsdamen angefertigte und mit ihren Wappen versehene Hungertuch.

Im Hamaland-Museum finden sich Bauskulptur, Reste der Kirchenmöblierung, liturgische Geräte und Paramente aus der Stiftskirche. Die als Reliquie verehrte sog. Sixtuskasel stammt aus dem 7. (Stoff) bzw. 11. Jh. (Umarbeitung). Die mit Flussperlen auf rotem Samt bestickte Kasel entstand im frühen 15. Jh., vielleicht im Stift selbst: Die Darstellung des von sieben weiblichen Personifikationen der Tugenden gekreuzigten Christus war besonders in Frauenklöstern verbreitet.

Petra Marx

Literatur

Werner Ueffing: Die Stiftskirche St. Felicitas zu Vreden, Vreden 1996.
Hans Jürgen Warnecke: Vreden, in: Westfälisches Klosterbuch, Bd. 2, Münster 1994, S. 400–410.

Info

Beide Kirchen liegen am Kirchplatz
48691 Vreden
Tel.: 0 25 64 / 13 28
Geöffnet: tgl. 8–12 und 14–18h, So. geschlossen von 12–15h
www.stgeorgvreden.de
Hamaland-Museum
Butenwall 4
48691 Vreden
Tel.: 0 25 64 / 39 18 0
Geöffnet: Di.–So. 10–17h

Metelen, St. Cornelius und St. Cyprianus, Pfarrkirche

(ehem. Stiftskirche
und ehem. Stiftsgebäude)

Figürliche Kapitellplastik an der Nordost-Ecke des Sanctuariums

Orden
Im 9. Jh. Kanonissen, später (belegt 1337) Augustiner-Chorfrauen, Aufhebung 1811

Erhaltene Bauten
Stiftskirche des 12./13. Jh.s, von der Klausur im Osten Wirtschaftsgebäude mit Schildbögen eines Kreuzgang-Flügels, Fachwerkkurie, Abtei (1720) mit Barockgarten, Stiftsplatz u. a. mit ehem. Schule.

Geschichte
Friduwi aus dem Billungerhaus gründete 889 einen Konvent, der die 993 durch Otto III. bestätigte Reichsunmittelbarkeit erlangte. Seit dem 12. Jh. übte die Äbtissin das Archidiakonatsrecht mit den damit verbundenen geistlichen und weltlichen Privilegien (Besetzung der Pfarre, Gerichtsbarkeit) aus. Einige Vorsteherinnen amtierten parallel in Herford (180), Nottuln (160), Vreden (162), Freckenhorst (175), Borghorst (166) und Essen (48). 1532 erfolgte die Umwandlung in ein freiweltliches Stift, dem zuletzt Anna Elisabeth von Droste-Hülshoff, eine Tante der berühmten Dichterin, vorstand.

Architektur
Der Westbau aus dem 12. Jh. wird dominiert von dem südlichen Turm mit einem gotischen Treppengiebel. Im Inneren befindet sich die dreischiffige, von vier auf zwei Joche verkürzte Nonnenempore. Die zweischiffige Hallenkirche entstand bis um Mitte des 13. Jh.s (südl. Seitenschiff und Sakristei 19. Jh.). Der Chor ist durch ein aufwändiges Domikalgewölbe sowie reichen figürlichen Kapitellschmuck im Osten ausgezeichnet.

Ausstattung
Vielleicht aus einer älteren Kirche (St. Vitus, heute ‚Vitskirchhof') stammen das vergoldete Bursenreliquiar (11. Jh., Schatzkammer) und der Kruzifixus (11./ 12. Jh., siehe Benninghausen (194)), zum Bau des 12./13. Jh.s gehören der Taufstein Bentheimer Typs und der steinerne Johannes Evangelista. Unter den späteren Werken sind eine Gregorsmesse (Ende 15. Jh.), der große Kalvarienberg (frühes 16. Jh.) und die Äbtissinnen-Kreuze (17. Jh., Turmkapelle) sehenswert. Die Schatzkammer birgt u. a. barocke Leuchter und Paramente.

Petra Marx

Literatur
Bernward Gaßmann, SS. Cornelius et Cyprianus Metelen (Kleine Kunstführer Nr. 1715), München 1988.
Hans Jürgen Warnecke, Metelen, in: Westfälisches Klosterbuch, Bd. 1, Münster 1992, S. 587–593.

Info
Kirchstraße
48629 Metelen
Tel.: 0 25 56 / 98 81 7
Geöffnet: tgl. 8–18h (Sommer),
8–17h (Winter)

Steinfurt-Borghorst,
St. Nikomedes, Pfarrkirche
mit Schatzkammer
(ehem. Kanonissenstift)

Orden
Frauenstift, Aufhebung 1811

Erhaltene Bauten
Hallenkirche des 19. Jh.s anstelle der mittelalterlichen Stiftskirche, im Südosten das zur Kapelle umgebaute Kapitelhaus als einziger Rest der Klausur; am Stiftsplatz neuzeitliche Kurien (u. a. Stiftsplatz 4, 18. Jh.).

Borghorster Reliquienkreuz (11. Jh.)

Geschichte
Die aus einer ovalen Burganlage hervorgegangene Immunität zeichnet sich deutlich im Ortsbild ab, vom Schutzwall mit Graben zeugt der sog. Dermter-(Dormitoriums-)Teich. 968 richtete die Adelige Bertha von Borghorst, eine Verwandte des ersten Magdeburger Erzbischofs Adalbert, ein Kanonissenstift ein. Nach der Aufhebung wurden zunächst die Konventsbauten, 1885 die Kirche abgerissen.

Architektur
Die neugotische Pfarrkirche von 1889 ist ein Werk des aus der Kölner Dombauhütte hervorgegangenen Architekten Hilger Hertel d. Ä. Der gut dokumentierte Vorgängerbau stammte bis auf den mächtigen Westturm des 12. Jh.s aus dem frühen 15. bis 16. Jh.

Ausstattung
Neben ihrer neugotischen Ausstattung beherbergt die Pfarrkirche barocke und mittelalterliche Bildwerke aus der Stiftskirche, so eine Figurengruppe der Unterweisung Mariens, einen Christustorso und eine Pietà des Bildhauers Evert van Roden (um 1520).
In der Schatzkammer befindet sich eine der schönsten Goldschmiedearbeiten aus ottonisch-salischer Zeit: Das Borghorster Reliquienkreuz wurde laut der rückseitigen Inschrift und dem Stifterinnenbild von der dritten Äbtissin Bertha um 1050 dem Stift geschenkt. In seiner Pracht und Kostbarkeit steht es den bekannteren Kreuzen in Essen (48) nicht nach, es wurde wohl dort angefertigt. Die beiden Kristallflakons bergen Reliquien, deren wichtigste ein Splitter vom Kreuze Christi ist. Dementsprechend erscheint auf der Schauseite oben die Kreuzigung. Unter zwei Engeln kniet vermutlich Kaiser Heinrich III., der Borghorst eng verbunden war.

Petra Marx

Literatur
Géza Jazai, Kath. Pfarrkirche und Stiftskammer St. Nikomedes Steinfurt-Borghorst (Kunstführer Nr. 1734), München 1988.
Hans Jürgen Warnecke: Borghorst, in: Westfälisches Klosterbuch, Bd. 1, Münster 1992, S. 112–119.

Info
Kirchplatz 1, 48665 Steinfurt-Borghorst
Tel.: (Pfarramt) 0 25 52 / 63 92 0 oder (Stiftskammer) 0 25 52 / 28 23 oder 25 62
Geöffnet: tgl. 8–18h,
Stiftskammer nach Vereinbarung
www.marien-nikomedes.de

Ochtrup-Langenhorst, St. Johannes der Täufer, Pfarrkirche
(ehem. Frauenstift)

Kapitell im Südquerhaus

Orden
Augustiner Chorfrauen, ab 1576 frei-weltliches adliges Damenstift, 1811 aufgehoben

Erhaltene Bauten
Hallenkirche des 12./13. Jh.s mit mittelalterlicher und barocker Ausstattung, Abtei südlich der Kirche von 1722, Konventgebäude im Westen (Privatbesitz).

Geschichte
1178 gründete, wohl an der Stätte einer früheren Burg, der Edelherr Franko von Wettringen mit Unterstützung des Münsteraner Bischofs Hermann II. das Stift und stattete es mit seinen Gütern aus. 1488 trat der Konvent der Windesheimer Kongregation bei, in der Neuzeit wandelte er sich zum adligen Damenstift.

Architektur
Die spätromanische Kirche gilt als eine der schönsten Hallenkirchen Westfalens. Sie hat einen gerade geschlossenen Chor, ein Querschiff im Osten, ein nur einjochiges, dreischiffiges Langhaus und einen querschiffartig verbreiterten Westteil mit Empore. Die Ostfassade wird von zwei Chorflankentürmen gerahmt (nördlicher 1958 wieder aufgeführt), die Wand ist mit Blendenfeldern und offener Säulengalerie im Giebel gegliedert, bekrönt von einem Steinrelief des Kirchenpatrons (Original an der Emporenbrüstung im Innern, 12. Jh.). Innen ist die Kirche als Halle im gebundenen System gestaltet (zwei Joche der Seitenschiffe entsprechen einem Mittelschiffjoch) und durchgehend gewölbt. Kämpfer und Kapitelle sind mit Tier- und Pflanzenornamenten reich geschmückt. Die Westempore zog sich zu Stiftszeiten im Mittel- und Seitenschiff fast bis zur Vierung hin.

Ausstattung
Ein Kruzifixus (14. Jh.) und eine Pietà (15. Jh.) stehen auf den von Nischenziborien überfangenen Querschiffaltären, ein Taufstein (13. Jh.) im Westen. In der Stiftskammer im Turm mittelalterliche und barocke liturgische Geräte, Bortenfragmente von Messgewändern, eine Elfenbeinmadonna (Mainz, um 1300), eine Monstranz (Münster, 1653) u.a.m. Der ehem. Hauptaltar von Johann Koerbecke befindet sich heute im Westfälischen Landesmuseum in Münster.

Susan Marti

Literatur
Uwe Lobbedey, Romanik in Westfalen, Regensburg 2000, S. 159–162.

Info
Hauptstraße
48607 Ochtrup-Langenhorst
Tel.: (Pfarrbüro) 0 25 53 / 98 03 5.
Geöffnet: tgl. von 9–17h,
Stiftskammer nur nach Voranmeldung

Hörstel-Gravenhorst, St. Bernhard, Rektoratskirche
(ehem. Klosterkirche)
und Kunsthaus Kloster Gravenhorst

Orden
Zisterzienserinnen, 1808 aufgehoben

Erhaltene Bauten
Kirche (Ende 13. Jh.), West- und Süd-flügel der Klausur (Ende 15. und 17. Jh.), Hof mit Giebeltorbogen, Mühle sowie weitere Wirtschaftsbauten.

Geschichte
Der Ritter Konrad von Brochterbeck gründete 1256, mit Unterstützung west-fälischer Adliger, ein Frauenkloster in Gravenhorst, das nach der Zisterzienser-regel lebte. Die waldige und sumpfreiche Lage ermöglichte zwar Forstwirtschaft und Fischzucht, führte aber auch zu häu-figen Überschwemmungen in Kloster und Kirche. Riesenbeck und Westerkap-peln waren als Pfarreien dem Kloster unterstellt. 1484 wurde die Gemein-schaft reformiert und dem Orden inkor-poriert. Die Klostergebäude wurden da-rauf auf die Südseite der Kirche verlegt und neu organisiert, um die Einhaltung der Klausur zu gewährleisten. Die seel-sorgliche Betreuung übernahm jetzt das Zisterzienserkloster Marienfeld. Plünde-rungen, Kontributionszahlungen und Kriege schädigten das Kloster im 17. und 18. Jh. schwer.

Architektur
Die Kirche ist ein schlichter, ehemals vierjochiger, chor- und turmloser recht-eckiger Saalbau mit Kreuzrippengewöl-ben, von denen jedes zweite auf den Rip-pen Zierscheiben aufweist. Einfache spitzbogige Fenster und Gurten über Halbsäulen als Wandvorlagen gliedern den Raum. Um die Schwestern von den Laien abzutrennen, wurde bei der Reform 1484 im Westen eine Nonnenempore eingezogen. Im 17. Jh. wurde die Kirche nach Westen nochmals verlängert. Im Westflügel sind Reste des spätgotischen Kapitelsaales erhalten; den Südflügel ziert im Osten ein mit Voluten und Fialen geschmückter Giebel (1641); gegen Süden gerichtet ein repräsentativer Ein-gang mit Brücke.

West- und Südflügel der Klausurgebäude

Ausstattung

Zahlreiche mittelalterliche und barocke Grabplatten sind in die Kirchenwände eingelassen, unter anderem in der Südwand ein geritzter Grabstein mit der Darstellung des knienden Stifterpaares unter gotischem Maßwerk. Zu einer spätgotischen Hl.-Grab-Gruppe gehört der Grablegungschristus im Chor. Aus derselben Zeit um 1500 stammt das Vesperbild mit einer Madonna im Rosenkranz. Der Hochaltar mit Darstellungen zur Passion wurde 1641 von H. Meierinck aus Rheine geschaffen und zeigt als Stifterwappen die der Eltern der damaligen Äbtissin. Die Barockkanzel stammt aus der Zeit um 1700.

Umgebung

In der Pfarrkirche (heutiger Bau aus dem frühen 19. Jh.) von Hörstel-Riesenbeck findet sich eine der schönsten und ältesten Grabplatten Westfalens (heute eingemauert an der Westwand unter der Orgel), die Grabplatte der Reinhildis (12. Jh.).

Grabplatte der Reinhildis (12. Jh.), Pfarrkirche Hörstel-Riesenbeck

Stichwort: Inkorporation

Im Laufe des 13. Jh.s entstanden in Deutschland zahlreiche Frauengemeinschaften, die nach der Zisterzienserregel lebten und sich darum bemühten, in den straff gegliederten zisterziensischen Ordensverband aufgenommen, d. h. inkorporiert, zu werden. Die Männerklöster des Ordens standen der Aufnahme von Frauenkonventen aber zurückhaltend bis ablehnend gegenüber, erwuchsen ihnen daraus doch Pflichten bezüglich der Seelsorge und der regelmässigen Visitation der unterstellten Gründungen. Gerade die Seelsorge und damit die Verfügbarkeit eines Priesters für die Sakramentenspende war aber für die Frauenklöster von zentraler Bedeutung.

Im Museum Schloss Bentlage, dem ehem. Kreuzherrenkloster, in Rheine befinden sich zwei einzigartige Reliquienschreine (um 1499), die aus zahlreichen mit Perlen, Edelsteinen, goldener Zinnfolie, Silberpailletten und künstlichen Blumen geschmückten Knochenreliquien zusammengesetzt sind. Die Werke wurden von Zisterzienserinnen aus dem Kloster Bersenbrück für die Kreuzherren von Rheine gefertigt.

Susan Marti

Literatur

Manfred Wolf, Gravenhorst, in: Westfälisches Klosterbuch, Bd. 1, Münster 1992, S. 370–375.

Info

Klosterstraße, 48577 Hoerstel
Geöffnet: tgl. 9–18h
www.hoerstel.de/kloster
Im Südflügel der Konventsgebäude das neue „DA-Kunsthaus Kloster Gravenhorst" mit Ausstellungen, Klostergastronomie und Künstlerateliers.
Tel.: 0 54 59 / 91 46 0
Geöffnet: Di.–So. 14–18h, Fr. 14–20h, Mo. geschlossen
www.DA-kunsthaus.de

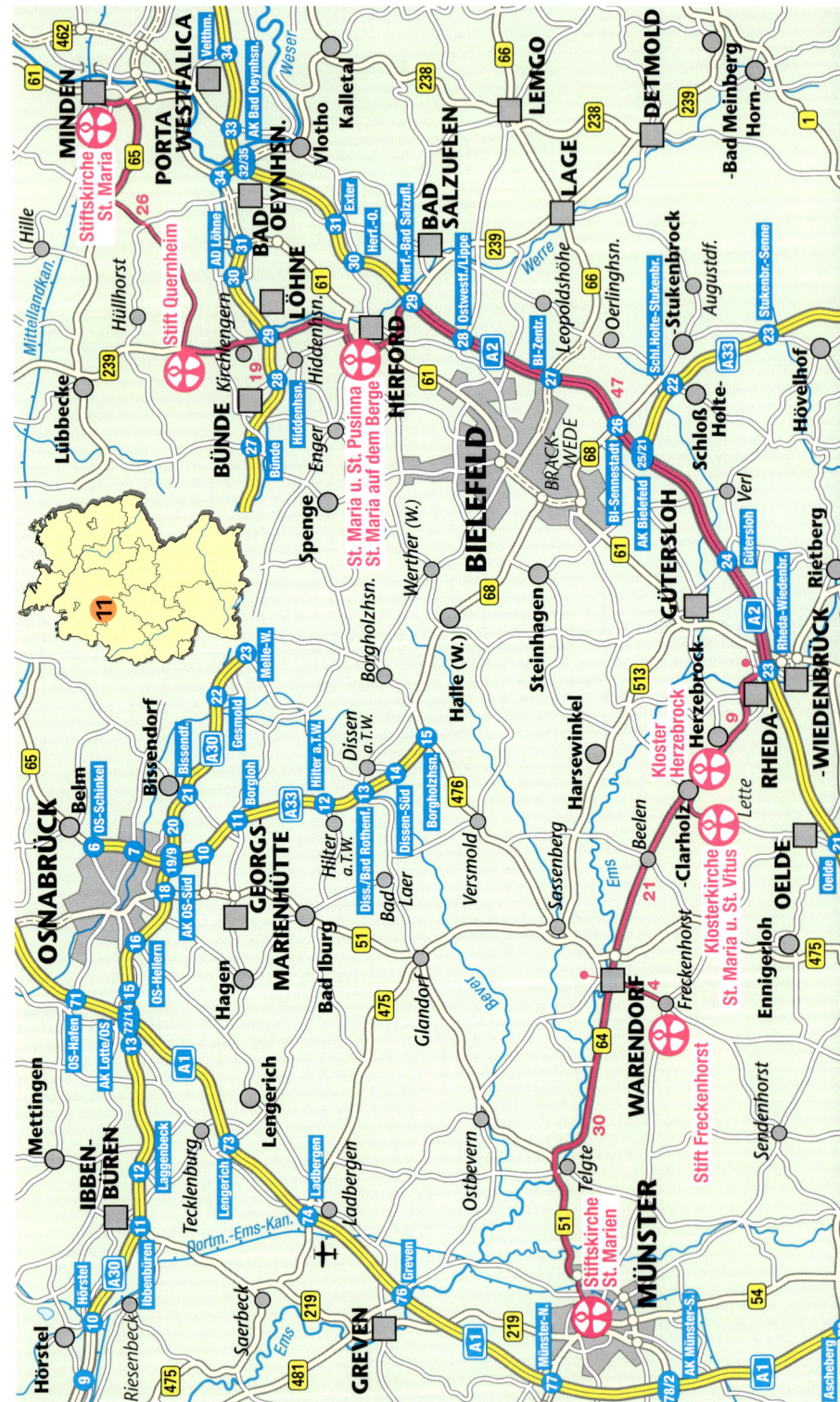

Route 11:
Von Münster nach Minden

Münster
St. Marien Überwasser, Pfarrkirche
(ehem. Stifts- bzw. Klosterkirche)
Petra Marx

Warendorf-Freckenhorst
St. Bonifatius, Pfarrkirche
(ehem. Stiftskirche und ehem. Stiftsgebäude)
Petra Marx

Herzebrock-Clarholz
St. Christina, Pfarrkirche
(ehem. Klosterkirche und ehem. Klostergebäude)
Petra Marx

Oelde-Lette
St. Maria und St. Vitus, Pfarrkirche
(ehem. Klosterkirche)
Petra Marx

Herford
Evangelische Kirche
(ehem. Stiftskirche St. Maria und Pusinna)
Ralf Dorn

Herford
Evangelische Kirche
(ehem. Damenstift St. Maria auf dem Berge)
Ralf Dorn

Kirchlengern-Stift Quernheim
Evangelische Kirche
(ehem. Stiftskirche St. Maria)
Ralf Dorn

Minden
Evangelische Kirche
(ehem. Klosterkirche St. Maria)
Ralf Dorn

Münster, St. Marien Überwasser, Pfarrkirche
(ehem. Stifts- bzw. Klosterkirche)

Orden
Kanonissen, nach mehreren Umwandlungsversuchen ab 1483 bis 1534/35 bzw. 1617 bis zur Auflösung 1774 Benediktinerinnen

Erhaltene Bauten
Kirche 14. Jh., Reste der im Norden gelegenen Klausur im östlichen Bereich ergraben.

Geschichte
Zur Entlastung der Münsteraner Domgemeinde gründete Bischof Hermann I. (1032–1042) auf dem linken Ufer des Flusses Aa eine selbständige Pfarrei, die er mit dem adeligen Frauenstift Sanctae Mariae trans aquas (d. h. „über dem Wasser") verband. Wie bei bischöflichen

Ansicht der Überwasserkirche von Südosten

Gründungen üblich, setzte Hermann als erste Äbtissin seine Schwester Bertheithe ein.

Vom hohen Rang des Überwasser-Stifts zeugt u. a. die Anwesenheit König Heinrichs III. bei der Weihe des ersten Kirchenbaus 1040. Die Äbtissinnen mussten bis in das 15. Jh. von hochadeliger Herkunft sein, sie vertraten als Archidiakonissen den Bischof und vereidigten Geistliche und Stiftsbeamte. Darüber hinaus hatten sie das Patronatsrecht über einige stiftseigene Pfarrkirchen des Umlandes inne.

Seit dem 12. Jh. versuchten die Münsteraner Bischöfe wiederholt, die Gemeinschaft der Klosterregel zu unterwerfen und damit ihre Befugnisse einzuschränken. Dies gelang erst 1483 mit Hilfe der reformierten Nonnen des Ägidienklosters (zerstört, heute Ägidiiplatz). Doch auch nach der Konvertierung des Überwasser-Stifts zum Protestantismus im Zuge der Wiedertäufer-Bewegung (1534/35) wurden die Gewohnheiten eines freiweltlichen Damenstifts beibehalten, und erst 1617 fand die endgültige Durchsetzung der Bursfelder Reform statt. Die Aufhebung mit päpstlicher Billigung erfolgte 1774, Einkünfte und Liegenschaften wurden zur Gründung eines noch heute ansässigen Priesterseminars und für die neu eingerichtete Universität verwandt. Die aus Pfarre und Frauenstift hervorgegangene Vorstadt Überwasser führte noch über die ebenfalls 1774 erfolgte Eingliederung an die Stadt Münster hinaus (mit u. a. Marktrecht, Schöffengericht) ein gewisses kommunales Eigenleben.

Architektur
Von zwei urkundlich belegten Vorgängerbauten des 11. Jh.s sind keine Reste erhalten.

Zwischen 1340 und 1346 entstand für die Pfarrgemeinde und mit deren Unterstützung eine sechsjochige, dreischiffige

Hermann Tom Ringe, Maria aus der Verkündigung, ehem. Hochaltar von 1594 (Westfälisches Landesmuseum, Münster)

Hallenkirche, die erste dieses Typs in Münster. Über kantonierten Pfeilern spannen sich feingliedrige Rippengewölbe, die z. T. figürliche Schlusssteine tragen. Eine polygonale Apsis bildet den Ostabschluss. Im Westen des Kirchenschiffs erhob sich ehemals eine vielleicht aus Holz gebaute Empore für die Stiftsfrauen. Darauf deutet der ehemalige Zugang von der Klausur in der Westwand des nördlichen Seitenschiffs. Die Raumfassung (Gewölbe, Wandquaderung) wurde nach mittelalterlichen Befunden rekonstruiert.

Die Errichtung des imposanten fünfgeschossigen Westturms zog sich bis in das frühe 15. Jh. hin. Sein heutiges Aussehen ist auf den zweimaligen Verlust der Turmhaube zurückzuführen, die 1535 von den Wiedertäufern herabgestürzt und 1708 bei einem Sturm nochmals zerstört wurde. Den Westeingang schmückt ein prächtiges Figurenportal, die Originale der 1903 ersetzten Skulpturen befin-

den sich im Westfälischen Landesmuseum Münster. An das aufwändig eingewölbte Erdgeschoss des Turmes schließt nördlich die sog. Ludgeruskapelle an, deren Datierung und ehemalige Funktion unklar sind.

Ausstattung

Bedeutendes Zeugnis der frühen Stiftszeit ist ein Evangeliar aus dem 11. oder frühen 12. Jh. (Staatsarchiv), das neben zwei schönen Federzeichnungen (Evangelist Matthäus und Stifter, Petrus und Evangelist Markus) u. a. Urkundenabschriften und Einkünfteverzeichnisse enthält.

Aufgrund ihrer Erhaltung schwer einzuordnen, aber wohl dem späteren 12. Jh. zugehörig, ist die in der Turmhalle angebrachte Grabplatte eines Bischofs, der traditionell mit Heinrich I. identifiziert wird (Abguss außen am Strebepfeiler im Südwesten). Zwei benachbart aufgehängte Votivtafeln des 16. Jh.s belegen

Madonna mit Kind, früher Westportal (Westfälisches Landesmuseum Münster)

die enge Verbindung der Künstlerfamilie tom Ringe mit der Überwasser-Pfarre. Sie wurden von Hermann Tom Ringe geschaffen, ebenso wie der ehemalige Hochaltar mit seiner beeindruckenden Verkündigungsszene (Westfälisches Landesmuseum Münster). In der Kirche selbst haben sich prächtige Stein-Epitaphien des 17. und 18. Jh.s, u. a. aus den Gröninger-Werkstätten, erhalten.

Dem Bildersturm der Wiedertäufer-Zeit ist paradoxerweise die Erhaltung der wichtigsten Bildwerke, der Gewändefiguren des Westportals, zu verdanken: Zur Verstärkung des Stadtwalls vergraben und dadurch lange Zeit nicht der Witterung ausgesetzt, erscheinen sie seit ihrer Bergung und Verbringung ins Museum im 19. Jh. so detailliert ausgearbeitet wie zum Zeitpunkt ihrer Entstehung um die Mitte des 14. Jh.s (Westfälisches Landesmuseum Münster).

Petra Marx

Literatur

Klaus Gruna, Liebfrauen (Überwasser) Münster (Kleiner Kunstführer 1692), 4. Auflage Regensburg 2000.
Edeltraud Klueting, St. Marien Überwasser, in: Westfälisches Klosterbuch, Bd. 2, Münster 1994, S. 58–64.

Info

Überwasserkirchplatz
48143 Münster
Tel.: 02 51 / 44 98 87
Geöffnet: tgl. 8–18h
www.muenster.org/uewasser

Warendorf–Freckenhorst, St. Bonifatius, Pfarrkirche

(ehem. Stiftskirche
und ehem. Stiftsgebäude)

Orden

Frauenstift, vor 1240 Einführung der Augustinerregel, seit 1495 adeliges Damenstift, Aufhebung 1811

Erhaltene Bauten

Stiftskirche des 11./12. Jh.s, drei Flügel des spätromanischen Kreuzgangs integriert in Neubauten (1963–69); Petrikapelle im Westen (11./14. Jh.), von den Kurien der Kanonissen bzw. Kanoniker je eine im Süden bzw. Norden des Stiftsplatzes erhalten, sog. „Schloss" (Äbtissinnenhaus) mit Brauhaus im Osten (18. Jh.).

Geschichte

Wahrscheinlich kurz vor 856 richtete der fränkisch-sächsische Reichsadelige Everword (Ebuwart) mit seiner Gemahlin Geva am Ort eines vorchristlichen Quellheiligtums einen Frauenkonvent ein. Als erste Vorsteherin amtierte die Nichte des Stifterpaares, Thiatildis. Die bis 1688 aus gräflichem Hause stammenden Äbtissinnen übten u. a. im Kirchspiel die Rechtsprechung aus. Der umfangreiche Gründungsbesitz im östlichen Münsterland wurde um 1100 in der Freckenhorster Heberolle verzeichnet, einem frühen niederdeutschen Schriftzeugnis. 860/61 stattete der Münsteraner Bischof Luitbertus das Stift mit bedeutenden Reliquien, u. a. des fränkischen Missionsheiligen Bonifatius, aus. In der Reformationszeit trat das Stift zum Protes-

Westbau

Grabmal der Geva in der Krypta (1. Hälfte 13. Jh.)

tantismus über, kehrte aber 1669 mit der Erhebung der Thiatildis-Gebeine zum alten Glauben zurück.

Architektur

Neben dem Gründungsbau, der im 19. Jh. abgerissenen Vitus-Kapelle, entstand zur Karolingerzeit eine größere Kirche. Um 1000 wurde an diesen Bau ein mächtiges „Westwerk" angefügt, ein zweigeschossiger Mittelturm mit flacher Westapsis (s. Bodenmarkierung), der von höheren Rundtürmen mit Anbauten flankiert wurde. Im 11. Jh. wurden Chor, Krypta und Querhaus neu errichtet.

Nach einem Brand im Jahr 1116 erhielt die Stiftskirche ihr heutiges Aussehen: Der Chor wurde wie die Krypta nach Osten verlängert, eine neues Langhaus als flachgedeckte dreijochige Säulenbasilika (Kreuzrippengewölbe 15. Jh.) errichtet und alle Türme aufgestockt. Am 4. Juni 1129, so die Inschrift des steinernen Taufsteins, wurde einer der bedeutendsten hochmittelalterlichen Sakralbauten Westfalens geweiht.

Vom Dormitorium der südlich gelegenen Klausur gelangte man auf den erhöhten, durch eine Mauer von der Vierung getrennten „Fräuleinchor" im Südquerhaus (s. Tür in der Südwand). Unter diesem lag das Grab der Thiatildis bei einer noch existierenden Quelle, ihre sterblichen Überreste wurden 1669 in einem aufwendigen Silberschrein (Ostnische) geborgen. Die Funktion der großen Empore des Westbaus ist dagegen unbekannt. Der Äbtissin war ein separater Raum im zweiten Geschoss des südlichen Chorturm vorbehalten, der durch einen noch ablesbaren Gang im südöstlichen Chorpfeiler mit dem „Fräuleinchor" verbunden war.

Ausstattung

Baugeschichtliches Dokument und herausragendes Kunstwerk zugleich ist der 1129 angefertigte Taufstein in der nord-

Stichwort: Geva-Grabmal

Das neben dem Taufstein zweite wichtige Werk der Steinskulptur ist die lebensgroße Figur auf dem Grabmal einer inschriftlich als Geva, „FUNDATRIX (...) HUIUS TEMPLI", „Gründerin dieser Kirche", angesprochenen Frau. In einem zweitem Schriftband an der rechten Außenkante - der ältesten Gebetszeile in mittelniederdeutscher Sprache - empfiehlt sich der Künstler Gerbod der Liebe Gottes: „AL GOTT MINNE GERBODEN DE DIT BILETHE SCOP ALLE DELE". Wann Gerbod lebte ist unbekannt, stilistische Vergleiche machen eine Entstehung der Skulptur in der ersten Hälfte des 13. Jh.s am wahrscheinlichsten.

Unklar ist, um wen es sich bei der Dargestellten tatsächlich handelt, da die Existenz der karolingischen Stifterin Geva angezweifelt wird. Dagegen lassen die Gedächtnisbücher für die Zeit um 1129 auf eine Äbtissin dieses Namens schließen, deren Bezeichung als (Mit-) Gründerin durch den Neubau berechtigt wäre. Ursprünglicher Standort der Tumba war vielleicht die Thiatildis-Kapelle unter dem „Fräuleinchor".

Evangeliar der Emma, Evangelist Markus (spätes 10. Jh).

können das mit Evangelistenbildern und Schmuckinitialen ausgestattete Evangeliar der Stiftsfrau Emma (Ende 10. Jh., Stiftskammer) und der nach seinem prächtigen Einband sog. Codex Aureus gelten. Die um 1100 entstandene Handschrift enthält u. a. besitzrechtliche Aufzeichnungen, der Goldschmiede-Deckel trägt im Zentrum ein Elfenbeinrelief der Majestas Domini (Ende 11. Jh., Staatsarchiv, Einband als Dauerleihgabe des Staatsarchivs im Westfälischen Landesmuseum Münster).

Weitere Hauptstücke in der Stiftskammer sind neben dem sog. Bonifatiusstab des 11. Jh.s die beiden bronzenen Löwen-Türklopfer aus der Erbauungszeit der Stiftskirche. Die Inschrift an einem der Ringe benennt ihren Schöpfer „Bernhardus", sie ist in Westfalen das früheste Beispiel einer Künstlersignatur.

Petra Marx

Literatur

Klaus Gruhn (Hrsg.), Freckenhorst 851–2001. Aspekte einer 1150jährigen Geschichte, Freckenhorst 2000.
Wilhelm Kohl, Freckenhorst – Damenstift, in: Westfälisches Klosterbuch Bd. 1, Münster 1992, S. 314–320.

Info

Stiftshof 2, 48231 Warendorf
Tel.: 02581/980077
Geöffnet: tgl. 8–18h,
Schatzkammer So. 11.30–12.30h, 15–17h
oder nach Vereinbarung
www.bonifatius.info

westlichen Turmkapelle. Ursprünglich stand das mit sieben reliefierten Christusszenen geschmückte Becken wohl auf einem Podest im westlichen Langhaus, wo es einen liturgischen Gegenpol zum Kreuz- bzw. Hochaltar im Osten markierte. Aus der Taufstein-Werkstatt stammen vielleicht auch ein berühmter Königskopf und andere bauplastische Fragmente. Ein beeindruckendes Ensemble bilden die drei spätgotischen Sakramentshäuschen im Chorbereich, von denen das am Nordpfeiler heute die wichtigste Reliquie, einen Kreuzessplitter, birgt.

Als älteste Zeugnisse für Frömmigkeit, Bildungsstand und Reichtum des Stifts

Herzebrock–Clarholz, St. Christina, Pfarrkirche

(ehem. Klosterkirche und ehemalige Klostergebäude)

Orden
Kanonissen, ab 1208 Benediktinerinnen, Aufhebung 1805

Erhaltene Bauten
Klosterkirche 15. Jh. mit Westturm 12. Jh. (1901 umgebaut); barocke Konventsbauten: Abtei, Klausurflügel, Laienschwesternhaus, Portale, Wirtschaftsbauten; Pfarrhaus (1712).

Geschichte
Das um 868/885 von der Witwe eines sächsischen Edlen gegründete Stift war die älteste Niederlassung für Adelstöchter im Bistum Osnabrück. Die Stifterfamilie gehörte vermutlich dem sächsischen Geschlecht der Ekbertiner an. Der 1208 in ein Benediktinerinnenkloster umgewandelte Konvent erlebte seine Blüte nach dem Anschluss an die Bursfelder Reform.

Architektur
Drei Vorgängerbauten sind nachweisbar, das ursprünglich einschiffige Langhaus entstand 1474. Seit 1475 ist belegt, dass die Kirche gleichzeitig als Pfarrkirche diente; wahrscheinlich steht der Neubau damit im Zusammenhang. Für Westfalen ungewöhnlich ist das Netzgewölbe über der ehemals vorhandenen Nonnenempore im Westen (Gewölbemalerei).

Ausstattung
Neben barocken Goldschmiedearbeiten haben sich eine große Steinmadonna (Mitte 14. Jh.) und eine frühgotische Pietà erhalten. In Münster (Westfälisches Landesmuseum) und London (National Gallery) befinden sich die Tafeln eines bedeutenden Marienretabels (Ende 15. Jh.). Mit der Bursfelder Reform ging, wie so oft in Frauenklöstern, eine literarische (u. a. Chronik der Klosterfrau Anna Roede, Berlin) und künstlerische Tätigkeit (Antependium, Detmold, Pfarrkirche Hl. Kreuz) der Nonnen einher.

Petra Marx

Literatur
Edeltraud Klueting, Herzebrock, in: Westfälisches Klosterbuch, Bd. 1, Münster 1992, S. 441–447.
Johannes Meier, Kloster Clarholz und die Pfarrkirche von Lette (Westfälische Kunststätten 56), Münster 1990.

Info
Am Kirchplatz, 33442 Herzebrock-Clarholz
Tel.: 0 52 45 / 23 70
Geöffnet: tgl. 8–18h
www.christina-herzebrock.de

Kloster Herzebrock von Nordosten

Oelde-Lette, St. Maria und St. Vitus, Pfarrkirche
(ehem. Klosterkirche)

Orden
Prämonstratenserinnen, Auflösung 15. Jh.

Erhaltene Bauten
Westteile der Kirche des 13. Jh.s integriert in Neubau (1971).

Geschichte
Edelherr Rudolf von Steinfurt gründete 1133 ein Doppelkloster, dessen Männerkonvent sich in Clarholz niederließ, während die Frauen als untergeordnetes Priorat an einer bestehenden Vitus-Kapelle in Lette angesiedelt wurden. Die Nonnen entstammten dem niederen Adel und dem gehobenen Stadtbürgertum.

Architektur
Im 13. Jh. entstand ein dreijochiger Saalbau mit gerade geschlossenem Sanktuarium, Westturm (19. Jh. erneuert) und Nonnenempore im Süden. Ungewöhnlich sind die beiden Rundfenster zur Belichtung des Raums unter der Empore. Der spätromanische Taufstein verweist auf die Pfarrfunktion der Kirche. Den Eingang schmückt ein Säulenportal mit Tympanon und schön dekorierten Kapitellen.

Ausstattung
Eine romanische Holzfigur, die vielleicht den heiligen Vitus darstellt, befindet sich heute im Westfälischen Landesmuseum Münster. Vom Kirchenschatz haben sich zwei Goldschmiedewerke aus der Mitte des 12. Jh.s erhalten: ein Tragaltar mit

Reliquienschrein aus vergoldetem Kupferblech (Mitte 12. Jh)

gravierten Aposteln und ein Reliquienschrein, ebenfalls mit Aposteln an den Seiten und Szenen aus der Heilsgeschichte (Verkündigung, Geburt, Taufe, Kreuzigung, Grab und Himmelfahrt Christi) auf dem Dach. Beide werden mit der Werkstatt des berühmten Mönchs und Goldschmieds Roger von Helmarshausen in Verbindung gebracht.

Petra Marx

Literatur
Johannes Meier, Kloster Clarholz und die Pfarrkirche von Lette (Westfälische Kunststätten 56), Münster 1990.
Johannes Meier, Lette, in: Westfälisches Klosterbuch Bd. 1, Münster 1992, S. 512–514.

Info
Klosterweg, 59302 Oelde-Lette
Tel.: 0 52 45 / 56 97
Geöffnet: tgl. 8–18h
www.st-vitus-lette.de

Herford, Evangelische Kirche

(ehem. **Stiftskirche St. Maria und St. Pusinna)**

Orden

Frauenstift, seit 1565 evangelisches Damenstift, 1803 aufgehoben

Erhaltene Bauten

Stiftskirche (13. Jh.), Westportal, Sakristei und Langhauskapelle (14. Jh.), Chorerweiterung (15. Jh.), Wolderuskapelle (18./19. Jh.), Küsterhaus (15. Jh.), Kurienhäuser (16./17. Jh.).

Geschichte

Die Gründung des Stifts geht zurück auf den sächsischen Adligen Waltger, der es im Jahr 789 eingerichtet haben soll. Die *vita waltgeri* (entstanden um 1200) berichtet von zwei fehlgeschlagenen Gründungsversuchen in Müdehorst bei Bielefeld (Saalkirche ergraben 1935) und Oldenherford im heutigen Stadtgebiet. Das Stift gab Waltger in die Obhut Kaiser Ludwigs des Frommen. Es genoss Königsschutz, später auch Papstschutz und wurde Reichsstift. Von einer Englandreise brachte Waltger Oswald-Reliquien zurück. Er wurde nach seinem Tod in der Wolderuskapelle nördlich der Kirche begraben und fortan als Heiliger verehrt. 860 erhielt Herford die Gebeine der Hl. Pusinna aus Frankreich, die Mitpatronin wurde. Das Stift war wichtiges Vorbild für die Frauenstifte in Quedlinburg und Gandersheim, vermittelt durch Königin Mathilde, Gattin Heinrichs I., die in Herford aufgezogen wurde. Bedeutende Äbtissinnen prägten die Stiftsgeschichte, so Godesdiu, die das nachgeordnete Damenstift St. Marien auf dem Berg gründete (183) sowie Gertrud II. zur Lippe (vor 1217– nach 1233), die die Kirche neu erbauen ließ. Ihre Nachfolgerin, Äbtissin Ida (vor 1238–1265), übertrug der Stadt 1255 die Allmende (die stiftischen Liegenschaften um Herford) sowie 1256 das Burggericht (die weltliche Jurisdiktion innerhalb der Stadt) und schwächte das Stift damit entscheidend.

Außenansicht von Süden

Nach Einführung der Reformation, der sich das Stift anfänglich verweigerte, kam es 1532 zu einem Bildersturm in der Kirche. Erst 1565 wurde das Stift evangelisch. Danach begann sein allmählicher Niedergang. Mit dem Reichsdeputationshauptschluss von 1803 wurde das Stift aufgelöst.

Architektur

Um 1220 wurde unter Äbtissin Gertrud II. zur Lippe ein kompletter Neubau der Stiftskirche und -gebäude begonnen. Unter ihrem Abbatiat wurden die Ostteile der Kirche (Sanktuarium/Querhaus) fertiggestellt und die Hallenkonzeption des Langhauses nach dem Vorbild des Doms in Paderborn angelegt, wo zu dieser Zeit ein Bruder Gertruds regierte, Bischof Bernhard IV. Der Grundriss wie auch das aufgehende Mauerwerk der Ostteile folgen dem Vorbild der Lippstädter Pfarrkirche St. Marien sowie der Lemgoer Pfarrkirche St. Nicolai, zwei Städte und Kirchenbauten, deren Gründung auf Gertruds Vater, Bernhard II. zur Lippe, zurück geht (siehe 199). Das Langhaus ruht auf Kreuzpfeilern mit halbrunden Diensten an den Stirnseiten und Eckdiensten. Gewölbt wurde die Kirche mit hoch aufsteigenden, kuppeligen Domikalgewölben, von denen das mittlere, östliche Langhausjoch aufgrund seiner Rippendekoration und seines Figurenschmucks – eine extrem verkürzte Darstellung des Jüngsten Gerichts – herausgehoben ist. Aufwändig gestaltet sind auch die Zwei- und Dreifenstergruppen, deren Kehlen mit Blattknospen verziert wurden. Noch vor Fertigstellung des Paderborner Doms gelingt es Gertruds Nachfolgerinnen, um 1250 das Langhaus zu vollenden. Die Kirche besitzt als erste großräumige Hallenkirche eine herausragende Stellung innerhalb der westfälischen Kirchenbaukunst. Um 1270/80 war die Stiftskirche fertiggestellt bzw. der Baubetrieb eingestellt worden, denn der

Siegel der Äbtissin Gertrud II zur Lippe (13. Jh.)

Nordturm der Westfassade wurde nicht vollendet. Die Südseite ist als Schauseite zur Altstadt ausgerichtet. Dominiert wird sie durch das sogenannte Sieben-Sonnen-Portal mit vergoldetem Sechspass im darüber befindlichen Fenster sowie die Paradiesvorhalle. Zum spärlichen, doch äußerst reizvollen Bauschmuck gehören die Kapitelle weiblicher Heiliger an den Pfeilern und in den Ecken oberhalb der Damenempore, sowie eine Mutter-Erde-Darstellung (Tiersäugerin) an der Nordseite der Kirche, die in Herford mehrfach vorkommt. Spätere An- und Umbauten betreffen den Anbau des Kramerchors an der Langhaussüdseite, die Beichtkammer und ihr Obergeschoss zwischen Südquerhaus und Chor sowie die Chorerweiterung des 15. Jh.s um ein Quadrum.

Ausstattung

Von der Altarausstattung blieben der Hoch- und der Lettneraltar erhalten, ebenso zehn Lettnerfiguren (Apostel, um 1450), zudem eine Jesse-Figur aus gleicher Zeit. An Altargerät haben sich zwei

Kapitell über Damenempore

Stichwort: Frauenempore

Bis zu einem Konzilsbeschluss 1139 feierten Stiftsfrauen und Kleriker die Messfeier gemeinsam im Chor der Kirche. Danach wurde den Frauen ein eigener, exklusiver Aufenthaltsort zugewiesen. Dafür boten sich Querhaus-, Seitenschiff- oder Westemporen an. Entscheidend für die Wahl war die Lage der Klausur, insbesondere des Dormitoriums, von dem aus die Frauen schnellstmöglich auf die Empore, ihren Chor (chorus dominarum) gelangten. Westemporen wurden anfänglich als Herrschersitz gedeutet, doch weiß man über die Funktion von Emporen im Mittelalter nur wenig. So kann über den Personenkreis (Äbtissin und/oder Konvent), der diese betreten durfte, wenig ausgesagt werden. Zudem finden sich in einigen Stiftskirchen sowohl West- als auch Querhausemporen.

bronzene Leuchterpaare aus dem 12./13. Jh. sowie einige spätmittelalterliche Kelche erhalten. Weiterhin finden sich in der Kirche ein aufwändiger figurierter Taufstein (um 1500), eine steinerne Christophorusstatue (um 1520) und im Chor mehrere Grabplatten (14.–18. Jh.). Herausragend ist der Grabstein der Äbtissin Mechtild von Waldeck († 1442) mit bronzener Wappenzier. Aus nachmittelalterlicher Zeit sind die barocke Kanzel (gestiftet 1669) und die kostbare Zuberbier-Ott-Orgel (1765/1953) erwähnenswert.

Ralf Dorn

Literatur
Michael Freiherr von Fürstenberg, „Ordinaria loci" oder „Monstrum Westphaliae"? Zur kirchlichen Rechtsstellung der Äbtissin von Herford im europäischen Vergleich (Studien und Quellen zur westfälischen Geschichte 29), Paderborn 1995.

Info
Münsterkirchplatz, 32052 Herford
Tel.: Gemeindebüro 0 52 21 / 15 81 9
Geöffnet: tgl. 9–16h
www.herford.de

Herford, Evangelische Kirche
(ehem. Damenstift St. Maria
auf dem Berge)

Orden
Frauenstift, seit 1548 evangelisches
Damenstift, 1810 aufgehoben

Erhaltene Bauten
Stiftskirche (um 1280–1325), mehrere
Kurienhäuser (16./17. Jh.).

Geschichte
Die Gründung des Stifts St. Marien auf
dem Berge geht zurück auf die Mariener-
scheinung eines Hirtenjungen (Herforder
Vision), in deren Folge die Äbtissin des
Reichsstifts, Godesdiu (1002–1040), ein
Stift für Frauen des niederen Adels einrichtete. Die dem Konvent vorstehende
Pröpstin war der Äbtissin als Patronats-
herrin direkt unterstellt. Der Baumstamm,
auf dem die Jungfrau in Form einer Taube
erschienen war, galt als wundertätig und
wurde fortan in der Kirche verehrt.

Architektur
Die ursprünglich kreuzförmige Kirche aus
dem 12. Jh. (Reste in den Stirnwänden
der ehem. Kreuzarme und der Empore)
wurde um 1280 zu einer dreischiffigen
Halle auf Bündelpfeilern nach Mindener

*Hochaltar mit wundertätigem
Baumstumpftabernakel*

Vorbild umgebaut (Weihe 1325). Der bis
ins 19. Jh. erhaltene romanische Westturm mit Zugang zur Damenempore
wurde wegen Baufälligkeit abgerissen
und vollständig neu aufgemauert.

Ausstattung
In St. Marien auf dem Berge sind bemerkenswerte Teile der mittelalterlichen Ausstattung erhalten, so ein Hostientaberna-
kel, der Hochaltar mit wundertätigem
Baumstumpf-Tabernakel (Bunickmann-
Werkstatt, Anfang 16. Jh.), eine Pietà (um
1430/40), eine Madonna mit Kind (lothrin-
gisch, Mitte 14. Jh.) sowie ein geschnitzter
Flügelaltar aus der Zeit um 1500.

Ralf Dorn

Stichwort: Patronatsrechte
Die Äbtissin von St. Maria und St.
Pusinna besaß das Patronatsrecht
über sämtliche Kirchen ihres Herr-
schaftsgebietes und damit quasi
bischöflichen Status. Ihr unterstanden, neben nachgeordneten Stiften
wie z. B. in Herford, alle Pfarrkirchen
(Ausnahme exemte Ordenskirchen) im
Stiftsterritorium. Über diese übte die
Äbtissin die volle geistliche Herrschaft
aus. Sie entschied über Altarstiftun-
gen und -pfründen sowie Messord-
nungen und Priesterstellen.

Literatur
Olaf Schirmeister (Hg.), Fromme Frauen und
Ordensmänner. Klöster und Stifte im heiligen
Herford. (Herforder Forschungen 10, Religion
in der Geschichte 3), Bielefeld 2000.

Info
Stiftsbergstraße, 32052 Herford
Tel.: Gemeindebüro 05 21/883-133
Die Kirche ist nur mit Führungen nach Anmel-
dung zu besichtigen.
www.herford.de

Kirchlengern-Stift Quernheim, Evangelische Kirche
(ehem. Stiftskirche St. Maria)

Orden
Augustiner-Chorfrauen, ab Mitte 16. Jh. evangelisch, seit Anfang 17. Jh. evangelisches adliges Damenstift, 1810 aufgehoben

Erhaltene Bauten
Ehem. Stiftskirche (12.–16. Jh.), spätere Anbauten (14. Jh.), Stiftsdamenhaus, später sog. Richterhaus (1676).

Geschichte
Das Augustiner-Chorfrauenstift wurde 1147 durch Bischof Philipp von Osnabrück (1141–1173) gegründet, wobei das Adelsgeschlecht von Quernheim eine maßgebliche Rolle spielte. Leiterin war die Priorin, bei deren Wahl der Bischof Teilbesetzungsrecht besaß. So konnten die Stiftsvögte, die Edelherren zur Lippe, keine Oberhand über das Stift gewinnen.

Stiftskirche von Norden

1485 wurde es nach Vorbild der Windesheimer Kongregation reformiert. Zu Beginn der Reformation zählte das Stift 25 Insassinnen, für deren Leiterin sich ab 1585 die Bezeichnung Äbtissin durchsetzte.

Architektur
Der weitgehend schmucklose, romanische Kernbau (1150/70) der ursprünglich dreischiffigen Kirche hat sich im Chor und Südquerarm (sog. Fräuleinchor) erhalten. Der dreijochige Saalbau mit Kreuzrippengewölben stammt aus der Mitte des 16. Jh.s, der vom romanischen Chor und einem spätromanischen Westturm mit gotischem Obergeschoss eingespannt wird. Im Winkel zwischen Chor und Südquerarm wurde im 14. Jh. ein gotischer Anbau errichtet. Der romanische Bau wies enge Bezüge zur Benediktinerinnenkirche in Lippoldsberg sowie zur Benediktiner-Klosterkirche in Marienmünster (Kreis Höxter) auf.

Ausstattung
Hölzernes Versperbild (Anfang 16. Jh.) sowie eine Christus-am-Ölberg-Gruppe werden dem Meister von Osnabrück zugeschrieben. Großer Schnitzaltar (zweites Viertel 16. Jh.), zwölf Sitze eines Chorgestühls (zweites Viertel 16. Jh.)

Ralf Dorn

Literatur
Christiane Kathe, De geystlik begevenen Juncfrowen to Quernhem. Untersuchungen zu Kloster und Stift Quernheim (von der Gründung bis 1532), Münster 1994.

Info
An der Stiftskirche
32278 Kirchlengern
Tel.: (Gemeindebüro) 0 52 23 / 7 28 02
Geöffnet: Die Kirche ist geschlossen.

Minden, Evangelische Kirche
(ehem. Klosterkirche St. Maria)

Orden
Benediktinerinnen, 1421 Kanonissen, 1530 evangelisches Damenstift, 1810 aufgehoben

Erhaltene Bauten
Kirche (12.–14. Jh.), südlicher Kreuzgangflügel (sog. Marienstift).

Geschichte
Im Umkreis der Reklusin Tetwif bildete sich auf dem Wittekindsberg nahe Minden eine Frauengemeinschaft, die wohl schon über eine Kirche oder Kapelle verfügte, und der Bischof Milo von Minden (969–996) 992/93 Grundbesitz und das Äbtissinnenwahlrecht schenkte. Wirtschaftliche Not erzwang den Umzug an die Marienkirche, die nun Pfarr- und Klosterkirche wurde. Durch Unterstützung Bischof Sigeberts (1022–1036) erblühte das Kloster. 1421 erfolgte die Umwandlung in ein Kanonissenstift. Die Einführung der lutherischen Lehre 1530 verlief konfliktfrei.

Inneres mit Blick zum Chor

Architektur
Die kreuzförmige Kirche des 12. Jh.s wurde im 14. Jh. in eine dreischiffige Halle mit 5/8-Chorschluss umgebaut, das Langhaus blieb erhalten. Ein markanter Westturm wurde anstelle des östlichen Kreuzgangflügels errichtet und die Nonnenempore in den Turm verlegt. Ungewöhnlich ist die Lage der Klausur im Westen, von der der Südflügel (sog. Marienstift) teilweise erhalten ist.

Ausstattung
Aus der Zeit des Benediktinerinnenklosters sind keine Ausstattungsstücke erhalten. Die Reformationszeit wird dokumentiert durch einen Taufstein mit Bildreliefs (1598), die steinerne Kanzel des Mindener Bildhauers Johann Schwarte (1605) und den Epitaph des Kriegsobersten Jürgen von Holle (†1576) im Chor. Bemerkenswert sind weitere Epitaphe aus dem 16.–18. Jh. und mehrere barocke Kronleuchter.

Ralf Dorn

Literatur
Hans Jürgen Brandt, Minden – Benediktinerinnen, gen. Marienstift, in: Westfälisches Klosterbuch, Bd. 1, S. 606–613.

Info
Marienkirchplatz, 32427 Minden
Tel.: (Gemeindebüro) 05 71 / 29 69 5
Geöffnet: tgl. 9–17h

Stichwort: Reklusen
Als Reklusen (auch Inklusen bzw. Klausner) bezeichnet man Männer wie Frauen, die in unmittelbarer Nähe einer Klostergemeinschaft lebten, jedoch getrennt durch Einschließung in einen abgeteilten Raum (Klause). Dadurch unterscheiden sie sich sowohl von den allein lebenden Eremiten als auch von Klostergemeinschaften. Ein berühmter Inkluse war der Hl. Simeon, der sich in der Porta Nigra in Trier einmauern ließ, die nach seinem Tod in eine Stiftskirche umgewandelt wurde.

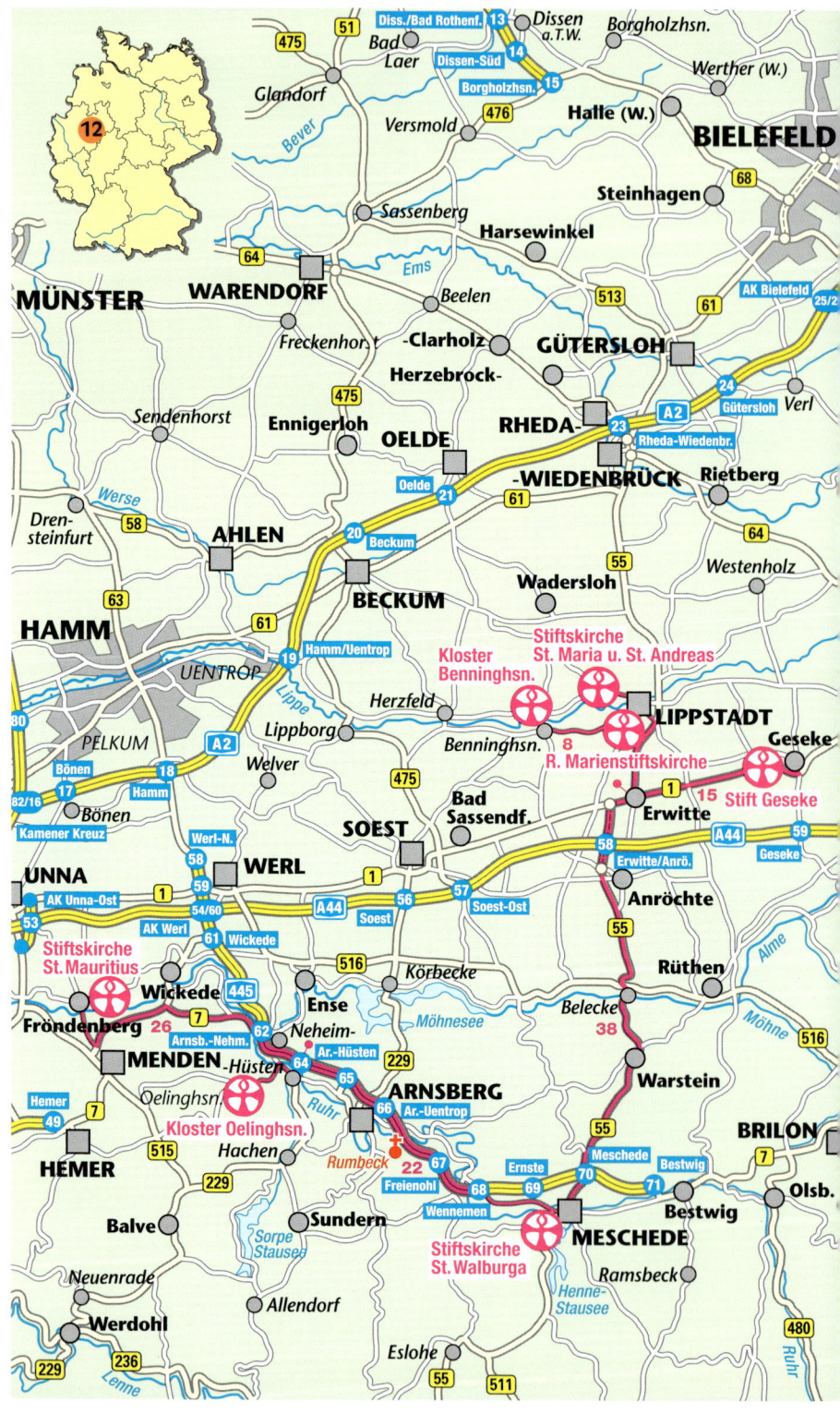

Route 12:
Südliches Westfalen

Fröndenberg
Evangelische Kirche
(ehem. Klosterkirche St. Mauritius)
Susan Marti

Arnsberg-Oelinghausen
Kloster mit Pfarr-, Kloster- und Wallfahrtskirche St. Peter
Susan Marti

Meschede
St. Walburga, Pfarrkirche
(ehem. Stiftskirche)
Petra Marx

Lippstadt-Benninghausen
St. Martin, Pfarrkirche
(ehem. Klosterkirche)
Margit Mersch

Lippstadt-Cappel
Evangelische Stifts- und Filialkirche
(ehem. Stiftskirche St. Maria und St. Andeas
und ehem. Stiftsgebäude)
Ralf Dorn

Lippstadt
Kirchenruine
(ehem. Stiftskirche St. Maria)
Ralf Dorn

Geseke, St. Cyriakus
Pfarrkirche
(ehem. Stiftskirche und ehem. Stiftsgebäude)
Susan Marti

Fröndenberg, Evangelische Kirche
(ehem. Klosterkirche St. Mauritius)

Orden
Zisterzienserinnen, seit Mitte 16. Jh. adliges Damenstift, gemischt-konfessionell, 1812 aufgehoben

Erhaltene Bauten
Klosterkirche (13. Jh.) mit bedeutender mittelalterlicher Ausstattung, Sakristei um 1500, Turm um 1900; Stiftsdamenwohnungen; Abtei (östlich des Chores) von 1661.

Geschichte
Wahrscheinlich steht die Stiftung des Zisterzienserinnenklosters im Zusammenhang mit der Ermordung des Kölner Erzbischofs Engelbert von Berg durch Graf Friedrich von Altena-Isenburg 1225 und ist damit ein Sühnekloster für die Mordtat. Die Verwandten des Bischofsmörders, die Grafen von Altena-Mark, erscheinen in den Urkunden regelmäßig als Zeugen und hatten von 1262–1391 ihre Grablege in der Kirche. Die ersten Nonnen kamen aus dem Zisterzienserinnenkloster Hoven (146) bei Zülpich. Bis zum 15. Jh. vergrößerte das Kloster seinen Grundbesitz und seine Einnahmen durch Schenkungen märkischer Adelsfamilien, durch Kauf und Mitgift der Novizinnen. Im 15. Jh setzte sich zunehmend eine stiftische Lebensweise durch. Die Zahl der Konventsmitglieder wurde in der Neuzeit auf 24 reduziert.

Architektur
Die ältesten Teile der Kirche (um 1230–1262) sind der gerade geschlossene Chor, die zwei fast quadratischen Querarme und das östliche Langhausjoch sowie die unteren Mauerteile des westlichen Langhauses. Obergaden und Gewölbe sind hier in der ersten Hälfte des 14. Jh.s erneuert worden. Eine Nonnenempore nahm ursprünglich die zwei westlichen Joche ein; heute läuft hier eine schmale hölzerne Empore um. Am Außenbau ist die Gliederung der Chorostwand mit einer Dreifenstergruppe, einer Maßwerkblende und einem Steinrelief der von Engeln beweihräucherten Maria mit Kind, flankiert von einem knienden Stifterpaar, bemerkenswert.

Ausstattung
Im nördlichen Querhausarm steht das Mittelstück eines prächtigen Flügelretabels, wahrscheinlich von einem anonymen Meister aus dem Umkreis des Conrad von Soest in der Zeit um 1410–1420 geschaffen. Die zwei Tafeln zeigen je vier Szenen

Ehemalige Klosterkirche St. Mauritius

Fröndenberger Altar (Anf. 15. Jh.)

Stichwort: Memoria –
das Gebetsgedenken

Eine der zentralen Aufgaben der Frauenklöster ist die Memoria, das Gebetsgedenken. Das klösterliche Gebet ist Ausdruck der Gemeinschaft der Lebenden und der Toten. Die Grabplatten und die hervorragende Ausstattung in dieser Kirche spiegeln die enge Verknüpfung von märkischen Adeligen und den hiesigen Zisterzienserinnen, die für deren Seelenheil beteten, wider.

aus dem Lebens Marias (Tempelgang Marias, Verkündigung, Heimsuchung, Geburt mit Stifterin Hemma von Segele, Anbetung der Könige, Darbringung im Tempel, Flucht nach Ägypten, Jesus im Tempel). Im Mittelstück mit Blendwerk und zwei Äbtissinnenwappen befindet sich eine halbfigurige Madonna mit Kind (moderne Kopie, Original Dortmund, Museum für Kunst und Kulturgeschichte). Teile der Flügel befinden sich heute in Münster, Westfälisches Landesmuseum, und Cleveland/Ohio, Museum of Art. Das Hochgrab des Grafen Eberhard von der Mark (†1308) und seiner Frau Ermgard von Berg (†1293) mit reich drapier-

ten Liegefiguren steht im westlichen Untergeschoss des Turmes, die Holzfigur des Klosterpatrons (Hl. Mauritius) aus dem 15. Jh. über dem Eingang zur Sakristei, ein Vesperbild (15. Jh.) im Langhaus. Neben der Orgel von Tobias Bader (1692) sind Reste von Wandmalerei (Ende 14. Jh.) erhalten. Der Hochaltar stammt von 1776, die Kanzel von 1797. Bemerkenswert sind zahlreiche steinerne Grabplatten des 13.–18. Jh.s. Ein Altartabernakel aus vergoldetem Kupfer, frühes 14. Jh., befindet sich heute in der katholischen Pfarrkirche Fröndenberg, ein großer hölzerner Kruzifixus sowie zwei Leuchterengel im Erzbischöflichen Diözesanmuseum Paderborn.

Susan Marti

Literatur
Edeltraud Klueting, Fröndenberg, in: Westfälisches Klosterbuch, Bd. 1, Münster 1992, S. 320–324.
Jürgen Reißner und Gerhard Lemke, Der Marienaltar in der Stiftskirche zu Fröndenberg, Fröndenberg 2002.

Info
Kirchplatz, 58730 Fröndenberg
Tel.: (Küsterin) 0 23 73 / 76 87 0
Geöffnet: Sa. 9–11h
Führungen: Stadt Fröndenberg,
Tel. 0 23 73 / 97 60
www.ek-froendenberg.de

Arnsberg-Oelinghausen, Kloster mit Pfarr-, Kloster- und Wallfahrtskirche St. Peter

Orden
Prämonstratenserinnen, 1582–1641 Damenstift, ab 1641 wieder Prämonstratenserinnen, 1804 aufgehoben, ab 1992 Schwestern der Hl. Maria Magdalena Postel

Erhaltene Bauten
Krypta um 1200, Kirche mit angebauten Kapellen 14. Jh., mittelalterliche und barocke Ausstattung, Turm 16. Jh., Konventsgebäude (1711–1717), Klostermauer, Wirtschaftshof.

Geschichte
1174 bestätigt der Kölner Erzbischof Philipp von Heinsberg die Schenkung des Stifterpaar Sigenandus und Hartewigis von Basthausen, auf dessen Hof ein Prämonstratenserkloster errichtet wird. Anfänglich als Doppelkloster organisiert, wurde der Männerkonvent wohl im 13. Jh. aufgelöst. Durch Schenkungen vor allem der Kölner Erzbischöfe und der Grafen von Arnsberg gewinnt die Institu-

Außenansicht von Norden

Stichwort: Klosterwirtschaft
Die inmitten von Feldern, Wäldern und Hügeln gelegene Örtlichkeit spiegelt in der Gebäudeanordnung und im Mauerverlauf heute nicht nur den inneren Kern einer mittelalterlichen Klosteranlage mit Kirche und Konventgebäuden, sondern – wenn auch im 19. Jh. modifiziert – mit dem nördlich anschließenden großen, ebenfalls ummauerten Wirtschaftshof auch die agrarische und ökonomische Seite des Klosterlebens, und damit dessen materielle Grundlage. Oelinghausen besaß reichen Grundbesitz, Salzhäuser, einen Weinberg bei Remagen, ein Brau- und Backhaus, eine Mahl- und Schneidemühle, eine Aschen- und Ziegelhütte sowie zahlreiche Zehnteinkünfte. Konversen verwalteten unter der Oberaufsicht des Propstes diese Güter.

tion an Reichtum und Wirtschaftskraft. Im Spätmittelalter geht die Mitgliederzahl zurück und eine freiere Lebensform setzt sich durch. Ottilia von Fürstenberg (Äbtissin 1585–1621) richtet mit päpstlichem Dekret ein Damenstift ein. 1641 erzwingen die Prämonstratenser von Weddinghausen die Rückkehr in den Orden und besiedeln das Kloster mit Nonnen aus Rumbeck. Oelinghausen zählt in der frühen Neuzeit zu den reichsten Klöstern Westfalens. Seit 1992 leben wieder Schwestern der Hl. Maria Magdalena Postel in den restaurierten Klostergebäuden.

Architektur
Der gotische Bau besteht aus einer langen, schmalen Saalkirche mit neun querrechteckigen Jochen und einem polygonalen Chor mit drei angebauten, südseitig unter einem Dach liegenden Kapellen (im Norden die kleine Marienkapelle, im Süden östlich die Sakristei,

unmittelbar westlich davon die dreijochige Kreuzkapelle). Die Kreuzrippengewölbe sind mit vegetabilen Ornamenten bemalt (datiert 1499). Die große Westempore für den im 14. Jh. 80 Chorfrauen zählenden Konvent liegt über dem ältesten Bauteil, einer gewölbten Krypta aus der Zeit um 1200, an die sich eine gotische Vorhalle anschließt.

Ausstattung

Das bedeutendste Ausstattungsstück ist das Gnadenbild „Unser lieben Frauen von Köllen" (in der Westwand der Krypta aufgestellt). Es soll von der Schwester des Kölner Erzbischofes Engelbert von Berg, die Mitglied des Konvents war, geschenkt worden sein, und war schon im Mittelalter ein Pilgerziel. An mittelalterlichen Skulpturen sind ein romanischer Kruzifix (an der Westwand der Nonnenempore), ein Hl. Laurentius, ein Auferstehungschristus, eine Hl. Anna, die Maria Lesen lehrt sowie, in der Krypta, eine große Kreuztragungsgruppe zu erwähnen.

In der Kreuzkapelle steht das Epitaph der Äbtissin Ottilia von Fürstenberg, geschaffen von Gerhard Gröninger. Ottilia hatte die Abtei, die Propstei und die Klostermauern neu errichten lassen. Den barokken Hochaltar mit dem Klosterpatron Petrus im Zentrum schuf, wie die Apostelfiguren an den Langschiffwänden, 1712–1716 Wilhelm Splithofen aus Volkeringhausen. In der selben Zeit wurde die alte Orgel von Bernhard Klausing aus Herford umgebaut und erweitert, sie steht am Westabschluss der Nonnenempore, rückseitig schließt sich der Johannesaltar von 1636 an. Der Klang der Orgel, die aus Pfeifen aus der Gotik, der Renaissance (1599) und dem Barock besteht, ist gerade wegen dieser Vielschichtigkeit musikalisch sehr reizvoll.

Umgebung

In Arnsberg-Rumbeck steht die gotische Kirche des Prämonstratenserinnenklos-

Gnadenbild „Unser lieben Frauen von Köllen"

ters, aus dem 1641 Schwestern nach Oelinghausen kamen.

Susan Marti

Literatur

Wilfried Michel, Oelinghausen, in: Westfälisches Klosterbuch, Bd. 2, Münster 1994, S. 164–172.
Werner Saure, Kloster Oelinghausen, Arnsberg o. J.

Info

Kloster Oelinghausen, 59757 Arnsberg
Tel.: (Kloster) 0 29 32 / 31 88 2
Geöffnet: 8–18h, Westteil zugänglich. Besichtigung des Ostteiles nach Terminvereinbarung im Kloster.
Klostergartenmuseum nach Voranmeldung unter Tel. 0 29 32 / 29 15 9.
www.oelinghausen.de

Meschede, St. Walburga, Pfarrkirche

(ehem. Stiftskirche)

Orden
Zur Gründungszeit unklar, im 10. Jh. Frauenstift, ab 1310 Kanoniker, Aufhebung 1804

Erhaltene Bauten
Kanonikerkirche des 17. Jh.s unter Einbeziehung der karolingischen Stiftskirche, im Südosten sog. Emhildis-Kapelle (1965).

Geschichte
Die Einrichtung der zunächst wohl klösterlichen Gemeinschaft wird ausgehend von der Datierung des karolingischen Baus (nach 897) für die Zeit um 870/880 angenommen. Aus der Familie der als Stifterin verehrten ersten Äbtissin Emhildis gingen die Grafen von Werl-Arnsberg hervor. 913 verlieh König Konrad I. den Kanonissen Immunität und freie Äbtissinnenwahl, das Marktprivileg Ottos I. von 958 führte zur Entstehung der späteren Stadt. Die einer Hofhaltung ähnliche Struktur des Stifts hatte finanzielle Einbußen und die vom Kölner Erzbischof verfügte Umwandlung in einen Männerkonvent zur Folge, der sich aus den ansässigen Kanonikern rekrutierte.

Architektur
Eine kleines Oratorium, der Gründungsbau des Stifts, befand sich vielleicht im Bereich der modernen Südkapelle (hier noch bis 1920 das mutmaßliche Emhildsgrab). Es folgte eine ungewöhnlich große und gut zu rekonstruierende karolingische Basilika, über der 1663/64 die gotisierende Hallenkirche errichtet wurde. Noch aus dem späten 9. Jh. stammen die Stollenkrypta (im 12. Jh. nach Osten erweitert) mit dem tonnengewölbten Reliquiengrab für den verlorenen Walburgisschrein, der darüber befindliche Altarstipes, die Fundamente von Chor und Langhauspfeilern sowie der ehemals freistehende Westturm bis zum Glockengeschoss (s. Kirchenmodell). In den Wänden der heutigen Orgelempore (an Stelle einer älteren Westempore) und im Fußboden von Langhaus und Chor fanden sich Tongefäße, sog. Schalltöpfe, die der akustischen Verstärkung dienten.

Ausstattung
Von den Kunstwerken aus der Zeit des Frauenstifts hat sich vor Ort nichts erhalten; die Schatzkammer birgt vor allem nachmittelalterliche Liturgica. Dabei überliefert der sog. Hitda-Codex die reiche Schenkung einer Äbtissin dieses Namens. Genannt werden u. a. *„drei mit Gold und Steinen verzierte Kreuze (…), ein*

Inneres mit Blick zum Chor

Stichwort: Hitda-Codex

Das von einer „HITDA ABBATISSA" dem Mescheder Konvent, seiner Patronin Walburga und damit dem Hauptaltar der Kirche übereignete Evangeliar zählt zu den prächtigsten Handschriften des frühen Mittelalters. Es stand im Zentrum einer umfangreichen Stiftung, deren Werke in einem Verzeichnis aufgelistet sind. Diese vor Ort selbst nicht nachweisbare Hitda oder Hidda ist vielleicht mit Ida (†1060), der Enkelin Kaiser Ottos II., identisch, die dem Kloster zu St. Maria im Kapitol (30) in Köln vorstand und die imposante Dreikonchen-Anlage bauen ließ. Als Stifterin kostbarer Kunstwerke ist sie u. a. durch das Herimannkreuz, welches sie gemeinsam mit ihrem Bruder, dem Kölner Erzbischof, für die Kapitolskirche anfertigen ließ, nachweisbar.

Der Schwerpunkt des Bildprogramms im Hitda-Codex liegt auf der Kindheit Jesu, seiner Lehre und seinen Wundertaten, wobei die Häufung weiblich besetzter Themen auffällt. Hitda oder Ida ließ den Codex wohl in Köln für das Stift St. Walburga in Meschede anfertigen, das sich durch seine Kaisernähe auszeichnete. Das Widmungsbild zeigt sie als selbstbewusste und zugleich demütige Dienerin der Walburga; ihre Stiftung ist ein Ausdruck des Wunsches nach ewiger Fürbitte durch die Mescheder Kanonissen.

Evangeliar des Stiftes St. Walburga in Meschede, sog. Hitda-Codex, (um 1040)

Dominikanerinnenklosters Galiläa. Es entstand aus einer Gruppe von Einsiedlerinnen, die sich in der ersten Hälfte des 15. Jh.s auf dem heutigen Klausenberg, an der wohl aus dem 12. Jh. stammenden Michaeliskapelle, niedergelassen hatte. Von der Anlage haben sich lediglich zwei Scheunen und der Westflügel der Klausur (1721), an die im Süden eine schlichte Saalkirche anschloss, erhalten (Altarretabel von 1490 in der Kapelle auf dem Klausenberg).

Petra Marx

Literatur

Hilde Claussen und Uwe Lobbedey, Die karolingische Stiftskirche in Meschede, in: Westfalen 67, 1989, S. 116–126.
Manfred Wolf, Meschede, in: Westfälisches Klosterbuch, Bd. 1, Münster 1992, S. 582–587.
Zum Hitda-Codex Klaus Gereon Beuckers, Die Ezzonen und ihre Stiftungen. Eine Untersuchung zur Stiftungstätigkeit im 11. Jahrhundert (Kunstgeschichte 42), Münster/Hamburg 1993, S. 168–175.

Info

Am Stiftsplatz, 59872 Meschede
Tel.: 02 91 / 18 20
Geöffnet: tgl. 8–18h
www.st-walburga-meschede.de

aus Gold und Edelsteinen gefertigtes Bildnis der Heiligen Maria, (...) zwei Altarbehänge". Das Stift muss also über eine kostbare Ausstattung verfügt haben.

Umgebung

Wenige Kilometer von Meschede entfernt (Industriegebiet Meschede-Enste) liegen die Reste des 1484 gegründeten

Lippstadt–Benninghausen, St. Martin, Pfarrkirche
(ehem. Klosterkirche)

Orden
Zisterzienserinnen, seit dem 17. Jh. Frauenstift

Erhaltene Bauten
Kirche des 16. Jh.s, Turm 12. Jh., Konventsgebäude 18. Jh.

Geschichte
1240 schenkten der Ritter Johann von Erwitte und sein Ehefrau Hildegunde ihre Kirche in Benninghausen an das Zisterzienserinnenkloster Gevelsberg, unter der Bedingung, dass die Äbtissin dort einen Nonnenkonvent einsetze. 1244 wurde

Ansicht der Kirche von Südosten

das Kloster auf Antrag des Erzbischofs von Köln, Konrad von Hochstaden, der die Stiftung maßgeblich unterstützte, in den Zisterzienserorden aufgenommen und der Aufsicht des Klosters Kamp unterstellt. Äbtissin und Konvent von Benninghausen betreiben seit Ende des 13. Jh.s eine kostenintensive Erwerbspolitik, um ihren Grundbesitz u. a. in der Umgebung ihres Klosters zu ergänzen. Zudem vergrößerte sich der Klosterbesitz durch Schenkungen und Memorialstiftungen des regionalen Adels. 1479 führte der Abt von Kamp mit Unterstützung der Edelherren zur Lippe eine Reform des Klosters durch. Im 13. und 14. Jh. lebten 25 Nonnen und 25 Laienschwestern in Benninghausen, 1509 waren es jeweils 23 Frauen, 1698 nur noch elf Nonnen und zwei Laienschwestern. Im Laufe des 17. und 18. Jh.s wurden fast nur noch adelige Nonnen aufgenommen und das geistliche und soziale Leben nahm immer deutlicher stiftische Züge an. Nach der Aufhebung 1804 wurde 1820 in den Konventsgebäuden ein Landarmen- und Arbeitshaus gegründet, aus dem das heutige Landeskrankenhaus (Psychiatrie-Klinik) entstand. Die Kirche dient seitdem als Pfarr- und Anstaltskirche.

Architektur
Vermutlich bereits im 9. Jh. entstand eine flachgedeckte romanische Saalkirche mit eingezogenem Rechteckchor, die in der ersten Hälfte des 12. Jh.s einen Westturm erhielt. Sie wurde von dem Zisterzienserinnenkonvent noch über 250 Jahre lang weiterbenutzt. Bauliche Veränderungen aus dieser Zeit sind archäologisch nicht nachzuweisen. 1514 ließ Äbtissin Anna von Ketteler den alten Kirchenbau bis auf den noch heute bestehenden Westturm abreißen und durch eine nur wenig größere, vierjochige Saalkirche mit polygonalem Chorschluss und einem Sakristeianbau auf der Nordseite ersetzen. Ein im westlichen Langhausjoch auf der Längs-

achse der Kirche ergrabenes rundes Fundament könnte entgegen der bisherigen Deutung als Taufbeckenteil zu den Stützen einer ehemaligen Westempore mit zweischiffiger Unterkirche gehört haben. Auch die hoch ansetzenden Fenster der drei westlichen Joche des Langhauses unterstützen diese Vermutung. 1892 wurde auf der Südseite eine Kapelle angebaut und die gegenüberliegende Sakristei vergrößert und zum Kirchenraum hin geöffnet.

Ausstattung
Über dem Altar ist ein spätottonisch-frühromanischer Kruzifixus aus der zweiten Hälfte des 11. Jh.s (auf modernem Kreuz) aufgehängt. Der Corpus zeigt deutliche Bezüge zum Gero-Kreuz des späten 10. Jh.s im Kölner Dom und zu den Reliefs der Kirchentür von St. Maria im Kapitol von 1067 (30). Reliquiennischen in Kopf und Brust enthielten u. a. Reliquien vom Kreuz Christi und von den Elftausend Jungfrauen. Aus der Bauzeit der spätgotischen Kirche stammen das auffällige Sakramentshäuschen an der Nordwand des Chores und der dreisitzige Chorstuhl (Inschrift: 1523) auf der Südseite, des weiteren die Strahlenkranzmadonna, der Taufstein und die außen am Chor aufgestellte Kreuzigungsgruppe. Die Ausmalung des Kirchenraums von 1981 orientiert sich an geringen Resten der Farbfassung von 1520.

Besondere Bedeutung dieser Frauengemeinschaft
In Benninghausen zeigt sich in Bauten und Ausstattung der für viele Nonnenklöster des 13. Jh.s typische Werdegang von der einst repräsentativen adeligen

Romanischer Kruzifixus (11. Jh.)

Eigenkirche über die Klosterkirche, die die schlichten Architekturformen bewahrte, bis hin zu der an Adelsstiften orientierten Gemeinschaft mit neuen, komfortablen Klostergebäuden, die ab 1721 im Westen der Kirche errichtet wurden.

Margit Mersch

Literatur
Hartwig Wallberg, Benninghausen. Beiträge zur Ortsgeschichte, Lippstadt 1989.

Info
Katholische Pfarrkirche und Anstaltskirche St. Martin
Westfälische Klinik für Psychiatrie Benninghausen
Im Hofholz 6
59556 Lippstadt
Tel.: 0 29 45 / 98 1-0

Lippstadt–Cappel, Evangelische Stifts- und Filialkirche

(ehem. Stiftskirche St. Maria und St. Andreas und ehemalige Stiftsgebäude)

Orden

Prämonstratenserinnen, seit 1588 evangelisches Damenstift, 1971 Umzug nach Lemgo

Erhaltene Bauten

Stiftskirche (12. Jh.), Kapitelhaus (um 1520), Abtei (1522), Kurienhäuser (zweite Hälfte 18. Jh.).

Geschichte

Das Prämonstratenserinnenkloster St. Maria und St. Andreas wurde um 1140 von den Edelherren zur Lippe als Hauskloster gegründet. Teile des Konvents kamen aus Liesborn, von wo sie 1131 vertrieben wurden. Schenkungen der Edelherren machten das Stift im 13. Jh. reich. Nach der Reformation wurde es 1588 umgewandelt in ein freiweltliches adliges Damenstift und niemals aufgelöst, sondern vereinigte sich 1971 mit dem Damenstift St. Marien in Lemgo. Seit 1951 befindet sich in den Stiftsgebäuden eine Schule.

Architektur

Die heute kreuzförmige Saalkirche mit Chorquadrum (um 1160/70) und doppeltürmigem Westbau war ursprünglich eine dreischiffige Basilika, deren Seitenschiffe um 1700 zusammen mit den Seitenapsiden der Kreuzarme abgerissen wurden, ebenso wie die Nebenräume des doppeltürmigen Westbaus (um 1150/60). Er enthält die Nonnenempore mit Altarvorbau über einem dreischiffigen und fünf Joche tiefen Untergeschoss mit ausgenischten Seitenwänden. Die Kirche gehört zu den ersten vollständig gewölbten Kirchenbauten Westfalens.

Außer dem Kapitelhaus aus der Zeit um 1525 ist von den Konventsgebäuden die sog. Abtei erhalten, in die ein Teil des südlichen Kreuzgangflügels mit dreibahnigen Maßwerkfenstern integriert ist.

Ansicht der Türme von Südosten

Inneres der Stiftskirche nach Osten

Ausstattung

Bedeutende Teile der Ausstattung bilden Kanzel und Lesepult mit Maßwerkschnit-zereien (Anfang 16. Jh.), das Renaissance-Chorgestühl mit Wappen und Reliefs (1557), zahlreiche Grabsteine (16.–19. Jh.) sowie Reste von Gewölbemalereien im westlichen Langhausjoch (Mitte 13. Jh.)

Ralf Dorn

Stichwort: Abtei – Wohnhaus der Äbtissin

Den Vorsteherinnen geistlicher Konvente standen seit dem Hochmittelalter eigene Wohngebäude zu, in dem sie auch Gäste empfangen konnten. Ein frühes Beispiel für ein Abteigebäude zeigt der St. Galler Klosterplan (um 830). Zugleich kam im 12. Jh. die strikte Trennung der Einkünfte und Gebäude von Äbtissin und Konvent auf, ebenso wie in männlichen Konventen und Bischofskirchen. Dies führte im Laufe der Zeit zu einer deutlichen Separierung des Abteigebäudes.

Literatur

Manfred Schneider, Die Stiftskirche in Cappel. Kunsthistorische Auswertung der Ausgrabung 1980 und der archivalischen Überlieferung (Denkmalpflege und Forschung in Westfalen 16), Bonn 1988.

Info

Cappeler Stiftsallee
59555 Lippstadt
Tel.: (Gemeindebüro Lippstadt) 0 29 41 / 30 43
Geöffnet: Außenbesichtigung jederzeit möglich, Innenbesichtigung nur während der Schulzeit
www.lippstadt.de

Lippstadt, Kirchenruine
(ehem. Stiftskirche St. Maria)

Orden
Augustiner-Chorfrauen, seit Mitte 16. Jh. evangelisches Damenstift

Erhaltene Bauten
Stiftskirche (13. Jh.), Westflügel des Kreuzgangs (Mitte 13. Jh.), zwei Stiftsgebäude (1740 und 1780), Immunitätsmauer.

Geschichte
Die Gründung des Chorfrauenstifts 1185 geht auf Bernhard II. zur Lippe zurück, der im gleichen Jahr die Stadt gründete. 1207 wird das Stift unter päpstlichen Schutz gestellt und ihm das Patronat über die Lippstädter Kirchen übertragen. Durch Förderung der Edelherren zur Lippe erlebte das Stift im 15. Jh. eine erste Blüte. Mitte des 16. Jh.s wechselt es zur lutherischen Lehre und wird freiweltliches Damenstift. Ab 1690 sind im Stift nur

noch adlige Jungfrauen zugelassen. Nach seiner zwischenzeitlichen Aufhebung 1810/12 wird es 1826 wieder hergestellt und besteht bis zum heutigen Tag.

Architektur
Ältester Teil der Stiftskirche ist der halbjochige Westbau (um 1190) mit Nonnenempore (nur die Konsolsteine sind erhalten) und steinernem Emporenaltar. Die säulengeschmückten, gekuppelten Rundbogenfenster und ehemaligen Domikalgewölbe des Westbaus folgen dem Vorbild der Zisterzienser-Klosterkirche in Marienfeld, an deren Stiftung 1185 auch Bernhard II. zur Lippe beteiligt war. Die Errichtung des dreischiffigen Hallenlanghauses erfolgte nach mehreren Planwechseln (Basilika, Stufenhalle) und zog sich bis zum Ende des 14. Jh.s. Einmalig ist die zweigeschossige nördliche Seitenschiffsempore, heute noch sichtbar an den Tür- und Fensteröffnungen sowie den Balkenlöchern in der Wand. Sie kann als Herrscherempore (der Edelherren zur Lippe?) gedeutet werden, da ihr Zugang

Ruine der Stiftskirche

Stichwort: Edelherren zur Lippe

Die Familie der Edelherren zur Lippe zählte in der ersten Hälfte des 13. Jh.s zu den führenden Geschlechtern Westfalens. Haupt der Familie war der berühmte Bernhard II. zur Lippe, Stadtgründer Lippstadts und Lemgos, der im *Lippiflorium* (Gedicht erste Hälfte 13. Jh.) verewigt wurde. Auf die Edelherren gehen wichtige Kirchenbauten in Lippstadt (Stifts- und Pfarrkirche), Lemgo (St. Nicolai), Marienfeld (Zisterzienser-Klosterkirche), Rheda-Wiedenbrück (Doppelkapelle), Herford (Münsterkirche) sowie in Niedersachsen (Bremen, Bassum und Berne) zurück. Bernhards Kinder besetzten wichtige geistliche Positionen im westfälisch-niedersächsischen Raum: Bernhard IV. (Bischof in Paderborn), Gerhard II. (Erzbischof in Bremen), Gertrud II. (Äbtissin in Herford 180), Ethelinde (Äbtissin in Bassum), Kunigunde (Äbtissin in Freckenhorst 175), Adelheid (Äbtissin in Elten 62). Ihre Kirchenstiftungen bilden eine geschlossene Bautengruppe (sog. lippische Baukunst).

außerhalb der Klausur lag. Das auf Kreuzpfeilern mit halbrunden Vorlagen und eingestellten Diensten ruhende Langhaus zählt zu den bedeutendsten frühgotischen Hallenbauten Westfalens, heute noch ablesbar an deren Maßwerkfenstern, die denen des Paderborner Domlanghauses entlehnt sind. Von den geplanten Chorflankentürmen konnte nur der südliche bis 1325 fertiggestellt werden. Im 18. Jh. erbaute man in Kreuzgangnähe – die Stiftsdamen besaßen seit 1455 eigene Wohnungen – 1740 die Abtei und 1780 zwei weitere Fachwerkhäuser. Aus Geldmangel verfiel die Kirche und wurde 1831 geschlossen. Heute liegt die Ruine malerisch eingebettet in einer parkähnlichen Landschaft.

Altarunterbau der Nonnenempore (um 1250)

Ausstattung

In der Ruine steht noch der Altarunterbau der Nonnenempore (um 1250). Der Taufstein (um 1230) ist in der Cappeler Kirche aufgestellt. Ein aus der Kirche stammendes Holzkruzifix (zweite Hälfte 13. Jh.) hängt heute in St. Nicolai. Hölzerne Reste der Kanzel (um 1700) und des Chorgestühls (erstes Drittel 16. Jh.) werden im Remter aufbewahrt. Wenige Skulpturen, u. a. der sog. Lippstädter Ritter (Anfang 14. Jh.), befinden sich im Heimatmuseum Lippstadts.

Ralf Dorn

Literatur
Claudia Kimminus-Schneider, Das Lippstädter Marienstift. Baugeschichtliche Untersuchung eines westfälischen Kanonissenstiftes des ausgehenden 12. Jahrhunderts. (Denkmalpflege und Forschung in Westfalen 31), Bonn 1995.

Info
Im Stift, 59555 Lippstadt
Tel.: (Verkehrsverein Lippstadt)
0 29 41 / 58 51 5
Geöffnet: Die Ruine ist geschlossen, aber eine Außenbesichtigung ist jederzeit möglich. Führung beim Verkehrsverein erfragen.

Geseke, St. Cyriacus, Pfarrkirche

(ehem. Stiftskirche und ehemalige Stiftsgebäude)

Orden
Kanonissenstift, 1823 erloschen

Erhaltene Bauten
Kirche (12./13. Jh.) mit barocker Ausstattung, östlicher Kreuzgangflügel mit Kapitelsaal (Ende 12. Jh.), Stiftsschule (1608), verstreut im weiteren Stiftsareal fünf ehemalige Damenkurien, am „Teich" noch zwei alte Mühlen (Trappenmühle und Völmedermühle).

Geschichte
Die südöstlich der heutigen Fußgängerzone gelegene Anhöhe wird im Osten, Süden und Westen von einem Teich umschlossen. Hier lag ein alter fränkischer Königshof, auf dem Graf Haold 946 mit seinen Geschwistern ein Kanonissenstift gründete. 952 verlieh ihm Otto I. Immunität und setzte Haolds Schwester Wichburga als erste Äbtissin ein. Hildegund, die letzte Äbtissin aus der Familie der Haolde, unterstellte 1014 das Stift dem Schutz der Kölner Erzbischöfe. Der Grundbesitz war, im Vergleich zu demjenigen anderer Klöster, eher gering. Die Kanonissen waren zur Teilnahme an Memorienfeiern, Prozessionen und Messen sowie vor allem am Chordienst verpflichtet. Zum Stiftskapitel gehörten vier Kanoniker für Pfarrgottesdienst, Seelsorge und Chordienst; die Kanonikate blieben bis heute bestehen. Während in der Neuzeit die Stiftsdamen adlig sein mussten, waren die Kanoniker meist bürgerlicher Herkunft.

Architektur
Die zweijochige Hallenkirche hat einen mächtigen Westturm (ab Höhe des Kirchendaches im 19. Jh. in Anlehnung an

Blick auf Ostfassade und Querhaus

Kapitell „Brettspieler"

den Dom von Paderborn erneuert), ein Querhaus und eine Choranlage mit zwei mächtigen Chorflankentürmen. Die Ostfassade – in ihrer Art einzigartig in Westfalen – macht einen wehrhaften Eindruck. Auf den Gründungsbau des 10. Jh.s geht das Querhaus zurück, dessen Gurtbögen zwischen jeweils zwei jüngeren im Innern noch erkennbar sind. Die Choranlage entstand im 12. Jh. Im Langhaus (Mitte 13. Jh.) tragen kreuzförmige Pfeiler mit mächtigen Vorlagen die Gewölbe. Die Wulstrippen sind teilweise mit Engelsköpfen verziert, die Kapitelle mit Dämonen, Tieren, Menschen (beim Brettspiel) und Fabelwesen. Ornamentale Friese markieren die Kämpferzone.

Kapitelle mit pflanzlichem und figürlichem Dekor (Adam und Eva, Verkündigung an Maria) finden sich auch im so genannten Kapitelsaal (heute Sakristei), einem vierteilig gewölbten Raum mit Mittelsäule (12./13. Jh.). Er liegt im noch weitgehend erhaltenen Ostflügel des Kreuzgangs, dessen Rundbogenarkaden sich mit Biforien gegen den Kreuzhof öffnen.

Ausstattung

Seit der Aufhebung des Stiftes dominiert die barocke Ausstattung die Kirche. Der Hoch- und die beiden Seitenaltäre (1727–1731) stammen von Christophel Papen aus Giershagen. Das Sakramentshaus (südliches Querschiff) datiert ins 16. Jh., im nördlichen Querhaus steht das als Gnadenbild verehrte Vesperbild „Maria Schuss" (erste Hälfte 15. Jh.). Den Patron der Stiftes, den römischen Märtyrer Cyriacus, dessen Reliquien vermutlich schon zwischen 955 und 965 nach Geseke kamen, zeigt eine barocke Holzfigur im südlichen Querhaus.

Umgebung

Die Pfarrkirche St. Petri im Zentrum des Städtchens war dem Stift um 1070 unterstellt worden. Im Kirchenschatz von St. Petri befindet sich ein Bergkristall-Reliquiar (zweite Hälfte 12. Jh.) aus dem Cyriacus-Stift. Es ist das älteste Reliquiar in Monstranzform in Westfalen.

Susan Marti

Literatur
Hildegrad Kaib, Geseke – Damenstift, in: Westfälisches Klosterbuch, Bd. 1, Münster 1992, S. 338–344.
Hermann Hinteler, St. Cyriacus, Geseke (Kunstführer Nr. 2205), Regensburg 1995.

Info
An der Abtei
59590 Geseke
Tel.: (Pfarrbüro) 0 29 42 / 12 23
Geöffnet: tgl. 9–17h
www.stiftskirche-geseke.de

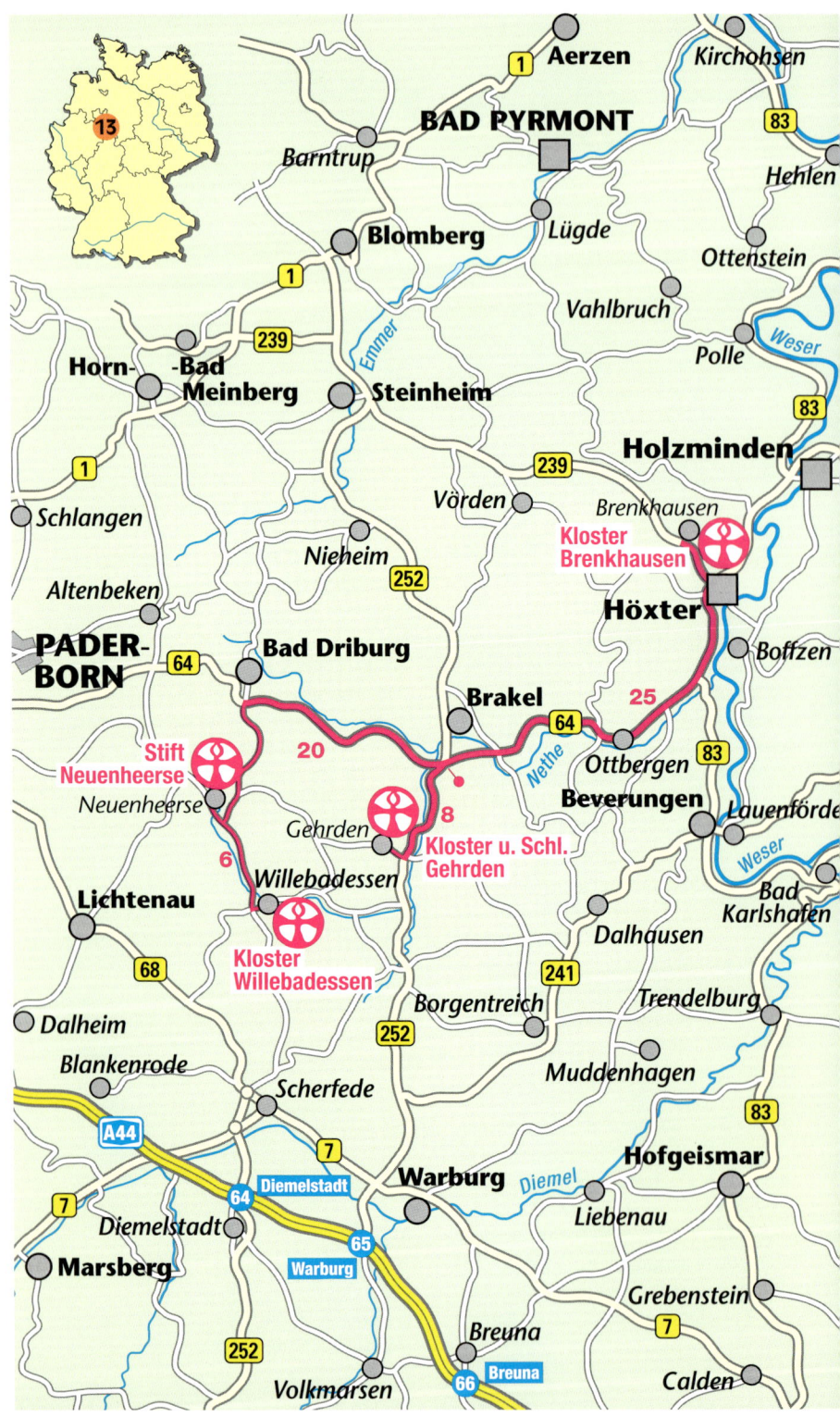

Route 13:
Östliches Westfalen

Willebadessen
St. Vitus, Pfarrkirche
(ehem. Klosterkirche und ehem. Klostergebäude)
Susan Marti

Bad Driburg-Neuenheerse
Evangelische Pfarrkirche St. Saturnina
(ehem. Stiftskirche und ehem. Stiftsgebäude)
Susan Marti

Brakel-Gehrden
St. Maria, St. Petrus und St. Paulus, Pfarrkirche
(ehem. Klosterkirche und ehem. Stiftsgebäude)
Petra Marx

Höxter-Brenkhausen
St. Johannes Baptist, Pfarrkirche
(ehem. Klosterkirche) und
koptisch-orthodoxes Kloster
(ehem. Zisterzienserinnenkloster)
Margit Mersch

Willebadessen, St. Vitus, Pfarrkirche

(ehem. Klosterkirche
und ehemalige Klostergebäude)

Orden

Benediktinerinnen, Kloster 1810 aufgehoben

Erhaltene Bauten

Kirche des 12. Jh.s mit sehenswerter mittelalterlicher und barocker Ausstattung, Kreuzgangostflügel mit Gründerkapelle und Kapitelsaal (12. Jh.), Abtei, Westflügel, Torhaus und Nebengebäude in Privatbesitz (18. Jh.).

Geschichte

1149 gründete der reformfreudige Bischof von Paderborn, Bernhard I., das Benediktinerinnenkloster an einem bereits bestehenden Ort und übereignete ihm das bisherige Kirchlein. Adlige Wohltäter unterstützten die Neugründung. Die sich im 14. Jh. beim Kloster herausbildende Siedlung Willebadessen war eng vom Kloster abhängig. 1473 führte der Bischof von Paderborn mit durchgreifendem Erfolg die Bursfelder Reform ein; dies führte zu Umbauten und Neuausstattungen. Eine weitere Blütezeit erlebte das Kloster um 1700.

Architektur

Die Kirche und der erhaltene Ostflügel des Kreuzganges wurden im dritten Viertel des 12. Jh.s errichtet. Die vollständig gewölbte Basilika mit Querhaus in gebundenem System (einem Mittelschiffsjoch entsprechen zwei Seitenschiffsjoche) gehört, wie Gehrden (209), zu den Nachfolgebauten der Klosterkirche Lippoldsberg. Klare kubische Formen und rundbogige Gewölbe prägen den Raumeindruck. Der Chor wurde im 15. Jh. neu errichtet, die Nonnenempore mit dreischiffiger Unterkirche im Westen 1723 eingebaut. Ebenfalls im 18. Jh. wurde das nördliche Seitenschiff abgebrochen und das südliche teilweise vermauert. Die äußerste Mauerschicht sowie die Dächer datieren in die Barockzeit.

Christus mit Maria und St. Vitus, Detail des Vitus-Schreins (1207)

Kapitelsaal

Im romanischen Ostflügel des Kreuzganges war im Obergeschoss das Dormitorium untergebracht, der über zwei Säulen
gewölbte Kapitelsaal öffnete sich mit
zwei Biforien beiderseits des mittleren
Einganges zum Kreuzgang (später zuge-
mauert, heute teilweise wieder freige-
legt). Am südlichen Ende des Flügels liegt
die „Gründerkapelle", in der sich die Gräber der Gründerfamilie befanden. Sorg-
fältig mit vegetabilem Reliefdekor be-
hauene, kubische Kapitelle schmücken
beide Räume.

Ausstattung

Im Stipes des Zelebrationsaltares steht
der Reliquienschrein des Hl. Vitus (Goldschmiedearbeit aus dem Wesergebiet,
1207 gestiftet); auf der Oberseite Christus als Weltenherrscher und die Kloster-
patrone Maria und Vitus, an den Seiten
die Apostel. Das Querhaus beherbergt
gefasste Holzskulpturen des 14. Jh.s: die
Madonna mit dem Täubchen, der Hl.
Vitus. Im Kirchenschatz befinden sich ein
spätgotischer Kelch, eine Turmmonstranz
und barocke liturgische Geräte. An den
Chorwänden sind Reliquienpyramiden
(18. Jh.) aufgestellt.

Umgebung

Abgewanderte Ausstattung: Im Erzbischöflichen Diözesanmuseum in Paderborn und im Westfälischen Landesmuseum in Münster weitere Teile der reichen mittelalterlichen Ausstattung.
In Lichtenau-Dalheim errichtet der Land-
schaftsverband Westfalen-Lippe das
europaweit erste Klostermuseum (s.
www.kloster-dahlheim.de). Bis ins begin-
nende 15. Jh. bestand hier ein Augustiner
Chorfrauen-Kloster, dessen Kirchenrui-
nen im Gelände kenntlich gemacht sind.

Susan Marti

Literatur

850 Jahre Kloster Willebadessen, Ausstellungskatalog, Paderborn 1999.
Dirk Strohmann, St. Vitus in Willebadessen
(Westfälische Kunststätten, Nr. 86), Münster
1999.

Info

Klosterstraße
34439 Willebadessen
Tel: (Pfarramt) 0 56 46 / 66 3; (Stadttouristik)
0 56 46 / 88 0
Geöffnet: tgl. 9–18h
www.vitus-gemeinde.de

Bad Driburg-Neuenheerse, Evangelische Pfarrkirche St. Saturnina

(ehem. Stiftskirche
und ehem. Stiftsgebäude)

Orden
Kanonissen, 1810 Stift aufgehoben

Erhaltene Bauten
Stiftskirche des 12. Jh.s mit Chorscheitel-
kapelle (Lambertikapelle), Wohnhäuser
und Höfe in lockerer Anordnung, Abteigebäude („Schloss", 1599–1603, Privatbesitz) südwestlich der Kirche mit gegen-
überliegendem Wagenhaus, Dechanei
von 1689. Auf nördlicher Kirchhofsmauer
steinerner Damensattel (1738), auf den
jede neue Äbtissin gesetzt wurde, zur
symbolischen Besitzergreifung des ihr
anvertrauten Stiftes.

Geschichte
868 wurde das Stift Heerse vom Paderborner Bischof Liuthard und seiner
Schwester Walburga gegründet. Es
genoss den Schutz der höchsten weltlichen und kirchlichen Stellen und war seit
der Gründung unmittelbar dem deutschen König unterstellt. Die Kanonissen
lebten in den ersten Jahrhunderten
gemeinsam, später teilten sie die Einnahmen unter sich auf, bildeten Präbenden
und wohnten in eigenen Häusern. Bereits
1204 sind 14 Kanoniker an der Kirche
bezeugt. Im Spätmittelalter verarmte das
Stift, 1528 wurden die Kanonissenstellen
auf zehn beschränkt.

Ansicht von Süden mit Blick auf den Westbau

Architektur

Die heutige Kirche mit zweischiffiger, dreijochiger Halle, nördlichem basilikalem Seitenschiff, Westwerk, Querschiff, gerade geschlossenem, erhöhtem Chor und zweiteiliger Krypta sowie verschiedenen Anbauten gehört zu den monumentalen Großbauten des mittelalterlichen Westfalen und spiegelt in ihrem komplizierten Raumgefüge eine Jahrhunderte alte Bau- und Umbaugeschichte. Die erste Stiftskirche (Ende 9. Jh.) ist nur aus Grabungen bekannt, der älteste Teil des bestehenden Baues ist das Westwerk aus der ersten Hälfte des 11. Jh.s. Von der Basilika aus der Zeit um 1100 (erneuert nach einem Brand um 1165) zeugt noch das nördliche Seitenschiff mit den von Säulen mit Würfelkapitellen getragenen Arkaden sowie die Ostpartie. Die Chorjoche, die Vierung sowie die Querschiffarme wurden nach dem Brand eingewölbt. Im 14. Jh. baute man das Mittel- und das südliche Seitenschiff zu einer gotischen Halle um und zog Achtkantpfeiler ein. Die Krypta geht in die romanische Zeit zurück. Bis ins 17. Jh. bestand an ihrer Westseite eine ungewöhnliche Anlage mit einem Podest, an dem seitlich Treppen hinunter führten und das gegen das Langhaus hin offen war. Auf diesem Podest dürften an bestimmten Festtagen Reliquienschreine aufgestellt gewesen sein, möglicherweise diejenigen der Hl. Saturnina, einer Märtyrerin, deren Gebeine 887 von Sains-les-Marquion hierher überführt worden waren und die seit dem 11. Jh. Patronin des Stiftes ist.

Anfang des 18. Jh.s wurde das Chorpodium verändert, um eine repräsentative barocke Anlage mit drei Altären einzurichten; der Hauptaltar wie die beiden Seitenaltäre stammen aus der Werkstatt von Heinrich Papen aus Giershagen, der Martinsaltar im nördlichen Querschiff aus derjenigen von Christophel Papen. Der Turmhelm, die Portale sowie der durch Gaupen belüftete Dachraum, in dem Getreide gelagert werden konnte, datieren ebenfalls in diese Zeit.

Ausstattung

Im Stift Heerse, so die alte Bezeichnung, ist ein ungewöhnlich großer Reliquienschatz aus dem ausgehenden 9. Jh. erhalten; unter anderem Saturnina-Reliquien, der Leib der Hl. Agatha und eine Rippe des Hl. Laurentius aus Rom. Neben zahlreichen liturgischen Geräten und Reliquiaren aus der Barockzeit finden sich im Kirchenschatz eine mittelalterliche Agnus-Dei-Kapsel, Zierstreifen des älteren Saturninaschreines (um 1200) sowie das silberne Kopfreliquiar der Hl. Agatha (um 1330). Eine Fotografie in der Schatzkammer im südlichen Querschiff erinnert an ein bedeutendes abgewan-

Grabplatte der ersten Äbtissin Walburga (9. Jh.)

Stichwort: Westwerk

In den Jahrzehnten um die Jahrtausendwende entstand im Raum von Werden a. d. Ruhr bis Gernrode im Ostharz eine Reihe von Westbauten spezieller Art: Um einen Mittelraum von quadratischem Grundriss mit dem Hauptportal der Kirche in der Westwand liegen beidseitig Annexräume und flankierende Treppentürme. Über dem Mittelraum befindet sich eine Empore, die sich zum Mittelschiff hin mit einer Bogenstellung öffnet. Die westfälischen Frauenstifte Freckenhorst (175), Neuenheerse und Möllenbeck haben solche Westbauten. Deren Funktion ist nicht geklärt; möglich sind Deutungen als Aufenthaltsort für hochgestellte Gäste, als Sitz der Äbtissin oder, am wahrscheinlichsten, als ein Raum mit speziellen liturgischen Zwecken bei besonderen Festen. Für ihr Stundengebet nutzten die Kanonissen in der Frühzeit in der Regel eine Empore in einem Querschiffarm (s. z. B. Meschede (192), Freckenhorst (175) und Herford (180)). Der Westbau in Neuenheerse hat denjenigen des 1058 abgebrannten Domes von Bischof Meinwerk in Paderborn zum Vorbild. Sein ursprüngliches Aussehen läßt sich von außen besser erkennen als in dem durch zahlreiche Umbauten veränderten Innern.

Gitter mit nördlichem Seitenschiff

schiff ab und datiert ins 12. oder 13. Jh. In der östlich an den Chor anschließenden Lambertikapelle (heutiger Bau um 1200, mit Resten romanischer Wand- und Gewölbemalereien), einem in Stiftszeit vielfach benutzten Bestattungsort, wurde die 1964 wiedergefundene, große Grabplatte (195 x 92 cm) der Gründerin und ersten Äbtissin Walburga als Tumbengrab aufgestellt. Sie ziert eine metrisch gefasste Inschrift, deren Buchstabenform an antike römische Inschriften erinnert (wohl eher Ende 9. als 11. Jh.).

Susan Marti

dertes Geschichtsdokument: Die einzige in Deutschland erhaltene päpstliche Papyrus-Urkunde wurde am 23. Mai 891 für Neuenheerse ausgestellt (Original im Staatsarchiv Münster).

Ein selten erhaltenes Stück der mittelalterlichen Kirchenausstattung ist heute am Ostende des nördlichen Seitenschiffes eingesetzt: Das zweiflügelige, einst farbig gefasste Eisengitter trennte ursprünglich wohl den Chor vom Mittel-

Literatur

Anton Gemmeke und Peter Schliffke, Neuenheerse – Damenstift, in: Westfälisches Klosterbuch, Bd. 2, Münster 1994, S. 137–149.
Uwe Lobbedey, Neuenheerse, in: Uwe Lobbedey, Romanik in Westfalen, Regensburg 2000, S. 313–317.

Info

Gemmekestr. 2
33014 Bad Driburg-Neuenheerse
Tel.: (Pfarramt) 0 52 59 / 99 90 00
Geöffnet: tgl. 9–18h. Besichtigung der Stiftskammer nach Rücksprache mit Pfarramt.
www.zum-verklaerten-christus.de

Brakel-Gehrden,
St. Maria, St. Petrus
und St. Paulus, Pfarrkirche
(ehem. Klosterkirche
und ehem. Klostergebäude)

Orden
Benediktinerinnen, Aufhebung 1810

Erhaltene Bauten
Klosterkirche 12. Jh.; Reste der Konventsbauten des 17. Jh.s: Südflügel der Klausur, nach Süden verlängerter Westflügel (sog. Schloss); Wirtschaftsbauten
(Schafstall, Kornscheuer, Meierei, Tau-
bentum).

Geschichte
Begründer der 1138 erstmals erwähnten
Frauengemeinschaft sind der Paderbor-
ner Bischof Bernhard I. (1127–1160) und
der Adelige Heinrich von Gehrden. Durch
Heinrich erhielt der Konvent reichen
Grundbesitz, dessen Erträge, vermehrt
durch weitere Schenkungen, 1142 den
Bau einer repräsentativen Kirche erlaub-
ten. 1319 erhielt die nördlich gelegene
Siedlung Stadtrecht, der Einfluss des
Klosters blieb aber bestehen. 1464/65
führte eine Äbtissin aus Herzebrock (178)
die Bursfelder Reform ein.

Architektur
Die dreischiffige kreuzgratgewölbte Basilika im sog. gebundenen System wurde
um die Mitte des 12. Jh.s errichtet (Westturm 13. Jh.). Der klar gegliederte Bau
lehnt sich wie das nahe Willebadessen
(204) eng an die Benediktinerinnenkirche
in Lippoldsberg/Hessen an und reflektiert
wie diese die Reformbewegungen des
11./12. Jh.s. Das Sanktuarium ist von den
Seitenkapellen durch niedrige Mauern
mit Doppelarkaden über kurzen Säulen
abgetrennt (Originale der Würfelkapitelle
in Westfälischen Landesmuseum Münster). Die barocke Nonnenempore im

Innenansicht mit Blick auf die barocke Empore

Westen hatte wohl einen romanischen
Vorläufer.

Ausstattung
Am Nordportal hat sich die originale
Holztür mit prachtvollem Eisenbeschlag
und Türklopfer des 13. Jh.s erhalten.
Neben wenigen spätmittelalterlichen
Bildwerken wie dem Marienleuchter (um
1520) stammt die Ausstattung überwiegend aus dem 17. Jh. Ein Fragment der
starkfarbigen mittelalterlichen Ausmalung (Südwand des Westjochs, Bereich
der Orgel) vermittelt einen Eindruck vom
ursprünglichen Aussehen des Raums.

Petra Marx

Literatur
Alfred Bruns, Gehrden, in: Westfälisches
Klosterbuch, Bd. 1, Münster 1992, S. 327–332.

Info
Schloss Gehrden
Schloßstraße 6
Tel.: 0 56 48 / 38 0
Geöffnet: tgl. 8.30–17.30h; Schloss- und Kir-
chenführungen nach Absprache
www.familienbund-pb.de

Höxter-Brenkhausen, St. Johannes Baptist Pfarrkirche
(ehem. Klosterkirche)
und koptisch-orthodoxes Kloster
(ehem. Zisterzienserinnenkloster)

Orden
Zisterzienserinnen, ab 1601 Benediktinerinnen

Erhaltene Bauten
Kirche des 13. und 14. Jh.s, Ostklausurflügel des 13. Jh.s, drei weitere Klausurflügel des 18. Jh.s.

Geschichte
1246/47 siedelte ein Zisterzienserinnenkonvent, der von Abt Hermann von Corvey 1234 in Ottbergen gegründet worden und dann im Brückfeld bei Höxter ansässig gewesen war, nach Brenkhausen über. Den großzügigen Dotationsbesitz in der Nähe der ehemaligen Niederlassungen

Bündelsäulen im Kapitelsaal

und in Brenkhausen konzentrierte und ergänzte der Konvent im 13. und 14. Jh. durch Kauf- und Tauschgeschäfte. In der Stadt Höxter, aus deren Bürgerfamilien viele Nonnen kamen, besaß das Kloster mindestens zwei Häuser. Anfang des 15. Jh.s setzte eine wirtschaftliche Krise ein; eine Reform soll vor 1496 stattgefunden haben. Erneute Schwierigkeiten ab 1560 und die Untätigkeit des Vaterabts führten 1601 zur Umwandlung in ein Benediktinerinnenkloster durch den Abt von Corvey. 1803 wurde der Konvent aufgehoben, die Kirche blieb Pfarrkirche, die Konventsgebäude dienten bis 1970 landwirtschaftlichen Zwecken.

Architektur
Am Ort einer kleinen Pfarrkirche unbekannten Alters entstand zwischen etwa 1240 und 1264 die Klosterkirche als dreischiffige Pfeilerbasilika mit geradem Ostabschluss. Um 1320 baute man im Westen ein drittes Hauptschiffjoch an, das noch im selben Jahrhundert eine hölzerne Nonnenempore erhielt. Der Glockenturm stammt aus den Jahren um 1870. 1924 wurde das im 17. Jh. abgerissene Nordseitenschiff wiederhergestellt und beide Seitenschiffe nach Westen verlängert.
Im gleichzeitig mit der Kirche erbauten Ostflügel der Klausur liegen im Erdgeschoss am Kreuzgang (von Norden nach Süden): die Sakristei, der Kapitelsaal, der Ostausgang, der heute in zwei Räume unterteilte große Konventssaal und ein kleiner Wärmeraum. Das Obergeschoss mit den kleinen romanischen Rundbogenfenstern enthielt das Dormitorium mit 36 Schlafstellen. An der Südostecke des Gebäudes ist ein zweigeschossiger Latrinenbau in Form eines Halboktogons angebaut. Süd- und Westteil der Klausur wurden zwischen 1710 und 1743 durch eine mächtige, dreiflügelige Barockanlage ersetzt, in der seit 1994 ein koptisch-orthodoxes Kloster besteht.

*Kirche und
Ostflügel
der Klausur*

Ausstattung

Der schlichte Kirchenraum mit seinen rippenlosen Kreuzgewölben ist architektonisch sehr zurückhaltend dekoriert, enthält aber noch große Teile der barocken Ausstattung (Hochaltar 1690, vermutlich von Heinrich Gröne mit Gemälden von Johann Georg Rudolphi, Statuen Benedikt und Scholastika von Philipp Georg Brüll; Reliquienaltar, Kanzel, Orgel, Taufstein 17./Anfang 18. Jh.).

Stichwort: Klausur

Für die Nonnen sollten das Chorgestühl in der Kirche, die Gebäudeflügel um den Kreuzgang und der ummauerte Garten im Osten des Klosterbezirks ihren gesamten Lebensbereich darstellen. Diese Klausur (von lat. claudere – schließen) durfte von Außenstehenden nicht betreten und von den Nonnen nur in Ausnahmefällen verlassen werden. Theoretisch und oft auch praktisch reichten zwei Wohngebäude: der Dormitoriumsflügel mit Kapitelsaal, Konventssaal, Schlafsaal und der Refektoriumsflügel mit Speisesaal und Küche. Der dritte Flügel diente der Lagerhaltung und ggf. den Laienschwestern. Oft befanden sich im Klausurgarten noch das Infirmarium für kranke Nonnen und das Noviziat.

Besondere Bedeutung dieser Frauengemeinschaft

Die Brenkhausener Bauten aus der Mitte des 13. Jh.s demonstrieren in besonderer Weise die Zugehörigkeit des Nonnenkonvents zum Zisterzienserorden. Während die meisten deutschen Frauenklöster jener Zeit einschiffige Saalkirchen bauten, entstand hier eine Basilika. Kirche und Ostflügel weisen große Ähnlichkeit zu den gleichzeitigen Neubauten der Zisterziensermönche von Loccum auf und orientieren sich wie diese an der „klassischen" Architektur der burgundischen Zisterzienserklöster des 12. Jh.s.

Margit Mersch

Literatur

Margit Mersch, Gründung und Frühzeit des Zisterzienserinnenklosters Vallis Dei in Brenkhausen, in: Andreas König, Holger Rabe, Gerhard Streich (Hg.), Höxter. Geschichte einer westfälischen Stadt. Band 1. Hannover 2003, S. 357–377.

Info

Koptisch-orthodoxes Kloster
Propsteistraße 1a
37671 Höxter-Brenkhausen
Tel.: 0 52 71 / 18 90 5 oder 36 85 4
Geöffnet: tgl. 8–19h
www.klosterregion.de/hoexter/brenkhausen_i.htm
Katholische Kirche
Propsteistraße 3, 37671 Höxter-Brenkhausen
Tel.: 0 52 71 / 24 83
Geöffnet: tgl. 9–19.30h

Verzeichnis der Stichworte

Glossar

Abbatiat: Amtszeit einer Äbtissin oder eines Abtes.

Abtei: Kloster, dem ein Abt oder eine Äbtissin vorsteht und das eigenes Vermögens- und Verwaltungsrecht besitzt; im westfälischen Bereich werden in der nachmittelalterlichen Zeit die Wohnhäuser der Äbte oder Äbtissinnen so genannt (197).

Altarexpositorium: 145.

Annunziatinnen: Schwesternorden von der Verkündigung Mariä. In Deutschland verbreitet war der frz. Zweig der Annunziatinnen, der 1501 gegründet worden war. Die Schwestern legten ein Schweigegelübde ab und befolgten strenge Klausur.

Apsis: Ein halbrunder Anbau an einen größeren Hauptraum. Bei kirchlichen Gebäuden meist zur Aufnahme eines Altars bestimmt.

Archidiakonat: Ausübung bischöflicher Rechte in einem festgelegten Bezirk durch einen delegierten Vertreter. Da die Archidiakone zu selbstständig geworden waren, wurden ihre Befugnisse seit dem 13. Jh. immer weiter eingeschränkt.

Arkaden: Auf Säulen oder Pfeilern ruhende Bögen.

Augustinerinnen/Augustiner Chorfrauen/Augustiner-Cellitinnen: Einziger Orden, der nicht auf eine konkrete Gründung zurückgeht, sondern als historisch gewachsene Klerikergemeinschaft zu betrachten ist, die nach den Regeln des Hl. Kirchenvaters Augustinus (354–430) lebte. Augustinerinnen werden alle weiblichen Orden und Kongregationen genannt, die nach der Augustinusregel lebten. Augustiner Chorfrauen leben im Gegensatz zu den übrigen Chorfrauen oder Kanonissen in einer klosterähnlichen Gemeinschaft. Die Cellitinnen gingen im 15. Jh. aus dem III. Orden der Augustiner-Eremiten hervor.

Basilika: Mehrschiffiger Bau, dessen Mittelschiff die Seitenschiffe überragt. Die Mittelschiffwand über den Arkaden zu den Seitenschiffen (Obergaden) weist eigene Fenster auf. Geht auf die römischen Bauwerke gleichen Namens zurück.

Basis, –en: ausladender Fuß einer Säule.

Beginen: 52.

Benediktinerinnen: 35.

Bering: Immunitätsmauer.

Beuroner Malschule: 141.

Biforien oder **Zwillingsfenster:** durch eine Mittelsäule in zwei Öffnungen gegliedertes Fenster.

Blend (-arkaden, -fenster, -felder, -werke)**:** Der Mauerfläche aufgesetztes architektonisches Motiv ohne tragende Funktion.

Birgittinnen: Orden, im 14. Jh. von Birgitta von Schweden gegründet. Ursprünglich ein Doppelorden, d. h. einem größeren Nonnenkloster ist ein kleineres Mönchskloster angeschlossen, das die seelsorgische Betreuung der Schwestern innehatte. Stark von der zisterziensischen Ordensgemeinschaft beeinflusst.

Bündelpfeiler: Pfeiler, der mit Dreiviertelsäulen unterschiedlicher Stärke besetzt ist.

Bursfelder Kongregation: 151.

Chor: Meist im Osten gelegener Teil der Kirche, gegenüber dem Niveau des Langhauses oder der Vierung durch Stufen erhöht. Umfasst im allgemeinen Sprachgebrauch den eigentlichen Chor, der dem Gebet der Geistlichkeit vorbehalten war, und das Sanktuarium, den Bereich des Hochaltars.

Chorgestühl: Meist an beiden Langseiten des Chors aufgestellte Sitzreihen für Kleriker, Mönche, Nonnen oder Stiftsdamen; bei Frauenkonventen auch auf den Emporen untergebracht.

Dachreiter: Schmaler, meist hölzerner Turm auf dem Kirchendach, der die Funktion eines Glockenstuhls erfüllt.

Devotio-Moderna-Bewegung: Im 14. Jh. in den Niederlanden entstandene Reformbewegung, die eine persönliche, innerliche Frömmigkeit anstrebte. Verbreitete sich rasch über ganz Europa und war Grundlage der Windesheimer Kongregation.

Dienst: Viertel-, Halb- oder Dreiviertelsäule, die in die Gewölberippen übergeht und deren Last trägt.

Doppelkloster: 107.

Dormitorium: Gemeinsamer Schlafsaal der Konvents- oder Kapitelmitglieder, innerhalb der Klausur.

Dreikonchenchor: 81.

Empore: Hochgelegener galerieartiger Einbau, der sich zum Kircheninneren durch Arkaden öffnet. In den Kirchen der Frauenstifte oder -klöster war meist eine Empore für die Nonnen oder Stiftsdamen bestimmt.

Epitaph: Gedächtnismal in Form einer Platte, die innen oder außen an der Kirche senkrecht aufgestellt wird.

Fiale: Schlankes, spitzes Türmchen, das als Aufsatz Pfeiler oder Wimperge ziert.

Franziskanerinnen: 1209 gründete Franz von Assisi den später nach ihm benannten Bettelorden. 1212 wurden die Klarissen als weibliche Ordensform der Franziskaner gegründet (199). Im Laufe der Neuzeit bildeten sich aus Tertiaren zahlreiche weibliche Kongregrationen, die heute den Namen Franziskanerinnen tragen.

Frauenempore: 182.

Gewölbe (Tonnen-, Rippen-, Kreuzgrat-, Netz-)**:** Gekrümmte Decke, deren Druck von Pfeilern etc. aufgefangen wird. Die einfachste Form ist ein Tonnengewölbe, dessen Querschnitt meist ein Halbkreis ist. Ein Kreuzgratgewölbe entsteht, wenn zwei Tonnengewölbe sich im rechten Winkel schneiden. Die Schnittstellen sind die Grate. Bei einem Rippengewölbe sind die Grate durch Rippen verstärkt, die die Last des Gewölbes tragen. Netzgewölbe gehören zu den figurierten Gewölben, deren Rippen Figuren bilden, wie eben ein Netz, oder einen Stern oder Fächer. Ein Domikalgewölbe ist eine kuppelartig überhöhtes Gewölbe.

Gurtbogen: Verstärkungsbogen, der häufig die Jocheinteilung bewirkt und senkrecht zur Längsachse eines Gewölbes verläuft.

Hungertuch: Leinentuch, das mit Passionsszenen versehen ist und in der Fastenzeit in der Kirche aufgehängt wird.

Immunität: Grundsätzlich Befreiung von weltlicher Herrschaft und Gerichtsbarkeit für eine geistliche Institution und ihren Besitz. Im engeren Sinne der von Mauern umschlossene Kloster- oder Stiftsbereich, den kein weltlicher Beamter ohne Erlaubnis betreten darf.

Inkorporation: 169.

Joch: Teil eines Gewölbes, der durch Gurte und Stützen von anderen Gewölbeteilen abgegrenzt ist.

Kämpfer: Schnittstelle zwischen Gewölbe und Gewölbestütze.

Kanonikerkirche: 162.

Kanonissen: Frauen, die in einer Gemeinschaft, dem Stift, nach strengen kirchlichen Regeln leben, aber im Gegensatz zu Nonnen kein Gelübde ablegen und über Privatbesitz verfügen dürfen. Wie eine klösterliche Gemeinschaft halten sie die kirchlichen Stundengebete.

Kapitel: Gemeinschaft aller stimmberechtigten Mitglieder eines Stiftes, ähnlich dem klösterlichen Konvent.

Kapitell: Kopfstück einer Säule, von ausladender Form und oft aufwändig verziert.

Kapitelsaal: 205.

Kapitularin: Kanonisse, die eine volle Pfründe und Stimmrecht im Kapitel hat.

Karmelitinnen: 1452 gegründeter, weiblicher Zweig der Karmeliter, jenes Bettelordens, der im 12. Jh. aus einer Eremitengemeinschaft am Berg Karmel in Israel entstand.

Kasel: Messgewand.

Kehle: Hier ein Zierprofil.

Klarissen: 139.

Klausur: 211.

Klosterwirtschaft: 190.

Kongregation: 1) Zusammenschluss mehrerer Klöster, die sich einer einheitlichen Ordensregel und der Führung eines Klosters aus ihrer Mitte unterwerfen. 2) Seit dem Spätmittelalter entstandene geistliche Gemeinschaften, die auf Chordienst und strenge Klausur verzichten.

Konvent: Alle geistlichen Angehörigen einer Klostergemeinschaft. Auch die Bezeichnung für die Versammlung aller stimmberechtigten Klosterangehörigen im Konventsaal. Kann auch als Bezeichnung für das Kloster an sich gebraucht werden.

Kreuzgang: Viereckige, einen offenen Hof umschließende Galerie, um die sich die Kirche und die Bauten der Klausur gruppieren.

Kreuzrippen: Diagonalrippen an einem Gewölbe.

Krypta: Halbunterirdischer Raum unterhalb des Chors, der als oft Grabstätte geistlicher und weltlicher Würdenträger diente. Man unterscheidet die frühen stollenartigen Krypten, Ringkrypten und ab dem 9. Jh. die Hallenkrypten.

Kuppelreliquiar: 63.

Kurien: 161.

Langhaus: Der der Öffentlichkeit zugängliche Teil des Kirchenschiffs, zum Unterschied von Chor oder Westbau.

Lettner: Abtrennung zwischen Chor und Langhaus, die den Bereich der Geistlichkeit von dem der Laien scheidet und keine Sichtverbindung erlaubt.

Lisenen: Vertikale Mauerverstärkung zur Gliederung der Fassade.

Liturgie: Der Dienst von und für Gott. Die Liturgie besteht aus dem Gesang und den Worten, den Gesten, der Symbolik und den Gewändern eines Gottesdienstes.

Loretokapelle: 37.

Maßwerk: Architektonische Schmuckformen der Gotik, wichtig zur Unterteilung und Gliederung von Fenstern.

Memoria: 189.

Obergaden: siehe Basilika.

Oktogon: Bauwerk, das auf dem Grundriss eines regelmäßigen Achteckes errichtet wurde.

Okulus: Kleines, kreisförmiges Fenster.

Oratorium: Bet- oder Andachtsraum.

Ossarium: Beinhaus, hier wurden die Gebeine von Toten gelagert.

Patronatsrechte: 183.

Pfeiler: Viereckige Stütze, meist im Gegensatz zur Säule ohne Basis und Kapitell.

Pietà: Bezeichnung für Darstellung der trauernden Gottesmutter mit dem vom Kreuz abgenommen Christus.

Pilaster: Flacher Wandpfeiler.

Präbenden/Pfründe: Einkommens einer geistlichen Person aus Abgaben, Grundvermögen oder Stiftungskapital.

Prämonstratenserinnen: 61.

Querhaus/-schiff: Kirchenbauteil, der im rechten Winkel zu dem Langhaus steht.

Refektorium/Remter: Speisesaal.

Reichsunmittelbarkeit/-freiheit: Direkte Unterstellung unter die kaiserliche Herrschaft, ohne Zwischeninstanz.

Reklusen: 185.

Reliquien: Gebeine von Heiligen oder von Heiligen berührte oder benutzte Gegenstände, die nach mittelalterlicher Vorstellung eine besondere Segenswirkung besitzen.

Retabel: Mit Gemälden oder Skulpturen geschmückter Aufsatz des Altars, der im Mittelalter fest mit der Altarmensa (Altartisch) verbunden war.

Säkularisation: Zwangsweise Auflösung kirchlicher und klösterlicher Gemeinschaften und Beschlagnahmung ihres Besitzes durch die weltliche Autorität. Im linksrheinischen Rheinland 1802 durch die französische Besatzung durchgeführt, im übrigen Reich 1803 durch den Reichsdeputationshauptschluss.

Salvatorianerinnen: siehe Therese v. Wüllenweber (70).

Sanktuarium: Teil der Kirche, in dem sich der Hochaltar befindet.

Säule: Runde Stütze mit Basis und Kapitell.

Schlussstein: Im Scheitelpunkt eines Gewölbes liegender Stein, oft verziert.

Schönstätter Marienschwestern: 123.

Skriptorium: 76.

Staurothek von Limburg: 109.

Stift: Kanonissen- oder Kanonikerkorporation mit allen Rechten, Besitzungen und Bauten.

Stipes: (lat. Klotz) Unterbau des Altars.

Taufstein: 90.

Tertiarinnen: Drittorden, d. h. Gemeinschaften, in denen Männer oder Frauen nach den Regel eines Ordens, meist des Franziskus, leben, ohne ein feierliches Gelübde abgelegt zu haben.

Tochtergründung: 125.

Tontesserae: Kleine Tonfliesen, zu einem Muster legbar.

Translation: Überführung von Reliquien eines Heiligen an einen anderen Ort.

Tympanon: Bogenfeld über einem Portal oder Fenster.

Vierung: Ein viereckiger Raum, der sich an der Schnittstelle von Lang- und Querhaus bildet.

Visitation: Kontrolle einer geistlichen Einrichtung durch den zuständigen Bischof oder Ordensoberen.

Votivrelief: 59.

Voutendecke: Decke mit halbrundem Übergang zur Wand.

Welschnonnen: 102.

Westwerk: 208.

Wimperg: Ziergiebel über gotischen Fenstern und Portalen.

Windesheimer Kongregation: 1387 in dem Kloster der Augustiner-Chorherren Windesheim bei Zwolle in den Niederlanden gegründet. Ziel war die Verbreitung der Devotio Moderna und die Reformation der Chorherren-Stifte. Kennzeichnend waren eifrige Seelsorge und einfaches Leben verbunden mit großer Bildung.

Zisterzienserinnen: Weiblicher Zweig des Reformordens, der sich 1098 von den Benediktinern abspaltete. Bedeutende Verbreitung erfuhren die Zisterzienser während der Wirkungszeit Bernhards von Clairvaux. Schon seit Anfang des 12. Jh.s gibt es Frauenklöster, die nach der Zisterzienser-Regel lebten, aber nicht in den Orden aufgenommen wurden. Die Klöster waren bekannt für ihre wirtschaftliche Leistungsfähigkeit.

Zwerggalerie: Ein von kleinen Säulen gegliederter Laufgang unter dem Dachgesims einer Kirche.

Ortsregister

Personenregister

Gerberga, 88, 89
Gerhard II., siehe Lippe, Edelherren zur
Gerhard IV., Burggraf von Landskron, 156
Gebhard Truchsess, siehe Truchsess
Gerrich, 44, **45**
Gertrud II., siehe Lippe, Edelherren zur
Gertrud von Nivelles (Hl.), 98
Geva (Gräfin), 175, 176, **177**
Geyer, Wilhelm, 137
Göbbels, Matthias, 147
Godesdiu, 180, 183
Gregor (Abt v. St. Martin), 104
Gregorius (Administrator des Bistums
Utrecht), 66
Greiffenclau, Isengard von (Äbt. v. Boppard),
131
Gröne, Heinrich, 211
Gröninger, Gerhard, 191, Johann Mauritz, 224
Guda, Gräfin von Arnstein, s. Arnstein
Hagen, Johannes (Abt v. Bursfelde), 151
Haold, Graf, 200
Hathui (Äbt. v. Vreden), 162
Hatzfeld, Fürst Franz Ludwig von, 93
Hausmann, Hildegard (Äbt. v. Namedy), 114
Hecker, Peter, 125
Hedwig (Äbt. v. Essen u. Gerresheim), 86
Hees, Isabella Maria Rosina von der (Äbt. v.
St. Thomas in Andernach), 18, 117
Heimbach, Hermann von, 144, Patrissa von,
144, Maria von, 144
Heinrich I. (dt. Kg.), 19, 180
Heinrich II. (dt. K.), 14
Heinrich III. (dt. K.), 166, 172
Heinrich V. (dt. K.), 130
Heinrich I. (Bf. v. Münster), 173
Heinrich I. von Müllenark (Eb. v. Köln), 154
Heinsberg, Herren von, 91
Heinsberg, s. Philipp von,
Helfenstein, Benigna d. Ä,. 121
Helmarshausen, s. Roger von
Helmont, Franz von, 37
Helwyg (Äbt. v. Neuss), 21, 22, 79
Hengebach, Ida von, 146
Heriburg, 160
Hermann (Abt v. Corvey), 210
Hermann I. (Bf. v. Münster), 172
Hermann II. (Bf. v. Münser), 167
Hermann II. (Eb. v. Köln), 79, 156
Hermann-Josef (Hl.), 146, 147, 148, 149, 155
Hermanns, Hannes, 59
Hertan (Hzg. v. Thüringen), 135
Hertel, Hilger d. Ä., 166
Heyl, Carl, 61
Hildegard von Bingen, 9, 11, 13, 16, 22, 23,
107, 117, 127, 132, **133**, 140, 141
Hildegund (Äbt. v. Geseke), 200
Hildegunde von Are und Meer (Äbt. v. Meer),
21, 77, **78**

Hochstaden, s. Konrad von
Hohenzollern, Prinzen von 115
Holle, von Jürgen, 185
Honorius II (Papst), 61, 150
Honseler, Beatrix von (Äbt. v. Graefenthal), 59
Hugobertus, 99
Ida (Äbt. v. Herford), 180
Ida (Äbt. v. St. Maria im Kapitol), 21, 22, 30,
31, 134, 193
Imbsen, Maria von (Äbt. v. Geseke), 19, 201
Innozenz IV. (Papst), 154
Irmina, 10, 21, 98, **99,** 100, 101
Isleif, 19
Jakob III. (Eb. von Trier), 114
Joest, Jan, 57
Johannes (Abt v. Klosterrath), 156
Jordan, Franziskus M., 70
Jülich, s. Walram von
Karl der Große (dt. K.), 10, 21, 30, 48, 51
Karl Martell, 31
Kentenich, Pater Josef, 122
Ketteler, Anna v. (Äbt. v. Benninghausen), 194
Klara von Assisi (Hl.), 9, 136, 137, 138
Klausing, Bernhard, 191
Kleihues, Josef Paul, 43
Kleve, Margarete von, 54, Hzg. von, 55, 56,
Arnold I. (Gr. v.), 60
Koenig, Therese oder S. Elma, 12, **113**
Konrad I. (dt. Kg.), 192
Konrad III. (dt. K.), 86
Konrad von Hochstaden (Eb. v. Köln), 194
Korbecke, Johann, 167
Kraft, Anna Wilhelma von (Äbt. v. Merten), 94
Krebs, Paulus, 140, 141
Kunigunde , siehe Lippe, Edelherren zur
Laurenburg, Graf Rupprecht von, 126
Lauxen, Nikolaus, 112
Le Clerc, Alix, 102
Lenz, Peter, 141
Leyen, Familie von der, 77
Leyen, Karl Kasper von der (Eb. v. Trier), 150
Liedberg, Hermann von, 78
Liemar (Eb. v. Bremen), 162, 163
Lippe, Edelherren zur, 16, 184, 194, 196, **199,**
Bernhard II., 181, 198, 199, Bernhard IV.
(Bf. v. Paderborn), 181, 198, Gertrud II. (Äbt.
v. Herford), 180, 181, 199, Gerhard II. (Eb. v.
Bremen), 199, Ethelinde (Äbt. v. Bassum), 199,
Kunigunde (Äbt. v. Freckenhorst), 199,
Adelheid (Äbt. v. Elten), 199
Liszt, Franz, 112
Liutbert, Graf 160
Liudger (Bf. v. Münster) (Hl.), 160
Luitbertus (Bf. v. Münster) 175
Liuthard (Bf. v. Paderborn), 206
Lochner, Stefan, 32
Löwenstein, Karl Fürst zu, 140
Ludwig der Fromme (dt. K.), 180

Abbildungsnachweis

Amt für kirchliche Denkmalpflege Trier, Foto Rita Heyen 101, 102, 121

Archiv Werry, Foto Jürgen Heinemann, Mühlheim/Ruhr 47

Bergischer Geschichtsverein, Abteilung Solingen 43

Jürgen Beyer, Goch 60

Bildarchiv Verein für Geschichte e. V. Pulheim, Foto Dieterling 22

Bischöfl. Generalvikariat Münster, Kunstpflege 163, 164, 177, 179

Bischöfl. KDP, Foto Stefan Kube, Greven 169

Ria Borgmann, Swisttal 71, 74, 76, 77

Christel Diesler, Bornheim 62, 73

Diözesanmuseum Limburg 109

Diözesanmuseum Paderborn – Fachstelle Kunst- Kunstinventarisation 204

Ralf Dorn, Trier 165, 167, 181, 182, 183, 185, 197, 198, 199, 209

F. Fey, Monheim 44, 45

Stefan Frankewitz, Straelen 9, 15, 58, 59

Michael Frauenberger, Boppard 131

Freundeskreis Oelinghausen, Foto Friedhelm Ackermann 191; Foto Rudolf Krämer 190

Gemeinde Kirchlengern 184

Geschichtsverein Meerbusch, Foto Reinhard Lutum 78

Axel Gläser, Bonn 88, 89

Peter Happel 48, 49

Hessische Landesbibliothek Wiesbaden 127

Hessisches Hauptstaatsarchiv Wiesbaden 92

Robert Janke, Linnich 42, 61

Michael Jeiter, Morschenich 93, 112, 134, 138

Kalkarer Fotoservice Bernd Mörsen 56

Celia Körber-Leupold, Erftstadt 30, 32, 35, 38, 39

Kreisarchiv Viersen 75

Bruno Krings, Neuwied 125

Die Kunstdenkmäler des Kreises Mayen, Düsseldorf 1941, S. 145, 117

Die Kunstdenkmäler des Kreises Prüm, Düsseldorf 1927, S.115, 151

Die Kunstdenkmäler der Rheinprovinz Bd. 7 , III. Die Kunstdenkmäler der Stadt Köln Ergänzungsband, Düsseldorf 1937, S.91, 34

Kunstverlag Josef Fink, Lindenberg, Foto Dirk Nothoff 72

Land im Mittelpunkt der Mächte. Ausstellungskatalog Kleve 1984, S.85, 57

Klaus Lange, Ennepetal 51

Landesmedienzentrum Rheinland-Pfalz Foto Miriam Blum 116; Foto Petra Camnitzer 99, 100, 124, 156; Foto Bruno Fischer 155; Foto Hansa Luftbild Münster 154; Foto Karl Kinne 104, 152, 153; Foto Wolfgang Lemp 130; Foto Klaus Meis 98; Foto Pauly 105; Foto Gustav Rittstieg 103, 126, 150; Foto Ronny Schwarz 108

Bruno Laurioux, Tafelfreuden im Mittelalter, Stuttgart/Zürich 1992, 157

Andreas Lechtape, Münster 145, 146, 162, 168, 175, 178, 180, 205, 206, 208

Peter Leyendecker, Walberberg 84, 85

Medienzentrum Rheinland 54

Museen Maaseik 6

Gerhard Nolte, Fröndenberg 188, 189

Pfarrgemeinde Marienbaum 55

Rheinisches Amt für Denkmalpflege, Foto Michael Thuns 147, Foto Perscheidt/Ströter 69; Foto Pottel 94; Foto Thuns 139; Foto Wildemann 144

Ruhrlandmuseum Essen 46; Foto J. Nober 50, 194, 195, 196

Bernd Siering, Bonn 86, 87

Schnell & Steiner, Archiv 70, 132, 133; Foto Roman von Götz 135; Foto Kurt Gramer 136, 137, 140, 141; Foto Andreas Lechtape 66, 67, 68, 79, 80, 81, 106, 107, 160, 161, 172; Foto Dirk Nothoff 200; Foto Gregor Peda 148, 149

Stadtarchiv und Stadthistorische Bibliothek Bonn 90

Stadt Drolshagen 95

Stadt Hennef 91

Stadtkonservator Köln 31, 36, 37; Foto Celia Körber-Leupold 33

Stiftsarchiv St. Cyriakus, Geseke, Foto Kamp 201

Universitäts- und Landesbibliothek Darmstadt 193

Victoria and Albert Museum, London 63

Rudolf Wakonigg, Münster 166

Lena Weber, Bonn 120, 122, 123

G. Wegener, Geschichte des Stiftes St. Ursula in Köln (Veröffentlichungen des Kölnischen Geschichtsvereins 31), Köln 1971, 17

Westfälisches Amt für Denkmalpflege 176, 184, 207, 210, 211; Foto Arnulf Brückner 192

Westfälisches Landesmuseum für Kunst und Kulturgeschichte Münster, Foto Rudolf Wakonigg 174; Dauerleihgabe des Westfälischen Kunstvereins, Foto Rudolf Wakonigg 173

Roswitha Wissen, Troisdorf 113, 114, 115, 118, 119